富縣石泓寺石窟

陕西省考古研究院田野考古报告　第 95 号

富县石泓寺石窟

2017 ~ 2019 年度考古调查报告

陕西省考古研究院
富县文物局　编著

文物出版社

北京 · 2022

书名题签：罗　丰

图书在版编目（CIP）数据

富县石泓寺石窟：2017-2019年度考古调查报告 /
陕西省考古研究院，富县文物局编著. -- 北京：文物出
版社，2022.11

ISBN 978-7-5010-7878-3

Ⅰ.①富… Ⅱ.①陕… ②富… Ⅲ.①石窟—考古调
查—调查报告—富县 Ⅳ.①K879.29

中国版本图书馆CIP数据核字（2022）第224072号

富县石泓寺石窟

2017～2019年度考古调查报告

编　　著：陕西省考古研究院
　　　　　富县文物局

责任编辑：黄　曲
责任印制：张　丽

出版发行：文物出版社
社　　址：北京市东城区东直门内北小街2号楼
邮　　编：100007
网　　址：http://www.wenwu.com
经　　销：新华书店
印　　刷：天津图文方嘉印刷有限公司
开　　本：889mm × 1194mm　1/16
印　　张：23.75　插页2
版　　次：2022年11月第1版
印　　次：2022年11月第1次印刷
书　　号：ISBN 978-7-5010-7878-3
定　　价：360.00元

Field Archaeological Report No.95, Shaanxi Academy of Archaeology

The Shihongsi Grottos in Fuxian County

An Archaeological Investigation Report in 2017–2019

(With an English Abstract)

by

Shaanxi Academy of Archaeology
Fuxian Cultural Relics Bureau

Cultural Relics Press
Beijing · 2022

前　言

　　石泓寺石窟位于陕西省延安市富县直罗镇川子河北岸，始凿于隋，兴盛于金，延续至明清，主窟第七窟是陕北乃至全国最重要的金代佛教遗存，具有十分重要的文化遗产价值。2006年，"石泓寺石窟"被中华人民共和国国务院公布为全国重点文物保护单位，由富县石泓寺文物管理所负责日常看护和基本管理（图版1、2）。

　　2016年7月，陕西省文物局对石窟保护现状进行调研，发现由于环境变化的长期影响，石窟岩体裂缝、渗水严重，温湿度变化导致窟内壁面析盐、粉化情况日益加重，加速了塑像、题记及其彩绘的起皮剥落。同时，由于缺乏系统的基础信息采集工作，导致石窟的保护利用和宣传工作未能有效开展。鉴于此，陕西省文物局决定在以往普查和初步调查的基础上，由陕西省考古研究院和富县文物局组织专业人员对石泓寺石窟进行首次科学、全面的专题考古调查，运用航空摄影、三维激光扫描、近景摄影测量等科技手段，获取石窟各类精确的三维模型与可测量线性数据模型，并结合实地调查记录，最大限度收集石窟特征与保存现状信息。

　　2016年8月至12月，项目组搜集整理了石泓寺石窟既往调查与研究资料，并赴现场对石窟的保存现状进行了勘查，制订了专题调查工作的方案与计划（图版3）。

　　2017年1月至12月，项目组对石泓寺石窟环境、外景、第七窟开展了低空无人机航空摄影、三维激光扫描和近景摄影测量（图版4、5），并对所采集数据进行了综合处理，构建出各类三维模型图和影像图，在此基础上绘制出高精度墨线图。整理完成石泓寺石窟第一阶段专题考古调查报告初稿。

　　2018年1月至12月，项目组对石泓寺石窟第一至六窟、第八至一〇窟以及第一龛开展了三维激光扫描和近景摄影测量（图版6），并对所采集数据进行了综合处理，构建出各类三维模型图和影像图，在此基础上绘制出高精度墨线图。整理完成石泓寺石窟第二阶段专题考古调查报告初稿。

　　2019年1月至12月，项目组赴现场开展考古调查（图版7～9），核对部分基础数据，对窟内外石碑和壁面的题记进行拓片记录，补充采集了部分窟龛的三维数据以及零散造像残块、石碑、柱础等的三维数据（图版10、11），对补充采集的三维数据进行综合处理，构建出各类三维模型图和影像图，在此基础上绘制出高精度墨线图。完成了石泓寺石窟第三阶段专题考古调查报告初稿。

　　2020年1月至12月，项目组拟定了考古调查报告提纲，以第一至第三阶段专题考古调查报告初稿中的石窟基础信息为主，辅以对窟形、造像题材与组合、题记的综合分析研究，撰写并完成了集既往调查与研究成果、本次调查与数字化成果、综合分析研究成果为一体的《富县石泓寺石窟（2017 ～ 2019 年度考古调查报告）》的图文初稿。

2021 年 1 月至 12 月，项目组对报告初稿进行统校修改后送专家外审，按照外审专家提出的修改意见再次对报告图、文认真核查、修改与完善，完成了报告定稿。

该报告内容包括了以精确测绘为基础的石泓寺及周边环境地形地貌图，11 座窟龛的整体平面、立面、剖视影像图与墨线图，各窟的平面、立面、剖视影像图与墨线图，各窟塑像的整体和局部影像图与墨线图，各组题记的影像图和拓片。此外，还拍摄了窟龛整体和局部的照片，对窟形、塑像、题记等进行了全面、客观的描述，纠正和补充了以往调查与研究资料中的缺漏与谬误。

石泓寺石窟基础资料与综合分析研究成果的全面刊布，为社会公众全面了解石窟信息及其文化遗产价值提供了重要参考，也为开展相关研究以及编制保护规划、制订展示利用方案等提供了必要的依据。

目　录

插图目录

图版目录

第一章　概　述

第一节　位置与环境

一、地理位置

石泓寺石窟位于陕西省延安市富县直罗镇山湾子村民小组东偏北约 1.8 千米处的川子河下游左岸、太白山东南坡山脚下（图版 12、13），海拔 1086 米，东偏北距直罗镇约 18 千米、距富县县城约 65 千米。（图一）

二、自然与人文环境

富县古称上郡、雕阴、洛交、鄜州等，位于陕西省延安市南部，属渭北黄土高原沟壑区与丘陵沟壑区过渡地带。东隔黄龙山系与宜川、洛川接壤，南与黄陵相连，西隔子午岭与甘肃合水县、宁县为邻，北缘丘陵沟壑与志丹、甘泉、延安接连。县境东有洛河，西有葫芦河，两河流经区域的中心部位是以海拔 1398 米的北道德照八寺高地为"手掌"的"五指"原面（拇指太安原，食指钳二原，中指羊泉原，无名指柳池原，小指雨家原），形成"原如五指向南伸"的地貌特点。洛河以东有交道原，葫芦河西南有寺仙原和南道德原。原区北部为丘

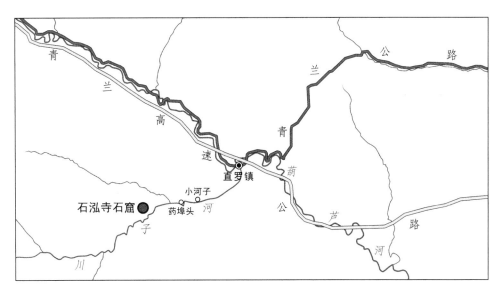

图一　石泓寺石窟位置示意图

陵沟壑，西部为土石低山以及河流阶地[1]。岩石山体为开凿石窟提供了较好的自然条件。

直罗镇位于富县县城以西，与甘肃庆阳的合水县和宁县相邻，G22青兰高速公路、G309兰（州）宜（川）公路、黄（陵）直（罗）公路过境，为陕甘要冲。发源于子午岭东麓的川子河自西南向东北流，在直罗镇东汇入葫芦河。沿川子河溯流而上，向西南可经子午岭到达甘肃合水、宁县，向西北穿越深谷峻岭可达志丹、华池，南可经黄陵至关中。河谷南北群山迤起，林木茂密，中间为狭长谷川，环境清幽隐秘，村庄、农田、石窟等皆背山面水。该河谷为秦直道途经之地，汉置直路县，隋代上郡（治所五交城，今富县城）太守崔仲方奉命修建直罗城，唐为兴隆关，可直通陇东。唐武德元年（公元618年），秦王李世民北征至直罗；开元十二年（公元724年），唐玄宗李隆基再次北征至直罗[2]。据当地传说，李世民率军征战到达小河子一带时，突患背疾，疼痛难忍，无法上马征战，便在小河子歇息，养病疗疾。小河子村地处黄土高原，日照充足，四季分明，昼夜温差大，加上子午岭山系水源丰富，崔仲方筑城后，开渠灌田，教民养禾[3]，水稻种植历史悠久，所产稻米香醇。当地居民以此米煮粥给李世民吃。几日后，李世民疾愈，登马征战，大获全胜，班师归来后在小河子再次停留，食其米，更香更醇。李世民登基称帝后，派员前往小河子宣旨，钦定小河子生产稻米为皇室御贡米，并嘱扩大生产，保证皇室供应[4]。遵照圣旨，上郡遂在南川推广贡稻种植。直罗水稻种植一直延续至今，胡家坡村现有稻田1000余亩（1亩≈666.67平方米，图版14），亩产约800斤。目前，直罗建成了专门的大米加工厂，还成立了水稻专业合作社。除了贡米，位于石泓寺东约5千米、直罗南川内的药埠头村还是古代中药材集散地，相传药王孙思邈考察此地，感叹实乃上天恩赐之宝地，故得名药埠头[5]。子午岭山系的天然原始森林中的上千种药材通过采药人汇集到这里，再从这里流布各地。

第二节　既往调查与研究

富县目前发现石窟61处（含摩崖造像6处）。按照始凿年代，有北朝石窟8处、隋唐石窟2处、宋金石窟35处、明清石窟13处、时代不详石窟3处。其中，川子河流域分布有13处石窟，石泓寺石窟居于中心位置，规模较大，始凿于隋唐时期，主窟时代为金代，延续时间较长[6]。

据清《鄜州志》记载："石泓寺在州西一百三十里，石山如砌，凿门而入为佛殿，大佛三尊，四面小佛尺许者，不知几百千，凡龛楹柱之间无处非佛，皆连山，为一块石，工巧之极，亦不知创自何代。"[7]

[1] 富县地方志编纂委员会编：《富县志》，陕西人民出版社，1994年，第3、4页。
[2] 富县地方志编纂委员会编：《富县志》，陕西人民出版社，1994年，第7页。
[3] 富县地方志编纂委员会编：《富县志》，陕西人民出版社，1994年，第121页。
[4] 富县地方志编纂委员会编：《富县志》，陕西人民出版社，1994年，第39页。
[5] 红色直罗：《"药材"之都，道地药材——直罗镇药埠头村中药材发展纪实》，富县人民政府官网—新闻中心—乡镇动态版，2020年7月21日。
[6] 《陕西石窟内容总录》编纂委员会编：《陕西石窟内容总录·延安卷》（上），陕西人民出版社，2017年，第127～129页。
[7]〔清〕顾耿臣撰：《鄜州志》（卷六），清康熙五年（公元1666年）刻、康熙二十四年（公元1685年）增刻本，第5页。

一、既往调查

20 世纪初至 30 年代，日本学者常盘大定和关野贞对中国东部和中部地区历史文化遗迹进行了多次考察，在考察基础上编撰出版的《中国文化史迹》在保存史迹图像资料和促进学术研究方面具有重大作用，其中就包括对石泓寺石窟的简要调查[1]。1955 年 10 月，西安美术学院美术系教师王子云对豫西、冀南、晋北、鲁北、陕北的佛教美术遗存进行了考察，于 10 月 8 日考察了石泓寺石窟，记录洞窟 7 座，概括介绍了各窟窟形、塑像和题记情况。不过，书中标记为石泓寺的图版 162 实为子长县万佛洞涅槃佛，而图版第 54 页右下未编号的一张图片实为石泓寺第七窟佛坛照片[2]。1956 年，陕西省博物馆和

图二　1956 年石泓寺石窟远景
（采自《鄜县石泓寺、阁子头寺石窟调查简报》）

文物管理委员组织了陕北文物调查征集工作组，由李长庆、俞少逸、赵敏生、杭德州四人组成，赴陕北地区开展文物调查征集工作，期间对石泓寺石窟（图二）进行了首次科学考古调查，对有塑像的 7 座洞窟进行了调查记录。这次调查并非石窟专题调查，调查内容也相对简略，但却是石泓寺等延安地区石窟寺考古调查工作的开端，1959 年发表的《鄜县石泓寺、阁子头寺石窟调查简报》[3]（下简称《简报》）对各窟窟形与塑像的介绍虽然总体简略，但较为全面。1979 年，延安地区文化局组织有关单位对包括石泓寺在内的全区 11 处石窟寺进行了重点普查，在石泓寺石窟确认洞窟 7 座。不过，1982 年发表的《延安地区的石窟寺》对石泓寺 7 座洞窟的相关介绍极为简略，未对洞窟进行编号和逐一描述[4]。1982 年，延安地区开展全区文物普查，发现石窟和摩崖造像共 84 处，基于此次调查编撰出版的《延安宋代石窟艺术》一书对石泓寺石窟进行了十分简要的介绍，仅收录了整体外景（图三）、第六窟和第七窟造像的照片 7 张[5]。1985 年 10 月，陕西省考古研究所组织石窟寺勘察队，对包括石泓寺在内的富县石窟寺进行了全面调查，将石泓寺石窟的洞窟数量确定为 10 座（图

［1］〔日〕常盘大定、关野贞：《中国文化史迹》，法藏馆 1940 年刊行，解说第九卷第九〇至九二页，图版第九辑第 81、82（1）（2）、83（1）页。

［2］王子云：《从长安到雅典——中外美术考古游记》，陕西人民美术出版社，1992 年，正文第 159 ～ 160、192 ～ 194 页，图版目录第 5 页、图版第 54 页右下图、图版第 57 页图 162。

［3］杭德州：《鄜县石泓寺、阁子头寺石窟调查简报》，《文物》1959 年第 12 期。

［4］姬乃军：《延安地区的石窟寺》，《文物》1982 年第 10 期。

［5］延安地区群众艺术馆编：《延安宋代石窟艺术》，陕西人民美术出版社，1985 年，第 72 ～ 79 页。

图三　1979 年石泓寺石窟外景
（采自《延安宋代石窟艺术》）

图四　1985 年石泓寺石窟远景
（采自《陕西富县石窟寺勘察报告》）

四），并绘制了洞窟的立面分布图（图五），概括介绍了各窟的窟形、塑像、题记等基本内容[1]。2000 年出版的《陕西古代佛教美术》以《陕西富县石窟寺勘察报告》（下简称《勘

---

[1] 负安志：《陕西富县石窟寺勘察报告》，《文博》1986 年第 6 期。

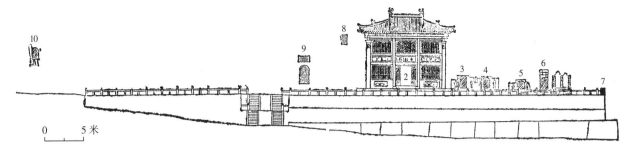

图五　1985 年石泓寺石窟窟龛立面分布图
（采自《陕西富县石窟寺勘察报告》）

图六　2012 年石泓寺石窟窟龛立面分布图
（采自《陕西石窟内容总录·延安卷》）

察报告》）为基础，对石泓寺第七窟和其他 6 座有造像的洞窟的形制、造像、部分题记进行了简要介绍[1]。2016 年出版的《延安石窟菁华》一书对石泓寺第三窟、第七窟、第六窟造像龛做了简单介绍[2]。2012 年至 2014 年，"陕北石窟调查专项"延安地区石窟调查队对石泓寺石窟 10 座洞窟的窟形和造像进行了较为全面的调查（图六），2017 年出版的《陕西石窟内容总录·延安卷》（下简称《内容总录》）介绍了石泓寺石窟各窟窟形、造像以及部分题记[3]。上述调查资料中记录的石泓寺洞窟数量与编号不尽相同，数量有 7 座和 10 座两种，编号方式有以洞窟朝向为标准自左向右依次编号和自中间向两侧交叉编号两种。本报告延续《内容总录》编号方式，同时将窟外独立龛单独编号，共记录窟龛 11 座。为了便于对照，现将石泓寺石窟本次调查和既往调查的窟龛编号采用"K+数字"表示窟号、"龛+数字"表示龛号的形式列表统计如下（表一）：

［1］李淞：《陕西古代佛教美术》，陕西人民教育出版社，2000 年，第 207～210 页。
［2］延安市文物研究所编著：《延安石窟菁华》，陕西人民出版社，2016 年，第 110～112、134～137、254 页。
［3］《陕西石窟内容总录》编纂委员会编：《陕西石窟内容总录·延安卷》（上），陕西人民出版社，2017 年，第 250～271 页。

表一　石泓寺石窟窟龛编号对照

编号版本	编号对照									
本报告	K1	K2	K3	K4	龛1	K5	K6	K7	K8	K9	K10
《从长安到雅典》		K1	K2	K3		K4	K5	K6		K7	
《简报》		K1	K2	K3		K4	K5	K6		K7	
《勘察报告》	K7	K6	K5	K4		K3	K1	K2	K8	K9	K10
《陕西古代佛教美术》		K6	K5	K4		K3	K1	K2		K7	
《内容总录》	K1	K2	K3	K4		K5	K6	K7	K8	K9	K10

二、既往研究

（一）年代分析

对石泓寺各窟龛年代的研究主要依据两方面的材料，一为窟内题记与窟外摩崖题记、碑刻题记，二为造像特征。

最早讨论石泓寺各窟年代的是阎文儒先生。他指出："鄜县石泓寺，在县城西约65公里，共八个窟，开凿时代在唐初或更早一些，最突出的是金代开凿的窟，大小雕像三千多尊。"[1]姬乃军在《延安地区的石窟寺》[2]一文中将第七窟时代推定为北朝隋唐，认为其他六窟"从唐始，五代、宋、金、明、清都有凿刻。"靳之林撰文对姬乃军关于第七窟年代的误判进行了订正，认为第七窟为金代开凿[3]。负安志在《勘察报告》和《论富县石泓寺、松树沟金元石刻造像的年代及其特征》两文中均认为第六窟为隋代开凿、唐代竣工，第四窟和第五窟年代为唐代，第三窟年代为宋代，第七窟主体为金代皇统和贞元时期的作品、部分罗汉和菩萨像可能晚至13世纪末，第一、二、八至一〇窟为明代以后[4]。《内容总录》认为第六窟年代为隋、唐、宋、金，第四、五窟年代为唐代，第三窟年代为北宋早期，第七窟年代为金代，第二、九窟年代为明代，第一、八、一〇窟年代为明清时期。石建刚等在《陕西富县石泓寺中小洞窟调查及相关问题探析》　文中认为第一、一〇窟的时代无法确知，第二窟为开凿于明代嘉靖年间的三教窟，第三窟开凿于北宋早期的开宝年间，保留了较多的唐代遗风，第四窟开凿于唐代、宋代续刻，第五窟和第一龛为后周显德年间开凿，第五窟金代续刻，第六窟为隋代开凿、唐宋金续刻，第九窟为明代开凿，第八窟时代可能与第九窟相近或略晚[5]。

综上所述，目前关于石泓寺开窟造像年代的认识已经基本一致，即始凿于隋大业年间，历经唐、五代、宋、金、明，不断开凿，形成现在的规模。其中，金代开窟造像最为繁荣。清代有维修和妆造活动。

---

[1] 阎文儒：《石窟寺艺术》，载中国科学院考古研究所编《考古学基础》，科学出版社，1958年，第173页。

[2] 姬乃军：《延安地区的石窟寺》，《文物》1982年第10期。

[3] 靳之林：《对〈延安地区的石窟寺〉一文的订正》，《文物》1984年第12期。

[4] 负安志：《论富县石泓寺、松树沟金元石刻造像的年代及其特征》，《文博》1986年第6期。

[5] 石建刚、万鹏程：《陕西富县石泓寺中小洞窟调查及相关问题探析》，载陕西师范大学历史文化学院、陕西历史博物馆编《丝绸之路研究集刊》（第三辑），商务印书馆，2019年，第350～371页。

（二）形制与造像研究

韩伟在对陕西石窟进行综述时涉及石泓寺北宋第三窟窟形和第七窟智拳印大日如来造像[1]。何利群对包括石泓寺在内的延安地区宋金石窟的洞窟功能与形制、窟内造像组合与题材进行了系统的考古类型学研究，将其按不同类别和型式划分为四组，石泓寺第三窟（原文作"第5窟"）和第七窟（原文作"第2窟"）分别归入第一组的北宋早期和第四组的宋末金初[2]。石建刚在其专著《延安地区宋金石窟调查与研究》[3]中全面、系统的整理和释读了包括石泓寺在内的延安地区宋金时期石窟的造像题材和题记，在此基础上，对窟形、造像等的演变进行了综合分析，并根据题记揭示的工匠派系特点分析了造像特征的成因。同时，石建刚等还对包括石泓寺在内的陕北宋金石窟僧伽造像[4]、地藏造像[5]、玄奘取经图像[6]、布袋和尚图像[7]进行了专题分析研究：（1）辨识出石泓寺第七窟内目前所见的延安宋金石窟造像中的首例僧伽飞雨造像以及僧伽与俗家弟子木叉、出家弟子慧俨的三尊组合，认为这些僧伽造像是依据《僧伽和尚欲入涅槃说六度经》和僧伽是观音化身的信仰镌刻而成，表现了护法思想和对净土世界的向往；（2）认为包括石泓寺第七窟地藏与道明和尚在内的该类地藏组合图像是依据《道明还魂记》而来的，该组合图像在北宋中晚期已经普遍流行于延安一带；（3）指出包括石泓寺玄奘取经图像在内的取经图在陕北宋金石窟中数量较多，并对周边地区同类图像产生了直接的影响，修正了玄奘取经图诞生于甘肃瓜州地区的观点；（4）认为陕北地区目前发现的15例布袋和尚造像（石泓寺7例）的粉本，或是直接来自江浙地区，或是来自京师汴梁，受到了当时流行的最新图像样式的影响，反映出陕北地区在宋、金、西夏佛教艺术交流中的重要作用。刘振刚《陕北与陇东金代佛教造像研究》主要立足于石泓寺有明确纪年的金代题记，对金代佛教造像的题材、风格及粉本来源和产生的历史背景等问题进行了深入分析[8]。李静杰对包括石泓寺在内的陕北宋金石窟佛教图像的结构类型、8种主流图像的类型与功能、9种非主流图像及其功能、6种主要图像的组合类型进行了分析[9]，尤其关注了大日如来[10]与观音救难图像。通过对石泓寺第七窟浮雕观音救难图像内容与组合含义的分析，他认为该铺图像具有鲜明的地域和时代风格，与地藏菩萨形成从现世救济到地狱救济的链条，是该题材造像整体谱系中的稀有之作[11]。李静对石泓寺第七窟（原文作"第2窟"）天井图案进行了分析，认为其独具特色，主体图案和地纹因素源于北宋及辽，亦流行于南宋

[1] 韩伟：《陕西石窟概论》，《文物》1998年第3期。
[2] 何利群：《延安地区宋金石窟分期研究》，北京大学硕士学位论文，2002年，第15、17、19页。
[3] 石建刚：《延安地区宋金石窟调查与研究》，甘肃教育出版社，2020年。
[4] 石建刚、高秀军、贾延财：《延安地区宋金石窟僧伽造像考察》，《敦煌研究》2015年第6期；石建刚、万鹏程：《延安宋金石窟僧伽造像内涵探析——以清凉山第11窟和石泓寺第7窟僧伽造像为中心》，《艺术设计研究》2018年第3期。
[5] 石建刚：《延安宋金石窟地藏造像的考察与研究》，《敦煌研究》2018年第6期。
[6] 石建刚、杨军：《延安宋金石窟玄奘取经图像考察——兼论宋金夏元时期玄奘取经图像的流变》，《西夏学》2017年第2期。
[7] 石建刚、白晓龙：《陕北宋金石窟布袋和尚图像调查与研究——兼论与河西地区西夏石窟布袋和尚图像的关联性》，载陕西师范大学历史文化学院、陕西历史博物馆编《丝绸之路研究集刊》（第五辑），商务印书馆，2020年，第432~445页。
[8] 刘振刚：《陕北与陇东金代佛教造像研究》，兰州大学博士学位论文，2016年。
[9] 李静杰：《陕北宋金石窟佛教图像的类型与组合分析》，载故宫博物院编《故宫学刊》（第十二辑），故宫出版社，2014年，第92~120页。
[10] 李静杰：《陕北宋金石窟大日如来图像类型分析》，《故宫博物院院刊》2013年第3期。
[11] 李静杰：《乐至与富县石窟浮雕唐宋时期观音救难图像分析》，《故宫博物院院刊》2012年第4期。

和金代，宝盖藻井和条幡七言诗的组合形成了法会背景场面，烘托了洞窟主体思想[1]。

（三）题记研究

李静杰对陕北宋金石窟题记内容从施主身份、工匠班底、住持与经营、开凿背景四个方面进行了分析[2]，涉及石泓寺第七窟（原书作"第2窟"）和第三窟（原书作"第5窟"）的施主、开窟背景等内容。刘振刚等通过对石泓寺各窟题记的识读与辑录，分析了题记所反映的石泓寺建造历史、开窟时间及背景[3]。石建刚等在关于石泓寺中小型石窟的专文介绍中，对中小洞窟题记进行了进一步校对和考释，并分析了题记与造像之间的对应关系[4]。延安市文物研究所编《延安石窟碑刻题记》一书，专节收录了石泓寺第二窟至第七窟的53则题记和窟外6通摩崖或单体碑刻的信息[5]。

综上可知，目前尚无关于石泓寺的专题考古调查报告，既往《简报》《勘察报告》《内容总录》中对各窟窟形与造像的描述较为概括和简略，照片和线描图均发布较少，缺乏准确的正射影像图和基于此的墨线图。研究方面，缺乏关于石泓寺窟形、造像等的系统研究，仅在关于陕北宋金石窟窟形、造像、题记的研究中提到部分石泓寺的相关内容。对题记的唯一一项专题研究则因缺乏全面调查资料的支撑而出现部分遗漏、不严谨和谬误。

基于此，对石泓寺开展专题考古调查，全面采集石窟整体与局部的三维数字化信息，并对这些调查数据予以全面刊布就显得尤为必要。

第三节　现状与分布

"石泓寺"窟名来源于第六、七窟窟前清代修建、民国时期重修、近现代再修的木结构"皇经楼"（图七；图版15、16）门额上的题刻。当地又俗称其为川子河石窟。清代嘉庆年碑刻中称石泓寺石窟为"石宫寺万佛洞"。石泓寺现存部分由院落、办公区、窟龛区、零散石刻四部分组成（图版17）。

院落呈不规则窄长梯形，后[6]接窟龛区崖壁，其余三边筑护墙和矮墙。右墙长约26.7、前墙长约77.8、左墙长约8.9米。右墙中后段内、外地表大体平齐，墙体较高，中部偏前处有一宽约2.5米的开口。右墙前段、前墙、左墙内地表与墙外地表高差明显，下部均为高约2米的包石护坡立面，护坡上有高出院内地表约0.4米的栏杆。前墙右段开山门（图版18），门道与前墙呈"十"字交叉，最宽5.6、进深13.3米，前低后高，底面为两段石砌台阶与斜坡组合的通道。门道左、右两侧为前墙内折后的护坡砌石立面和低栏杆。门安装于

[1] 李静：《富县石泓寺金代早期第2窟天井图案分析》，载麦积山石窟艺术研究所编《石窟艺术研究》（第二辑），文物出版社，2017年，第89～104页。
[2] 李静杰：《陕北宋金石窟题记内容分析》，《敦煌研究》2013年第3期。
[3] 刘振刚、王玉芳：《富县石泓寺石窟历代题记识读与分析》，《敦煌学辑刊》2016年第3期。
[4] 石建刚、万鹏程：《陕西富县石泓寺中小洞窟调查及相关问题探析》，载陕西师范大学历史文化学院、陕西历史博物馆编《丝绸之路研究集刊》（第三辑），商务印书馆，2019年，第350～371页。
[5] 延安市文物研究所：《延安石窟碑刻题记》，陕西人民出版社，2020年，第79～103页。
[6] 由于石泓寺建筑与窟龛朝向非正方向且偏移较多，无法用东、西、南、北类方位词准确界定。因此，本报告中的方位统一用前、后、左、右、上、下等相对灵活和准确的方向词表示，确定标准以为建筑、洞窟、壁面、造像等文物本体的朝向。题记和碑文则以观者方向表述左、右。

图七 1979 年石泓寺石窟"皇经楼"外立面
（采自《对〈延安地区的石窟寺〉一文的订正》）

门道中部偏后处，门楼为砖、瓦、木混合结构。院内地面较平，局部可见残损的水泥层，办公区前以及第二至第四窟外前部有铺砖小路或地面。

办公区位于院内右侧偏后处，为一栋面左的单层双面坡式多间砖房。

窟龛区主体位于院内后部，第一〇窟位于右墙外侧。窟龛上方山体上有水泥排水渠，向外、向下延伸至院外左右两侧坡下。水渠前的窟外山体上局部可见水泥加固的山体裂缝，第二至第五窟靠近窟口顶部及两侧上部的位置有一至三排高低不同、大小不一、形状不同的椽窝，可能与原来搭建开窟支架或窟檐建筑有关。第六、七窟前的"皇经楼"屋顶经后期水泥修复加固抹平，并用石条垒砌双拱形窄阶式斜向护坡。第八、九窟窟外有后期加固修复的砖、石砌窄阶护坡和入窟台阶等。

洞窟开凿于山崖中下部，分布范围左右长约 78.4、上下高约 8 米，共计 10 座洞窟、1 座浅龛，自左向右依次编号为第一至第四窟、第一龛、第五至第一〇窟。窟龛自上而下可分为三层，下层 7 座洞窟、1 座龛（第一至第七窟、第一龛），中层 2 座洞窟（第九、第一〇窟），上层 1 座洞窟（第八窟）。（图八、九；图版 19、20）

"皇经楼"原为两层，现为一层，单面坡式廊屋，后部与第六、第七窟窟顶山体相连，底部为石砌窄长平台，平台前缘中部与院内地面之间以五级石阶相连。面阔三间，中间一间开门，门与第七窟甬道相对并连通。屋后壁自右向左依次为嵌壁题记碑、第七窟窟口、第六窟封闭窟口。

现存窟龛之间，第七窟打破第六窟，第八窟打破第九窟，其余窟龛之间无直接打破关系。窟内不同时期开凿的壁面造像或龛之间存在部分打破关系。

院内及部分窟内有零散造像残块，共计 38 件。单体石碑 5 通，均位于院内。此外，皇经楼前有 2 件础石，础石前部有 1 件香炉，础石右侧单体石碑前有一多边形基座。这些造像残块、石碑、石供器均是石泓寺石窟的重要组成部分，反映了石窟既往建筑、维修供养等方面的重要信息，本报告列单独章节予以收录。

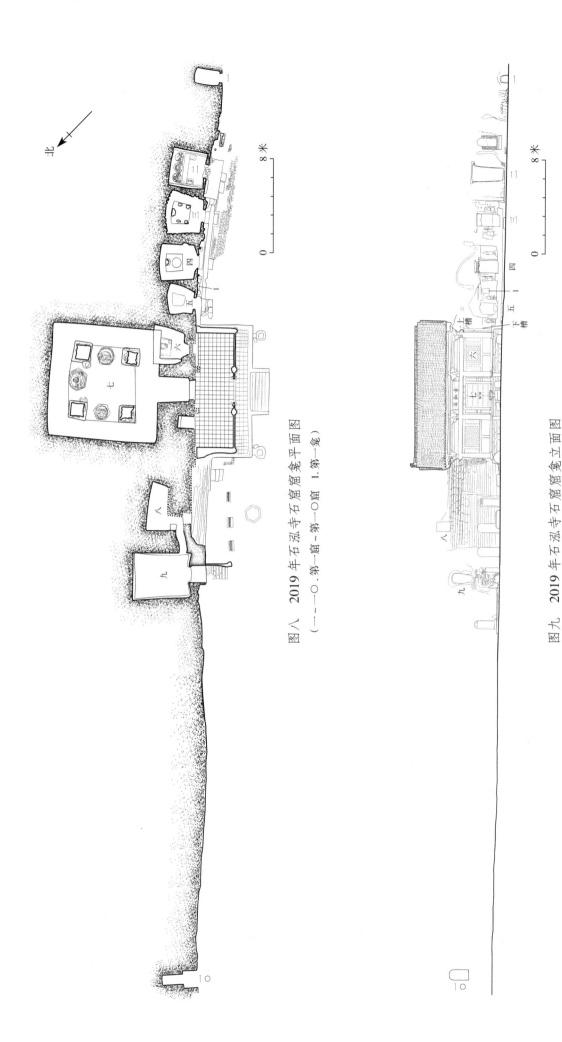

图八 2019 年石泓寺石窟窟龛平面图
（一~一〇．第一窟~第一〇窟 1.第一龛）

图九 2019 年石泓寺石窟窟龛立面图
（一~一〇．第一窟~第一〇窟 1.第一龛）

北

8 米

0

8 米

0

第二章 中小型窟龛

小型窟龛进深、面阔均在 5 米以下，以 3 米左右为主，共计 9 座，自左向右依次为第一至第四窟、第一龛、第五窟、第六窟、第八窟、第一〇窟。中型窟进深、面阔介于 5 ~ 7 米之间，仅 1 座，为第九窟。下面按照编号顺序，依次对 10 座中小型窟龛的形制、装饰、造像和题记进行介绍。

第一节 第一窟

该窟系 1985 年石泓寺"皇经楼"维修工程中清理外围堆积时发现，位于窟龛区最左端，窟口左壁距左院墙 7.9 米。窟口外下部左侧有堆砌的山体塌落石块，右侧有竖置的柱状三角折线纹窟前建筑构件。窟口朝向 233.5°。窟内平面略呈长方形，进深 2.43、宽 1.17、高 0.86 米。（图一〇、一一）

一、外立面

该窟为先在斜向崖面上减地内凿，在凿出的立面上向内减地，凿出窟口和洞窟主体。

窟前小平台侧壁立面呈不规则三角形，底部进深 0.42、宽 0.75 米。

窟口立面略呈梯形，减地凿出门框和门楣，上宽 0.61、下宽 0.76、高 0.75 米，进深 0.13 米。窟口外两侧距窟前小平台侧壁约 0.1 米，顶部为尖拱形散水槽，右侧有一个浅槽。（图一二）

窟前小平台和窟口底面略低于窟外现地面。

二、壁面

（一）后壁

自上而下外斜较多，自两侧向中部微外弧，大部可见粗凿痕和绿色苔藓。未见壁龛、槽窝、造像和壁画迹象。

（二）左壁

自上而下微外斜，立面略呈长方形，上部有横向长凿痕，下部有斜向长凿痕，中部有一道贯穿壁面的斜向裂隙，大部可见绿色苔藓。未见壁龛、槽窝、造像和壁画迹象。

（三）前壁

左侧略窄、右侧略宽，自上而下微外斜，满壁可见斜向凿痕，大部可见绿色苔藓和渗

北

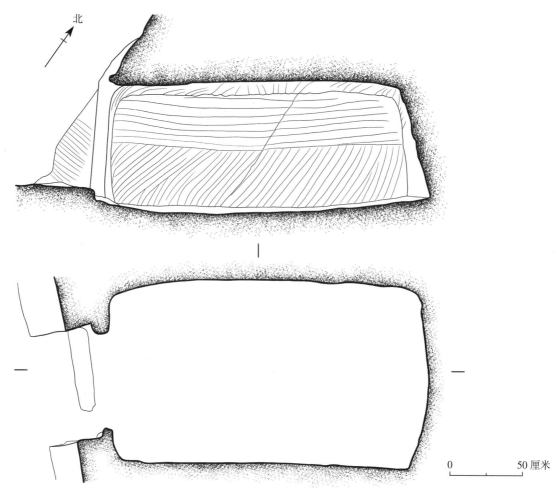

0　　　　50 厘米

图一〇　第一窟平、剖视图

图一一　第一窟三维结构图

水析盐现象。未见壁龛、槽窝、造像和壁画
迹象。

（四）右壁

自上而下微外斜，立面略呈长方形，满壁
可见横向或斜向长凿痕，中后部有一道贯穿壁
面的斜向裂隙，大部可见绿色苔藓。未见壁龛、
槽窝、造像和壁画迹象。

三、顶部与底部

（一）顶部

自两侧向中部略上弧，与左、右壁间呈弧
形过渡。满壁可见交错排列的斜向凿痕，局部
苔藓迹象明显。未见藻井、槽窝、壁画迹象。

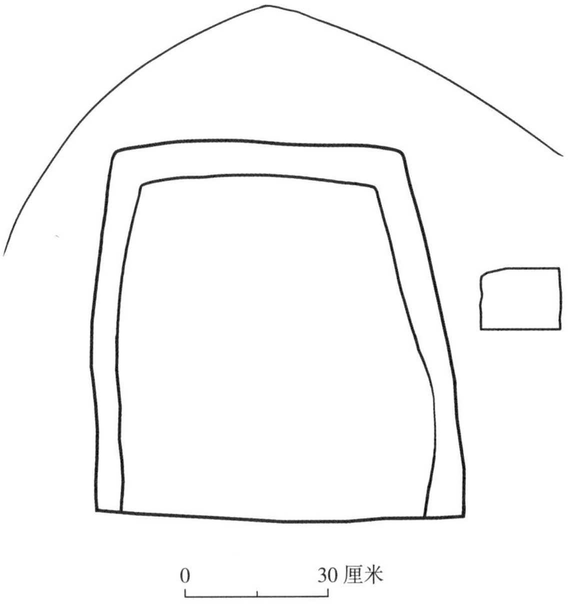

（二）底部

整体较平，布满粗糙痕，未见供台、低床或装饰图案等。根据《勘察报告》记述，1985
年清理窟内淤积堆积时曾发现有 4 具人骨，但无更详细报道。本次调查未见到人骨迹象，也
未收集到 1985 年清理所见人骨的存放或安置线索。

该窟未见造像、题记或壁画迹象，位置最低，结合 1985 年清理发现人骨可知，应为瘗窟，
时代不详。

0　　　　　30 厘米

图一二　第一窟窟口立面图

第二节　第二窟

位于第一窟右侧约 7 米，第三窟左侧约 2.8 米，与第一窟之间的崖壁下自左向右依次为
条形建筑石材和石泓寺一号单体石碑。

该窟系整体向内减地凿刻斜向崖面，凿出立面后，于中部略偏左处向后凿出洞窟主体。
窟口朝向 234°。窟内平面略呈梯形，进深 3.3、后宽 3.1、前宽 2.7、中部最高 3.36 米。（图
一三、一四）

一、外立面

窟口外两侧的崖面修整较平，左侧有斜纵向凿痕，右侧有斜向凿痕围绕的拱形浅浮雕
摩崖题记碑，上部右侧有一道横向浅凿痕，向右延伸至第三至第五窟上部，底部为高出院
内的石地面。石地面与第三至第五窟窟前底部残留的石地面相通，应为修整崖面前部时凿
出的平台。

窟口立面略呈窄长梯形，高 3.2、上宽 1.8、下宽 1、进深 0.27 ~ 0.36 米。顶部有一道横
向窄浅槽，侧壁与顶部相接处有凹槽，应为安装门楣处，左侧现用碎砖块简单填砌。两侧壁

北

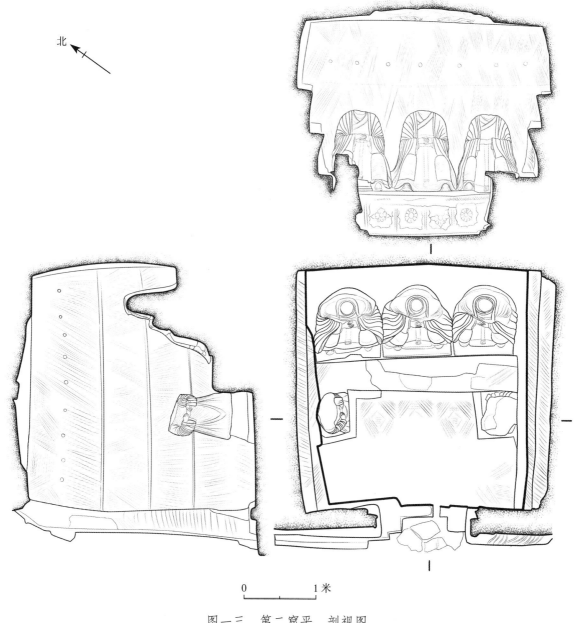

0   1 米

图一三 第二窟平、剖视图

下部略宽，布满斜向凿痕。底部高出院内地面，中间偏后处凿出高 0.11 米的石槛。槛中部偏左侧留有一道南北向竖槽，槽底与槛两侧石面平齐，槛前部石面开裂。（图一五；图版 21）

题记一组，为窟外右侧清嘉庆十年（公元 1805 年）的浅浮雕摩崖碑形题记，编号为 K2-T1。通高 2.78、宽 1.18 米。碑首圆拱形，中间阴线刻竖向排列的"皇清"额题，周围环绕阴线刻双龙卷云纹。碑座外立面凸出于碑身碑首，整体减地浮雕出莲瓣几案样式。碑身边栏刻连续"回"字形云雷纹，中间阴线刻题记，自右向左竖刻，部分字迹不可辨，布局为：右侧 3 行、左侧 1 行为整体竖刻；中部功德主题名自上而下 8 排，每排自右而左竖刻 25～30 行。中部自下而上第一、二排左侧与最左侧竖行题记间为工匠和画师的题名，自右而左纵向布置 3 行。本组题记录文采用自右向左整体竖行和自上而下、自右而左排内竖行结合的

图一四　第二窟三维结构图

方式录写。（图一六）

录文[1]如下：

　　圙闻天地水谓之三官其经曰天官赐福地官赦罪水官解厄济世育民好生迪吉之德莫大□□□兹石泓寺肇迹大明亦鄜州之一观也□□//□黎庶初生大清盛世岂宁忍视其长朽欤抑亦以赐福赦罪解厄而修葺欤盖善由我积福□天申受以邀集会首募化十方善□□□//缘乐布善施重修殿宇续葺金容装严满堂仁慈迄今功完告竣设醮庆会刊名于石□□为序子曰妙哉妙哉妙有玄都天地水故□□为□//江南顾修杨宗仁捐银五两/湖南顾修张士杰捐银四两/湖南会首朱友文捐银三两二钱/河南会首杨万寿捐银一两/湖北会首邵明荣捐银二两/鄜州会首雷忠捐银二两四钱/湖南会首杨万选捐银二两/江南会首李光恒捐银一两/湖南会首金禹玞捐银二两/湖北会首孙耀刚捐银三两二□/湖北会首胡明志捐银一两/湖北会首范义翔捐银三两/湖北会首余成贵捐银一两二钱/湖北会首□□□曾日囸银一□/湖北会首□□□苏作相钱五百/湖南会首覃配义□□才银二□/湖北信士周世清捐钱二千文/山西信士王多智捐银二两四钱/河南信士丁仁端捐银二□/湖北信士孙耀廷捐银一两/江南信士王圎□捐钱一两五□/山西信士杨进毓捐银二两/湖南信士官胜

［1］本报告题记或碑文的录写采用下述体例：（1）对可识别的字，采用简体汉字录写；（2）对可辨有字迹但无法确认为何字，同时字迹数量可知的，用对应数量的"□"录写；（3）对可辨有字迹，无法辨识字迹数量的，用"……"号表示；（4）对大体可辨为某字，但无法确定的，采用简体汉字加外框的方式录写；（5）对只有竖行布局的题记，行间均用"/"分隔；对于既有竖行，又有横排功德主名单的，行和排间用"//"分隔，排内行间用"/"分隔。

T1

0   50厘米

图一五　第二窟窟口立面与题记编号图

廷捐银一两六钱 / 湖北信士孙希楚捐银一两五钱 / 湖北信士杨圣先捐银一两五钱 / 贵州
信士刘大□捐银一两□钱 / 洛川万盛成号捐钱一千二百文 / 湖南信士马应龙捐钱一千文 /
安化县李金用捐银一两五钱 // 河南杜文贤捐钱一千文 / 湖南周国宝捐钱一千文 / 江南太
□号捐钱一千文 / 江南陈两山捐钱一千文 / 何显福捐钱一千文 / 李国明捐钱一千文 / 湖北
刘仁栢捐钱一千文 / 湖南蒋美才捐钱一千文 / 湖南甯配天捐钱一千文 / 湖北欧阳全泰捐
银一两二钱 / 江西石应□捐银一两二钱 / 郿州雷□捐银一两二钱 / 安化县齐天魁捐银一
两二钱 / 山西蓝载捐银一两二钱 / 合阳夏永□捐银一两二钱 / 山西王□贤捐银一两二钱
/ 山西柴邦龙捐银一两二钱 / 安化王海清捐银一两二钱 / 合阳刘廷祥捐银一两二钱 / 湖南
向福廷捐银一两二钱 / 甘肃张圜兴捐银一两二钱 / 安化贺□仓捐银一两二钱 / 安化齐廷选
捐银一两二钱 / 山西李开发捐银一两二钱 / 四川黄寿□捐钱一千文 / 湖南张东明捐银一
两 / 延安府刘生扬捐银一两 / 刘生友捐银一两 / 贵州詹大魁捐银一两 // 湖南刘仁重捐银
一两 / 湖南张高友捐银一两 / 湖南李光松捐钱一两 / 合阳蒋□捐钱八百文 / 湖南王锦怀捐
银一两 / 湖广阮远明捐银一两二钱 / 吕荣先捐银一两 / 林世乾捐银一两 / 江南徐士朝捐银

图一六　第二窟 K2—T1 拓片

一两 / 蒲城韩才顺捐银一两 / 湖南黄金玉捐银一两 / 澄城麻兴盛号捐银一两二钱 / 韩城薛世成捐银一两 / 邓有才捐银一两 / 范惠氏捐银一两 / 湖南陈其琇捐银一两 / 湖南向□□捐银一两 / 广东邓文□捐银一两 / 四川张青银一□ / 贵州魏大才钱八百 / 山囯张大德银八钱 / 侯克均 八钱 / 武生屈则恭银八钱 / 贡生任如兰银八钱 / 安自会银八钱 / 监生田茂银八钱 / 武生□钟園银八钱 / 雷作解银八钱 / 囝□银八钱 / 王富文银八钱 // 王田银八钱 / 王一尊银八钱 / 刘凤鹤银八钱 / □生王登银八钱 / 监生王筹银八钱 / 武英银八钱 / 王凤麟银八钱 / 生员任一桂银八钱 / 安栋银八钱 / 安中银八钱 / 张义和钱七百五十 / 李世朝钱七百文 / □仕伦钱六百文 / 罗友章钱六百文 / 徐义章钱六百文 / 常万宗□□百文 / 囝门余氏六百文 / 邓述章六百文 / 蒋德□五百文 / 文松五百文 / 高之锦钱五百 / 苏如囶五百文 / 韩治邦五百文 / 袁转仕钱五百 / 李天祥钱五百 / 陈大元钱五百 / 三合号五百文 / 马鸣英银六钱四厘 / 贾三槐五百文 / 周维扬五百文 // 韩德平钱五百文 / 李兰桂钱五百文 / 邓儒昌囲囚钱 / 沈士虎钱五百文 / 肖□华五百文 / 熊仕廷钱五百文 / 王文友钱五百文 / 杨成□钱五百文 / 胡定一钱五百文 / 骆国顺钱五百文 / 刘有才钱五百文 / 王尚林钱五百文 / 王德钱五百文 / 李国会银五钱 / 杨□富银五钱 / 刘守□银五钱 / 杨雨□银五钱 / 王锦栢银五钱 / 李有□银五钱 / 王锦□钱四百文 / 周光礼钱五百文 / □□钱五百文 / 罗士松银六钱 / 梁世□钱五百文 / 罗□□银五钱二厘 / 陈昇文银五钱二厘 / 朱万友银五钱二厘 / 陈赞祥银五钱二厘 / 安国文钱五百 / 徐正友钱五百 // 朱□□钱七百卅文 / 徐应唐钱四百文 / 金成□钱七百文 / 董瑞书钱四百文 / 黎攀凤银四钱 / 黎光龙钱四百文 / 李永福银五钱二厘 / 國永洪银五钱二厘 / 杨应科银五钱二厘 / 潘兴安银五钱二厘 / 杨天成钱四百文 / 丁成化银五钱 / 崔□志钱四百文 / 徐正扬钱四百文 / 彭成□钱四百 / 黄怀诗钱四百 / 张赐禄钱四百 / 崔君仁钱四百 / 辛大龙钱四百 / 周世禄钱四百 / 袁□文钱四百 / 黄宗朝钱四百文 / 盛□春钱四百八十 / 傅国泰钱四百文 / 张朝钱四百 / 贺光宗钱四百文 / 陈殷明银五钱二厘 / 张□华银五钱二厘 / 李金月银五钱 / 谢禄银五钱 // 苏□□银五钱 / 张新益银五钱 / 王绍□银四钱 / 吴楚光银四钱 / 黎添仁银四钱 / 黎添义银四钱 / 梁彩贵银四钱 / 陈高美银四钱 / 向国定银四钱 / 陈国君钱三百廿 / 周□光钱四□文 / 汪宗仁钱四百文 / 朱壬□钱四百文 / 黄国顺钱三百文 / 樊有善钱三百文 / 杨朝虎钱三百文 / 四□号钱三百文 / 梁金钱□百文 / 杨雨芳钱三百文 / 杨万隆钱□□文 / 邹□□钱三百四十 / 吴楚光钱三百文 / 陈国均钱三百文 / 杨宗九钱三百文 / 梁开禄钱三□文 // 夏正□钱三□ / 杨万□钱三百□ / 王进魁银三钱 / 向德光银二钱 / 周洪友钱二□□ / 范开□钱二□四 / 杨□顺钱二百文 / 周华□钱二百文 / 杨仕□钱二百四十 / 王明福钱二百四十 / 胡□文钱二百文 / 刘□□钱二百文 / 张□明钱二百文 / 黄□囝钱二百文 / 刘仕学钱二百文 / 陈□□钱二百文 / □世□钱二百文 / 向□□钱二百文 / 陈道义二百文 / □大才二百钱 / 杨学囲钱二百文 / 王□□钱二百四十 / □□富钱二百四十 / 刘囮二百文 / □国庭银囮钱 / 周太□□百四十 / 彭仁泽□□ // 囶平县画师囝选 / 蒲城县画师武忠圣 / 山西绛州河□县石匠黄均德黄□□ // 大清嘉庆十年岁次乙丑菊月　吉 日　住持道胡复贵弟子朱本朝□□□德□□湖南府□邓楚三敬囝

该题记内容为清嘉庆十年石泓寺维修工程的缘由、内容和功德主、工匠名单。此次对石泓寺的维修主要包括重修"皇经楼"等建筑和对造像彩绘涂金。不过，题记开篇提到"天地水""三官"，结尾处提到"住持道"，表明这一时期石泓寺的管理和住寺人员是道教信徒。

二、基坛

位于后部和左、右两侧，底部相连。后部基坛两侧接壁，左、右基坛位于后部基坛前面底部。（图版 22）

后部基坛高 0.6、前后宽 1.4、左右长 3.1 米。前面纵向分四格，每格内减地凿出花瓣状边缘的壶门，壶门内各浅浮雕一组菱形或圆形花卉图案。（图版 23）基坛上后部为 3 尊并排的坐像，前部为供台。造像主体圆雕，大小、特征基本相同，仅存颈部以下，残高 1.09、最宽 0.91、最厚 0.81 ~ 0.91 米。倚坐，双手于腹前相叠，右手在外，左手在内，手持物已无存。着衣三层：内层圆领衣；中层右衽交领衣，束宽带，带端下垂，末端有流苏；外层宽袖长袍，平行下垂，下缘垂至脚两侧。袖口处可见中层和外层衣袖边缘。衣纹为横向或纵向阴线刻，疏密、长短不一。脚穿云头履，踩于低平基座上。右侧和中间坐像颈下可见三缕胡须下垂。

右侧基坛高约 0.1、长 0.64、宽 0.55 米，上为 1 尊立像。造像主体圆雕，残存胸部以下，残高 1.18、最大残宽 0.64、最厚 0.45 米。双腿分开直立，面左。双臂内屈，左腋下夹书卷，左手执带状物，右手执毛笔笔杆。着袍服，下摆较低，衣纹为"V"形或纵向阴线，脚穿靴。（图版 24）

左侧基坛尺寸与右侧基本相同，上亦为 1 尊立像。造像主体圆雕，残存腹部以下，残高 0.82、最大残宽 0.55、最厚 0.45 米。双腿分开直立，面右。左手残，右手于腹部捧书卷，左腕处似可见内外两层着衣的袖口，内窄外宽。袍服右衽，下摆较高，衣纹为"V"形或纵向阴线，脚穿靴。（图版 25）

三、壁面

（一）后壁

壁面中部微外弧，布满斜向交叉凿痕，上部有一排圆槽和一道阴线刻痕，底部与后部基坛相接。

（二）左壁

壁面中部微外弧，布满斜向或三角形凿痕。中下部为三层内收式窄台，宽 0.18 ~ 0.27 米。最下层窄台与后部基坛和左侧基坛相连。上部有 9 个高低、间距差别较大的圆槽。前部可见三道平行紧密排列、连通顶部的裂隙，水泥填补加固，裂隙及两侧呈黑色。（图版 26）

（三）前壁

壁面中部微外弧，左侧为凿痕，右侧中部偏下处有一组减地碑形题记，题记外围为凿痕。（图一七）

嘉靖岁次癸卯（公元 1543 年）减地碑形题记　编号为 K2-T2。通高 0.9、最宽 0.56 米。碑额圆拱形，减地凿出自右向左横书的"题名记"额题。碑身无边饰，阴线刻题记，自左向

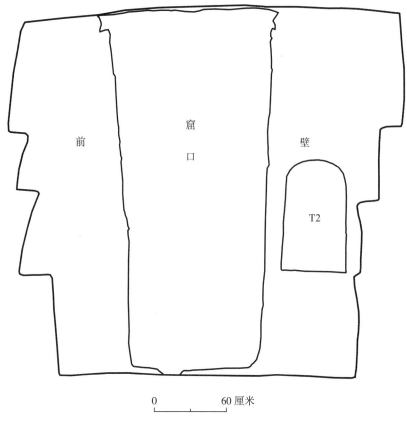

0　　　　　　　60 厘米

图一七　第二窟前壁题记编号图

右竖刻，14 行，满行 23 字。（图一八）

录文如下：

维大明国陕西延安府米脂县德政都见在鄜州嘉善四都地 / 名石空寺邻住术士善人赵锐恭谨发诚心许造 / 三教石洞一座佥围赵添爵另修寺院内 / 东岳殿一座圣像俱完祐护阖家大小人口平安六畜兴胜吉 / 祥如意今将发心兴工姓名开列于后 / 先故父赵文政王氏男赵锐高氏 / 兄赵英王氏男赵世斌赵世钦赵世恭 / 赵添爵赵世良赵世康赵世□ / 孙男赵汶登 高囚 / 助缘功德主安世禄张进禄赵锐□ / 石空寺住持僧人正缙□ 正经 正绥 囸□ 性锦圆演 李圙阳 高□ 杨囙 / 嘉靖岁次癸卯甲寅十有六日本州西川□廷璋书 / 白水石匠囷继先权尚礼

该题记为明嘉靖二十二年石泓寺附近道教信徒赵锐及家人募资开凿 "三教石洞"（即第二窟）和修建 "东岳殿" 之事，同时附有功德主、住持僧人、石匠等的名单。道教信徒开凿该洞窟，僧人亦为功德主，是该地区明代三教融合状况的生动反映。"东岳殿" 现已无存，此题记信息更显重要。

（四）右壁

壁面中部微外弧，布满斜向或三角形凿痕。中下部为三层内收式窄台，宽 0.06~0.18 米。最下层窄台后端未凿出，与后壁基坛后部平面相接。上部有一排 9 个略有高差、分布较均匀的圆槽。

0 _____ 10 厘米

图一八　第二窟 K2–T2 拓片

四、顶部与底部

（一）顶部

中部为藻井，藻井外围为内高外低或较平的壁面，表面布满斜向或交叉凿痕，略偏前有一道横向裂隙，与左壁上部裂隙相连通，贯通藻井前部。后部整体泛白，前部整体泛黑。

藻井为减地内凹八边形，中心凸起。装饰自内而外可分三层，中后部较清楚，前部因石皮脱落和烟炱覆盖，轮廓不是十分清楚，彩绘已不可辨。内层为宝相花明镜，中层为缠枝莲花，外层浮雕四对背和舌呈黑色、身呈浅红色、首两两相对的行龙。（图版 27）

（二）底部

中前部地面为横、纵、斜向阴线凿痕组成的成组三角折线纹。

综上可知，该窟现存造像 5 尊和题记 2 组（窟内和窟口外各 1 组）。根据题记可知，该窟开窟时间为明代嘉靖二十二年，开窟人为当地道教信士，清代嘉庆十年进行的维修活动虽然未直接表明与本窟的关系，但对建筑的"重修"和造像的"续葺"不排除包括该窟附属建筑和造像的可能性。王子云在《从长安到雅典》中对该窟时代和造像的记述为："……似为明代重修的小型窟。原有石雕像被改装为泥塑像，泥像亦已残毁……"[1]因无相关照片，无法确知当时泥塑像的状况。因此，该窟为一座开凿时间不晚于明嘉靖二十二年的礼拜窟。

第三节　第三窟

位于第二窟右侧约 2.8 米，第四窟左侧约 2.96 米。窟口朝向 234°。窟内平面略呈梯形，进深 3.5、后宽 3.89、前宽 3.03、最高 1.84 米。（图一九、二〇）

一、外立面

窟口外崖面下部整体向内减地，减地深度较第二窟小。左上方有一纵长方形槽窝，与第四窟左上部和第一龛左上部两个槽窝连成一线，上缘与自第二窟延伸过来的浅横凿线相接，原可能有整体性的窟檐或窟前建筑。左、右两侧中部减地浮雕出天王龛像。左天王像龛左侧及上部有四个圆形小槽窝。正上部有一道横向减地窄台，中部可见后期修复的外凸水泥窄檐，檐下为长方形窟楣，内部被两道横向浅槽分为上、下两层。下层左侧写有窟号"3"，中间呈不规则尖拱状。（图二一；图版 28）

窟口立面呈纵长尖拱形，宽 1.03、中间高 1.85、侧壁厚 0.26 米。两侧凿出门框，侧壁较纵直，底部为两侧高、中间低呈下弧拱形的石槛。槛中间最低处与窟内地面基本平齐，高于窟外地面。

天王立像侧身朝向窟口。头部特征不明确，可能戴盔帽或束发髻。五官漫漶不清。上身披甲，甲下着袍，腰束带，脚穿靴。

左龛立面略呈圆角竖长方形，下缘线不明显，宽约 0.4～0.55、高约 1.2 米。天王通高 1.1、最宽 0.55 米。右臂屈肘，右手于胸前挂铜，左臂内屈，左手撑于左胯外，脚下踩小鬼。

右龛立面略呈上窄下宽的梯形，宽约 0.7～0.75、高约 1.25 米。天王通高 1.1 米。左臂外伸抬起，左手执挂长矛，右臂似微弯垂于身侧。双脚，尤其是右脚轮廓和脚踩小鬼均不清楚。

---

[1] 王子云：《从长安到雅典——中外美术考古游记》，陕西人民美术出版社，1992 年，第 193 页。

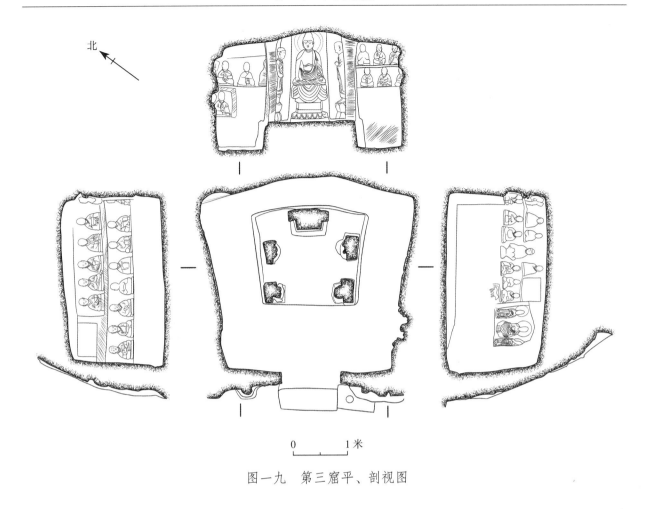

图一九　第三窟平、剖视图

二、基坛

位于窟内中部偏后处，平面呈梯形，四周表面可见凿痕，上部凿痕不明显。前后长 1.78、前宽 1.7、后宽 2.2、高 0.5 米。上面后边中部、左右两侧中前部凿出接顶板状背屏，背屏内侧高浮雕造像。后部中屏为佛像，最高；两侧后屏为弟子像，次之；两侧前屏为菩萨像，最低。（图版 29）

佛像　保存基本完整，仅右颊、上唇微残。头光浅浮雕，近圆形，素面，双层阴线勾勒出宽带状边缘。像结跏趺坐，双手抚膝。馒头状高肉髻，未表现发纹。面相圆润，长眉，上眼睑线较平，阴线刻眼珠，眉间刻划圆形白毫，鼻梁较高，小嘴抿起，嘴唇较厚。颈部阴线刻两道蚕节纹。小腹微凸。着袒右袈裟，搭覆右肩，下缘垂至下腹部，露出下层长裙上缘及系带。束腰须弥座，下部有单层覆莲，裙摆垂覆至束腰上部。通高 1.54 米，像膝宽 0.62 米，座高 0.68 米。（图版 30）

二弟子像　保存基本完整。桃形出尖素面头光，双层阴线勾勒出边缘。立姿，双腿微分开。外穿袈裟，下身着裙，跣足。束腰高台式仰覆莲座，部分莲瓣表现不准确或不清楚。左侧弟子像双手于胸前弯曲相叠，平眉、小眼，小嘴微抿，袈裟右衽。通高 1.49 米，座高 0.26 米。（图版 31）右侧弟子像双手于腹前舒展交叠，弯眉、长眼，右衽衣外似有覆右肩、

图二〇　第三窟三维结构图

垂覆左手腕的袈裟。通高 1.4 米，座高 0.3 米。（图版 32）

二菩萨像　头部至胸部、手部局部残。立姿。腹部微凸，双腿微分开，跣足。戴项饰、璎珞、臂钏、手镯，璎珞于腹前交叉穿璧下垂。上身披帛带，下身着裙，裙边外翻下垂，露出于腹部。束腰高台式仰覆莲座，部分莲瓣表现不准确或不清楚。左侧菩萨像双臂内屈，双手于胸前相合。通高 1.38 米，座高 0.18 米。（图版 33）右侧菩萨像抿嘴，右臂下垂，右手于身侧执净瓶，左臂内屈，左手于左大腿外侧执柳枝。通高 1.32 米，座高 0.19 米。（图版 34）

三、壁面

（一）后壁

壁面中部外弧较明显，中下部有一道弧拱形裂缝，两侧绿苔明显，石皮局部剥落。

造像位于壁面左侧上部和右侧中上部，间距 0.95 米，均为罗汉像，减地浮雕出像龛和像，共 12 尊。左侧上部为第一组，分上、下两排，每排 4 尊，自左向右、自上而下编

图二一　第三窟窟口立面图

为 1 ~ 8 号；右侧中上部为第二组，亦分上、下两排，上排 3 尊、下排 1 尊，自左向右、自上而下编为 9 ~ 12 号。通高约 0.36 ~ 0.49 米，最宽约 0.22 ~ 0.36 米。像均为坐姿。面部整体较圆润，细节多已不清楚。颈部总体较短，溜肩。着右衽衣。座为较薄的台垫。（图二二）

　　第一组　八尊罗汉像　1 号像双手于胸前合十，结跏趺坐。2 号像双臂内屈，左下右上，双手持瘦长棍状物；左腿内屈下垂，右腿内屈平置，呈舒坐状。3 号像双臂内屈至胸前相合，双手轮廓不清楚，结跏趺坐。4 号像双手于胸前合十，双腿内屈，右腿和右脚位于外侧，轮廓清楚。5 号像双臂内屈平置于腹前，上部平整，可能托物；双腿内屈，右腿在前。6 号像双手于胸前掌心向上结禅定印，结跏趺坐，双腿前部浅浮雕头朝右的走龙。7 号像面部残损较多，双手于胸前合十，结跏趺坐。8 号像双臂内屈，双手左上右下，结跏趺坐。双腿前浅浮雕头朝左的卧虎，左手搭于虎头上，右手搭于虎背上。（图版 35）

　　第二组　四尊罗汉像　9 号像整体略高，右衽衣外有圆领覆头衣；双手双腿掩于衣内，

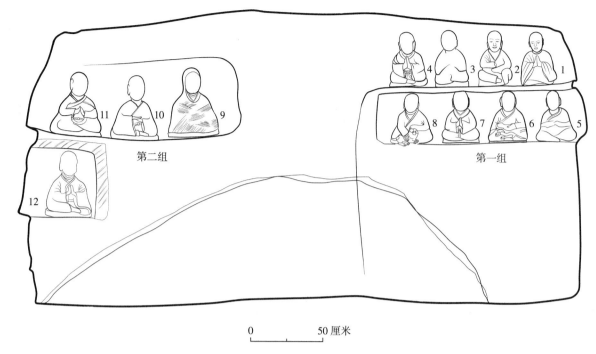

图二二　第三窟后壁造像编号与分组图[1]

可能为禅定或合十手印，结跏趺坐。10 号像面部残损较严重，双臂内屈平置，双手似为禅定印，结跏趺坐。11 号像面部残损较多，双手于胸前合十，结跏趺坐。12 号像双手于胸前合十，双腿内屈平置，右腿和右脚在前。

（二）左壁

壁面整体较直，高度自后向前略有降低，表面大部可见绿色苔藓、白色析盐和黑色烟熏痕迹，局部石皮剥落。下端和后部壁面可见斜向凿痕，下端中后部还有一道横向长凿痕。中上部凿刻造像与题记。（图二三）

1. 造像

减地浮雕，位于壁面上部（图版 36），自后向前可分为四组。

第一组　八尊罗汉像　位于壁面中后部，上排 3 尊、下排 5 尊，自左向右、自上而下编为 1 ～ 8 号。像通高 0.32 ～ 0.42 米，最宽 0.21 ～ 0.26 米。面部整体较圆润，细节多已不清楚。颈部总体较短，溜肩。着右衽衣。座为较薄的台垫。

1 号像面部左侧残损，双手轮廓不清楚，腿部轮廓亦不清楚，推测为结跏趺坐。2 号像双手似于胸前合十，结跏趺坐。3 号像头部戴帽，似为连衣帽；双手轮廓不清楚，双腿似为结跏趺坐。4 号像面部大部残损，左臂内屈平置于腹前，右臂内屈似上举；结跏趺坐，右腿在前。5 号像面部整体残损，双手于胸前合十；结跏趺坐，右腿在前，轮廓较清楚。6 号像面部整体残损，双手似于胸前托物，结跏趺坐。7 号像整体残损或磨损较严重，双臂似内屈，双腿轮廓不清楚。8 号像双手于腹前持念珠，结跏趺坐。

---

[1]图内数字为造像编号。以下各图均同。

图二三　第三窟左壁造像、题记编号与造像分组图

　　第二组　单尊佛像　位于壁面中后部，编为 9 号，位于第一组 1、2、6、7 号罗汉像之间。未见龛边缘迹象，像轮廓大体可辨，面部略残，细部特征已不清楚。通高 0.65 米，最宽 0.32 米。坐姿。头部与第一组 1、2 号罗汉像双臂上部大体平齐，肉髻宽而低，面部略呈梯形，颈部较短，溜肩。双臂似内屈，平置于腹部，结跏趺坐。座为束腰高台座，下缘与第一组 6 号罗汉像下缘平齐。

　　第三组　一佛二菩萨龛像　位于壁面前部，第一组 4 号罗汉像左侧，自左向右编为 10 ～ 12 号。龛立面略呈拱形。三尊像面部均残，带近圆形头光，阴线刻划边缘轮廓。（图版 37）

　　11 号佛像结跏趺坐于束腰须弥座上，双手抚膝，腹部外露微凸。外着袒右覆肩袈裟，下身着裙，裙下缘垂覆台座上部，衣褶较密。双脚覆于衣下。通高 0.6 米，像高 0.38、最宽 0.28 米。10、12 号菩萨像微侧身朝向佛像，身体较直，站立于单层仰莲座上，仰莲下有扁平基座。上身披帛下垂，戴璎珞、项饰、臂钏，璎珞于腹前交叉穿璧下垂，下身着裙，跣足。10 号菩萨像双手于胸前合十，通高 0.45 米。12 号菩萨像左臂下垂，右臂内屈，右手执柳枝，通高 0.49 米。

　　第四组　单体动物像　位于壁面中部偏前处，4 号罗汉像下方，编为 13 号。长方形小龛，下缘不规整，长 0.21、高 0.17 米。动物减地浅浮雕，侧身站立，头向前，微抬，目视前方，两后腿微屈，两前腿较直，尾部上卷，背部内凹。（图版 38）

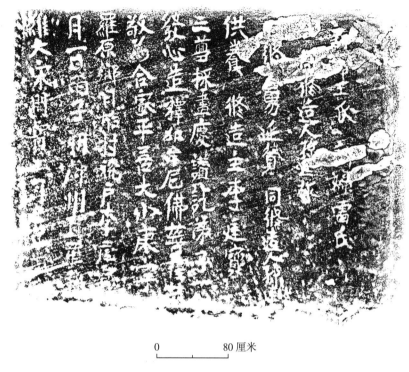

0 ————————— 80 厘米

图二四　第三窟 K3-T1 拓片

2. 题记

一组。

北宋开宝三年（公元 970 年）题记　编号为 K3-T1，位于壁面中部的 7、8 号罗汉像上部，第三组造像龛右上。题记范围未作减地，阴线刻，局部残损。自左向右竖刻，可辨 10 行。（图二四）

录文如下：

维大宋开宝三年□□□/月一日丙子朔鄜州直罗□/罗原乡白垢村□户李卢□/敬为合家平善大小康宁/发心造释迦牟尼佛菩萨共/三尊彩尽庆赞讫弟子一心/供养修造主李达宝/□修□人易延圈同修造人孙□/同修造人孙□□/□妇王氏□妇雷氏

根据内容可知，该题记为第三组一佛二菩萨龛像的题记。

（三）前壁

自上而下微外斜。两侧近窟门处石皮掉落严重，其余部分大部被黑色、白色和绿色附着物覆盖。未见题记、造像。

（四）右壁

壁面整体较直，高度自后向前略有降低，表面局部可见绿色苔藓、白色析盐和黑色烟熏痕迹，局部石皮剥落。底部、后端、中部像龛边缘可见斜向凿痕，中上部凿刻造像与题记。（图二五）

1. 造像

一组。

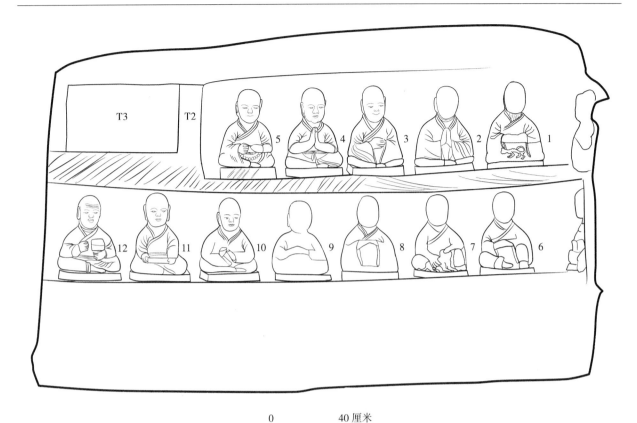

0 ——————— 40 厘米

图二五　第三窟右壁造像与题记编号图

十二尊罗汉像　减地浮雕，上、下两排，上排 5 尊、下排 7 尊，自左向右、自上而下编为 1 ~ 12 号。像通高 0.41 ~ 0.45 米，最宽 0.3 ~ 0.34 米。面部整体较圆润，细节多已不清楚。颈部总体较短，溜肩。着右衽衣。座为较薄的台垫。（图版 39）

　　1 号像禅定印，结跏趺坐，双腿前可见一条行龙。2 号像双手于胸前合十，双腿内屈平置，右腿在外，右脚可见。3 号像面部呈微笑状，双手左上右下似于胸腹间持物；双腿内屈平置，右腿在外，右脚可见。4 号像双手于胸前合十，结跏趺坐。5 号像双手于腹前持念珠，作拨珠状；双腿内屈平置，右腿在外，右脚可见；台垫略厚。6 号像双手于胸前相合，可能为禅定印；左腿屈起，右腿内屈平置。7 号像左臂内屈，肘部搭于左膝上，左手搭于腿前的虎头部；右臂前屈下垂，右手抓虎身。左腿屈起，右腿内屈平置。8 号像双手于胸前相合，抬起略高，似作托举状，但未见托举物迹象；结跏趺坐。9 号像双手于胸前微抬相合，可能为禅定印或托举状；似为结跏趺坐。10 号像左臂内屈平置，右臂内屈微抬，双手间似有持物，但种类不明；结跏趺坐。11 号像双臂下垂搭于双腿上，双手持物似为经书；结跏趺坐。12 号像左臂内屈，左手握拳、掌心向内，抱托物品似为钵；右臂内屈上抬至胸前；结跏趺坐。

　　2. 题记

　　两组，相邻，均位于壁面前端上部。

　　第一组　年代不详题记　编号为 K3-T2，位于 5 号罗汉像右侧凸起部分上。纵向条带状，未作减地，阴线刻，可辨 1 行，位于条带左侧边缘，字迹漫漶，仅"门"字可辨。（图

0   10厘米

图二六　第三窟 K3–T3 拓片

版 40）

由于残缺过多，无法确定该组题记内容。

第二组　宋开宝二年（公元 969 年）题记　编号为 K3–T3，位于 K3–T2 右侧，11、12 号罗汉像上部。减地出长方形浅龛，龛内阴线刻题记，自左向右竖刻，可辨 16 行。（图二六）

录文如下：

□□□开宝二□□□四月一□□子/朔□为亡□□日　□□一□□□/□□□□□□□□□亡 □□□□□/□□赞□□愿亡□□□□/□□□百□合家平□□□□□/弟子一心□养/修造主□□□ 修造人□□□/同修造人□□□□ 延□□□□/□□□□□□□女□□□/□□□□□妇□氏□□□氏/□ 保 □□□□□□/□□□□□□□□□□□保□ 吴/□□□□……□□魏元真/□□温□□/□□张□□ □石匠□米□章/□石匠人 米延福 □青人孙□

该题记可辨识内容无明确造像信息，其对应造像可能为基坛造像或该壁十二罗汉造像。

四、顶部与底部

（一）顶部

中部略高，两侧向外逐渐减低。中间偏后处为八边形低穹隆藻井，中心为小圆圈，其外以双阴线窄带分隔出八组三角形区，各区内部为横向凿痕。藻井边缘后部及左、右两侧与基坛造像背屏顶部相接。局部石皮脱落，大部可见黑色和白色附着物，前部可见绿苔痕迹。未

见题记与装饰图案迹象。（图版 41）

（二）底部

中部偏后处为基坛，地面整体中后部略高、前部略低，局部可见未磨平的凿痕。未见凿刻图案的迹象。

综上可知，该窟现存造像 44 尊，题记 3 组。题记最早纪年为北宋"开宝二年"。据此，该窟为一座开凿时间不晚于北宋开宝二年（公元 969 年）的礼拜窟。王子云在《从长安到雅典》中关于该窟造像和题记、时代的记述中提到："……背屏上雕有小千佛，窟四壁雕为形式多样的龛像和千佛，由于背屏上刻有北宋开宝二年（公元 969 年）的造像题刻，说明窟为北宋前期所凿。就造像风格看，也与题记时代相符，因它保存了北宋早期雕像的淳厚风格。"[1] 这段记述中，背屏小千佛未附照片，调查中亦未发现，已不可考，四壁千佛当为罗汉像。"背屏"开宝二年题记在调查中未发现，是否为右壁"开宝二年"题记已不可考。

第四节　第四窟

位于第三窟右侧约 2.96 米，第五窟左侧约 2.6 米。窟口朝向 225°。窟内平面略呈梯形，进深 3.49、前宽 3.15、后宽 3.44、最高 2.38 米。（图二七、二八）

一、外立面

窟口外上部筑出外凸水泥窄棱。底部石槛前为两级贯通第三至第五窟的石台，下层石台外立面减地凿出浅槽，铺一层正对窟口的条石。"人"字形散水槽仅右侧较清楚，右下端与右侧像龛的右上角相连。左上部有上大、下小两个长方形槽窝，与第三窟窟口外上部的槽窝基本对应成排。两侧中下部减地凿出纵长方形浅龛，龛内缘与窟口边缘凿通，龛内各浮雕一尊天王像，风化严重，局部残损。立姿，双腿分开，均侧身朝向窟口。束高发髻，披甲，甲下着袍，腰束带，脚穿靴。左龛立面呈纵长方形，高 1.6、宽 1.14 米。龛内天王像双臂内屈，双手于腹前相合挂物，物体下部残损。像通高 1.21 米，最宽 0.27 米。右龛立面呈纵长方形，高 1.48、宽 1.05 米。龛内天王像左臂外伸抬起，左手执挂长矛，右臂残，脚踩小鬼，右脚后部有一槽窝，打破龛边缘。像通高 1.22 米，最宽 0.39 米。

窟口立面呈纵长方形，高 1.73、宽 1.05 米。侧壁较薄，厚约 8 厘米。凿出门框，门框外缘、门楣中部有窄棱。门楣窄棱下原可能为凿出的三角形垂幔，两侧斜直与门框顶部相接，现中部偏右整体残为不规则尖拱形。底部石槛中间低、两侧高，略呈下弧拱形。（图二九；图版 42）

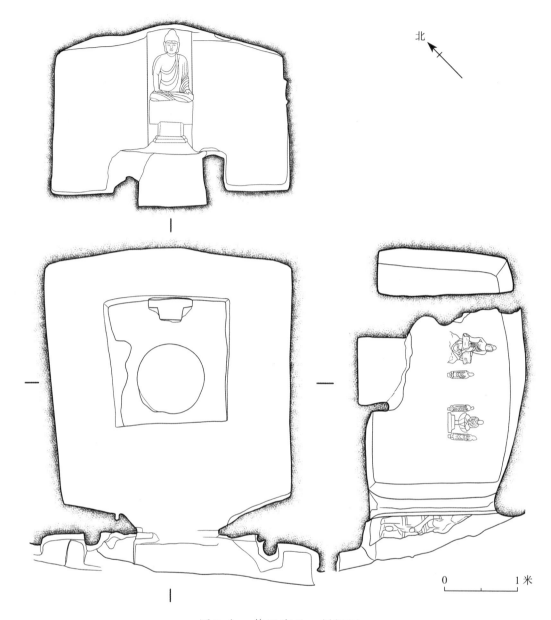

图二七　第四窟平、剖视图

二、基坛

位于窟内中部偏后处，平面略呈梯形。上面残损较多，前部中间凿出平面近圆形的深槽（图版43），槽底部较窟底低。结合窟顶及基坛上部背屏和背屏残迹可知，原来在基坛后部中间及左、右两侧中前部凿刻有一铺五尊像的接顶板状背屏。后部中间背屏高浮雕坐佛一尊，两侧四背屏现仅存顶端，其余部分及造像均已无存，《中国文化史迹》中有未残损前的左前背屏与其上浮雕菩萨像照片。根据1959年《简报》可知，两侧背屏上原有三组题记，现均已不存。

（一）造像

高浮雕，原为独立背屏式一佛二弟子二菩萨造像，现仅存佛像实物及左侧菩萨像照片。

图二八　第四窟三维结构图

佛像　保存完整，无背光。像结跏趺坐，双手抚膝。馒头状高肉髻，未表现发纹，面相圆润，长眉上弧，双眼较长，未表现眼珠，眉间刻划圆形凸起的白毫，鼻梁较高，小嘴抿起，嘴唇较厚。颈部蚕节纹不明显。肩部较宽，肩头圆钝，胸肌发达，小腹微凸。着袒右袈裟，搭覆右肩，斜刻阶梯状衣纹。悬裳覆至台座束腰上部，衣纹已不明显。座为束腰高台须弥座。通高 1.59 米，像膝宽 0.48 米，座高 0.65 米。（图版 44）

左侧菩萨像　照片上图像保存完整，现已不存。立姿，双腿较直，微分开。发髻较高较小，面部略长，整体圆润，眉间有凸起白毫，长眉上弧，双眼略短。颈部双阴线刻划蚕节纹。腹部微鼓。上身披帛，帛带绕至肘部外侧下垂；下身穿长裙，上缘外翻下垂。束发带带花饰，前端自发髻正面垂下。戴花冠、项饰、臂钏、手镯和璎珞，璎珞于腹部穿璧交叉。跣足。座为束腰高台仰覆莲座。（图三〇、三一）

（二）题记

据 1959 年《简报》资料，分别为：

第一组　宋乾德六年（公元 968 年）题记　编号为 K4-T1，位于原左侧菩萨背屏上。内容为"北宋乾德六年郭士元等三人共造菩萨像"。

第二组　年代不详题记　编号为 K4-T2，位于原左侧菩萨背屏上。内容为"赵椒元等五人造菩萨像"。

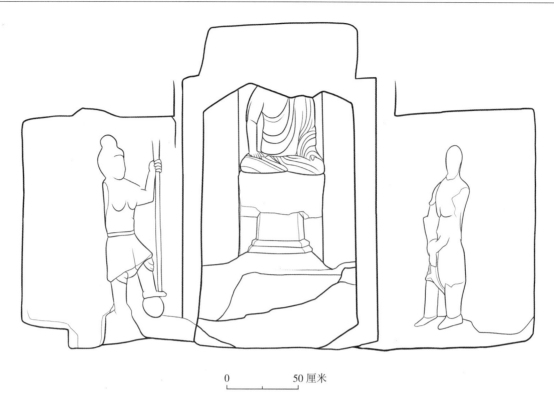

0　　　　50厘米

图二九　第四窟窟口立面图

图三〇　第四窟基坛左侧菩萨像
（采自《简报》）

图三一　第四窟基坛左侧菩萨像局部
（采自《中国文化史迹》）

第三组　年代不详题记　编号为 K4-T3，位于原迦叶像背屏上。内容为"杜秀义等四人造迦叶像"。

前两组题记均位于左侧菩萨背屏上，原始信息是否准确已不可知，若准确，其所指是否均为左侧菩萨还是其中一组对应右侧菩萨亦不清楚。第三组题记所指造像明确。

三、壁面

（一）后壁

壁面中部微外弧，自上而下微内收。大部可见绿色和白色附着物痕迹，局部可见凿痕。左侧中下部有一道斜向裂隙，右侧有两道贯穿壁面的斜向裂隙。未见造像与题记。

（二）左壁

壁面整体较纵直。中上部黑色、白色附着物较多，后部自上而下有绿色苔藓痕迹，上部局部可见凿痕。造像和题记位于壁面上部。（图三二）

1.造像

可分两组，均为减地浮雕龛像。

第一组　自在观音菩萨与胁侍菩萨龛像　位于壁面中部偏后处。龛整体呈较规整的"L"形，前低后高，最高 0.74、最宽 0.79 米。造像风化较严重，部分特征已不清楚。观音菩萨像自在坐，上身微左倾。左手于左腿外后侧撑座，右手抚右膝；左腿下垂，左脚踩莲台，右腿内屈，右脚踩于座上。高发髻。上身披帛带，下身着裙，跣足。座为束腰山石须弥座，座前浮雕"V"形双枝莲花。通高 0.68 米，座高 0.32 米。胁侍菩萨像位于左侧下部，头部残。双腿分开直立，左臂下垂，右臂内屈抬起至胸部。披帛着裙，帛带于腹部下垂呈"U"形，

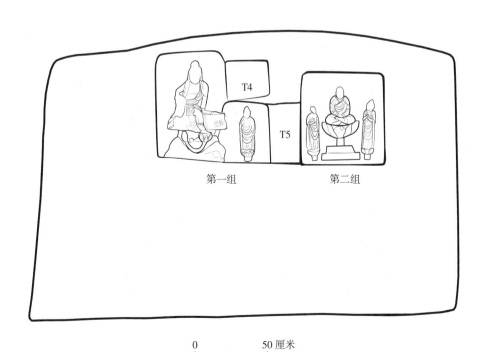

图三二　第四窟左壁造像分组与题记编号图

较厚重，跣足。座为粗茎仰莲座。通高 0.38 米，像最宽 0.1 米，座高 0.06 米。（图版 45）

第二组　一佛二菩萨龛像　位于壁面前部。龛立面略呈方形，边长 0.6 米，下缘与第一组龛下缘平齐。造像风化严重，局部略残，部分特征已不清楚。中间佛像双手禅定印，结跏趺坐。面部短圆，短颈，肩部较圆钝。着右衽袈裟。座为束腰高台座，下部多边形双层叠涩，束腰为粗莲茎样式，上部为大仰莲台。通高 0.5 米，像膝宽 0.22 米，座高 0.23 米。二菩萨像身体微侧，朝向佛像，直立。上身披帛厚重，下身着裙，跣足。座为粗茎仰莲座。装束和台座与第一组的胁侍菩萨像相近。左侧菩萨双手于胸前合十；右侧菩萨左臂下垂，右臂内屈，右手于胸前执柳枝。通高 0.42 米，像最宽 0.09 米，座高 0.08 米。（图版 46）

2. 题记

两组。阴线刻，风化严重，局部剥落，部分文字已不可辨。

第一组　唐咸通□年题记　编号为 K4-T4，位于第一组龛左上方紧邻处。题记区域近方形，未作减地，自左向右竖刻，可辨 8 行。（图三三；图版 47）

录文如下：

咸通□年六月廿五日 / 佛弟子□公□盖 / □合家大小平善 / 遂发心□造菩萨 / 壹躯□□□郭氏 / 一心供养□□公祐 / 弟子公□□心供 / 养□□人也

该组题记当为第一组自在观音菩萨像的题记。

第二组　唐咸通五年（公元 864 年）题记　编号为 K4-T5，位于第一组与第二组造像龛之间。题记区域为纵长方形，未作减地，自左向右竖刻，可辨 5 行。（图三四）

录文如下：

咸通五年岁次甲 申九月乙酉朔 / □阳郡佛弟子郑君雅盖囗 / 合家大小平善遂发

0　　　　5厘米

图三三　第四窟 K4-T4 拓片

心敬造□/佛二菩□萨一铺弟□郑君□□□□/
□□□□□□德永为供养

该组题记为第二组一佛二菩萨造像的题记。

（三）前壁

两侧均整体外斜，表面局部可见黑色、白色附着物
和凿痕，大部石皮脱落，凿痕已不清楚。无造像与题记。

（四）右壁

壁面整体较纵直，中上部黑色、白色附着物较多，
后部自上而下有绿色苔藓，凿痕不明显。无造像。两组
题记均位于壁面上部偏前处，阴线刻，风化严重，局部
剥落，部分文字已不可辨。（图三五、三六）

第一组　唐咸通五年（公元 864 年）题记　编号为
K4-T6。题记区域为纵长方形，未作减地，无明显边框，
自左向右竖刻，可辨 3 行。

录文如下：

　　咸通五年三月十日奉差检勘庄田□记 / 清河张圙
　郑囝武　清河 / 何睿寿太原王囲祯　广平焦惟迁

该组题记与开窟和窟内造像均无关，为当时官员检
勘田庄时拜谒石窟所留。刻于该窟右壁的原因无法确知，
或许与唐太宗和唐高宗北征均经过石窟所在河谷且将该
区域稻田定为贡米产地的传说有关。

0　　　　8厘米

图三四　第四窟 K4-T5 拓片

第二组　唐咸通三年（公元 862 年）题记　编号为 K4-T7，位于 K4-T6 左侧。题记区
域略呈方形，未作减地，亦无明显边框，与 K4-T6 之间无间隔。由于本组题记右侧纪年一
行的末尾多出相连的两字，其右侧还有半列人名，无法自右向左合理释读，因此推测其为自

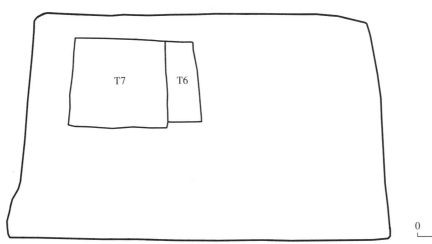

0　　　　　60厘米

图三五　第四窟右壁题记编号图

0 |_____| 20 厘米

图三六　第四窟 K4-T6、K4-T7 拓片

左向右刻写，可辨识字迹的部分共 21 行。其中，最左侧部分石面斑驳残损，似无刻字，可辨识字迹部分的左侧 3 行与中右侧 18 行之间有残损区域相隔。

录文如下：

　　　鄜州直……□为 / 亡……/……□……/……□……/……□……/……□张……圀……/……□ 张
公……□□□□□ /……□□□公□□□□造功□□□□……/……囚等共造菩
□□□□何 □閯君雅□飈 /……□□□ □ 佛弟子……程公 囬□□ 张元庆 /□裥 施主
陈元因 ……主何□□ 杜秀义 □□ /□□□ 刘公闰 圐阿□□□主郭士元　张少通　李
□ /□主妆神□　张□□兄弟□等　张□义　张□□　张□ /□□□明志心□□□□
张圐　白元立　孙少良　□少 / □□□曹□弁　陈□清　田公弁　白公圝　党□　韩□
赵□ /□□□　韩进诚　赵怀义　□□　魏□□　张□楚　张□ /□义□　张少昱
□□政　雷圙诚　张元表　□□□　骆□ / 静北军押衙 党义宽 刘惟举 杨士端 周□武 /
右弟子众为施利少多功德各愿合家大小平善同 / 沾此福 / 维大唐咸通三年岁次壬午二月
庚子朔八日丁未功人 / 张从本

该题记提到了菩萨、佛等，数量不可知，与现存造像及据以往图文资料可溯源的造像无法准确对应。

此外，在 K4-T6 左侧相邻壁面上似可见阴线刻纵向边框装饰，其下部与题记下缘基本平齐位置有一深阴线刻出的字符或图案，内容无法确定。该组图像与题记位置似为有意安排，可能为原始的题记边框装饰。K4-T6 下部右侧和 K4-T7 下部左侧间有浅阴线刻的似驴动物头部和骑或牵驴人物，驴头朝前，双耳向后竖起，头微抬，长颈，表现络头带等，驴身体后部和人物的具体特征已不清楚。该组图像嵌入题记区域内，与题记字体之间似有打破，应为后人所刻。

四、顶部与底部

（一）顶部

中间较高，两侧向外逐渐降低，整体前低后高。中间偏后处为八边形低穹隆藻井，中心刻划小圆圈，其外以双阴线窄带分隔出八组三角形区，各区内部为横向凿痕。（图版48）藻井边缘后部及左、右两侧与基坛造像背屏顶部相接。局部石皮脱落，大部可见黑色和白色附着物，前部左侧可见绿苔痕迹。未见题记与装饰图案迹象。

（二）底部

中部偏后处为基坛，地面整体较平，后部较前部高出较多，未见明显凿痕迹象。无凿刻图案迹象。

综上可知，该窟现存及可追溯的造像共计 12 尊，题记共计 7 组，最早纪年为"咸通三年"。据此，该窟为一座开凿时间不晚于唐咸通三年（公元 862 年）的礼拜窟。王子云在《从长安到雅典》中关于该窟壁面造像的记述为"窟室四壁的龛像多为并排的小千佛，令人感到繁丽精致"[1]，因无对应照片，本次调查中亦未发现，故不可考，推测其所述并非该窟壁面造像。

第五节　第一龛

位于第四窟右侧、第五窟左侧崖面的中部偏上处，左距第四窟 1.35 米，右距第五窟 0.82 米，龛下缘距地面高约 1.2 米。龛口朝向 231°。

一、外立面

在第四窟右侧天王像与第五窟左侧天王像浅龛之间凸起的崖面减地凿出浅龛，龛两侧边缘未与天王像龛凿通，龛下崖面修整纵直，龛上崖面为覆盖第五窟至龛顶左侧、与第四窟散水槽起点相连的"人"字形散水。散水下为龛顶的"T"形槽，横槽减地较长较深，纵槽减地较短较浅，略宽于龛。纵槽内中部留有一未凿透的小石台。龛下窟前二级石台的下级石台上亦凿出石槽，除前缘凿穿外，其余三边较直。散水槽和其他槽孔表明该龛上部及前部最初有檐或建筑。

龛立面略呈纵长拱形，高 0.75、宽 0.44 米，出尖不明显。（图版49）

二、造像

1 尊，为浮雕自在观音菩萨像，坐于束腰高台式山石座上。左手撑座，右手搭于右膝

---

[1] 王子云：《从长安到雅典——中外美术考古游记》，陕西人民美术出版社，1992 年，第 193 页。

图三七　第一龛立面、剖视图

上；左脚踩座前"V"形莲台的左台，右脚踩于台座上。面部圆润，颈部较短。束高发髻，戴花冠，宝缯自耳后垂下。戴臂钏和手镯。上身斜披帛带，下身着裙，裙腰外翻，系带下垂，跣足。左肩外龛边缘凿出净瓶，内插柳枝。通高0.69米，座高0.23米。（图三七；图版50）

三、题记

一组。

年代不详题记　编号为龛1–T1，位于龛右侧中部和第五窟左天王像头部左侧略偏上处。风化严重，字迹绝大多数漫漶不清。题记区域略呈纵长方形，阴线刻，竖书，约略可辨6行，起刻方向不确定，可能为自左向右。（图版51）

自左向右录文如下：

大□……/男……/安……/……/家……/……二日

该题记内容残缺过多，从其所处位置看，可能为第一龛自在观音菩萨像的造像题记。

该龛无纪年题记，造像姿态、装束、台座的特征均与第四窟"咸通□年"自在观音菩萨像基本相同，但从其与第五窟共处一组"人"字形散水槽下且又打破第五窟窟外左龛边缘的情况看，年代下限可能较第五窟开窟时间稍晚。

第六节　第五窟

位于第四窟右侧约2.6米，第六窟左侧约2.95米。窟口朝向231°。窟内平面略呈不规则梯形，进深2.36、后宽2.56、前宽1.93、最高1.67米。（图三八、三九）

一、外立面

窟口外上部为覆盖该窟和其左侧第一龛的"人"字形散水槽。散水槽尖部上方略偏右处有一立面略呈梯形的槽，槽右侧有一浅圆窝，略偏上处的深槽痕可能为第六窟窟外"人"字形散水槽的一部分。两侧中下部各减地凿出一纵长方形浅龛，龛内各浮雕一尊天王像。（图四〇；图版52）

窟口立面略呈纵长方形，高1.35、宽0.97、厚约0.26米。两侧壁内侧残损，用水泥和砖修补。外立面凿出门框，门框外缘和门楣中部有窄棱。门楣下部右侧较平，中部偏左一侧向上凿出不规则尖拱，打破中部窄棱，不排除为后凿的可能性。底部石槛中间低、两侧高，略呈下弧拱形。石槛前为两级贯通第三至第五窟的石台，下层石台有残损，正对窟口位置铺砌两级条石，上层条石高出下层石台。

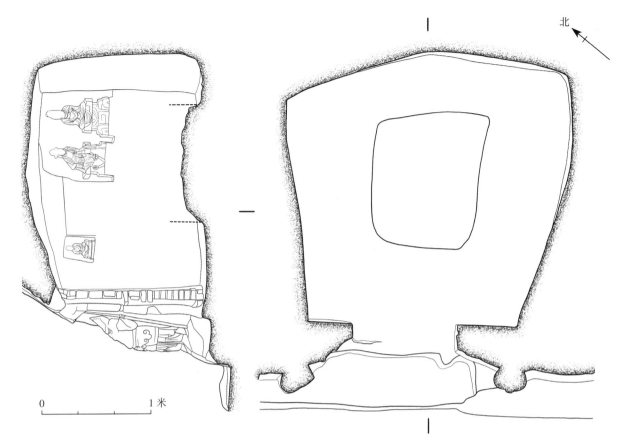

图三八　第五窟平、剖视图

（一）造像

2 尊，浮雕，均为天王像。

风化严重，头部表面残损。整体面向前而立，身体微侧向窟口，双腿分开直立。从残痕来看，原来可能束发髻，外披甲衣，甲下着袍，腰束带，袍下缘向后飘起，脚穿靴。

左龛上缘较平，左缘被第一龛打破，高 1.23 米。龛内天王像双臂内屈，双手于腹前相合拄剑，通高 1.08 米。

右龛高 1.18、宽 0.56 米。龛内天王像左臂外伸抬起，左手执拄长矛，右臂内屈垂下，右手握腰部革带，腹部鼓起，通高 1.08 米。

（二）题记

两组，分别位于两侧天王像上方。阴线刻，风化剥落严重，字迹漫漶，多已不可辨。此处根据《陕西富县石泓寺中小洞窟调查及相关问题探析》一文的内容记述。

第一组　年代不详题记　编号为 K5-T1，位于左侧天王像右侧偏上处。题记区域呈纵长方形，竖刻，可辨 3 行。

录文如下：

□□□□发心……/ 神一尊永远供……/ □□□□三……

根据"神一尊"内容推测，该组题记可能为该尊天王像对应的造像题记。

第二组　年代不详题记　编号为 K5-T2，位于右侧天王像头部上方。题记区域近方形，

图三九　第五窟三维结构图

竖刻，可辨 3 行。

录文如下：

　　□□种三修……种 /……/ 尊永……/ 男□……

　　根据"尊永"二字推测，该组题记可能与 K5-T1 题记内容相似，亦应为该天王像对应的造像题记。

二、基坛

　　位于窟内中部偏后处，平面呈不规则梯形，上部残损。残高 0.2 米，纵长 1.21 米，前宽 0.77、后宽 1.03 米。1956 年调查之际尚保存完整，《简报》中有残损前的背屏与造像照片[1]。根据照片可知，残损前的造像为骑狮文殊菩萨造像，狮子、莲座、牵狮童子圆雕，文殊坐像背屏高浮雕。（图四一、四二）《简报》中未对装束进行描述，根据发表的黑白照片观察，背屏上似无背光迹象。文殊菩萨像双臂下垂，似内屈，结跏趺坐。束发髻，面部圆

［1］杭德州：《鄜县石泓寺、阁子头寺石窟调查简报》，《文物》1959 年第 12 期。

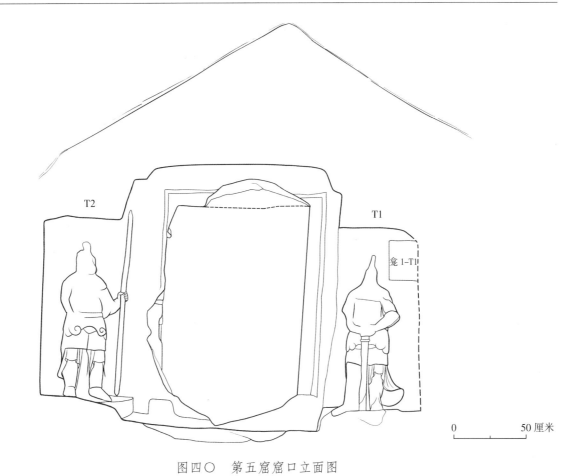

图四〇　第五窟窟口立面图

图四一　第五窟基坛造像俯视、侧视图　　　　图四二　第五窟基坛造像
（采自《简报》。原《简报》所示此窟方向有误——引者注）　　　　（采自《简报》）

润。戴花冠，两侧缯带下垂，可能戴有璎珞和项饰，上身似披帛带，下身着裙。座为仰覆莲座，置于狮背上，三层仰莲瓣、一层覆莲瓣。狮子呈直立姿态，面向前，头部整体较宽较平，背披障泥。根据《简报》中所记窟内高度数据和剖视图造像整体高度推测，狮子与文殊菩萨像通高约 1.22 米。牵狮童子位于狮子左侧前部，紧贴障泥，双腿屈跪，左手持缰绳，穿袍，腰间系带。现仅存文殊菩萨像背屏顶部与发冠顶部残迹。

三、壁面

（一）后壁

壁面自上而下整体外斜，底边整体外弧，中部外弧最多，左侧外弧较右侧多。上部为原始崖壁的斜向纹理，下部可见凿痕。中部和右侧大部覆盖绿苔，其余部分局部可见白色和黑色附着物。未见造像与题记。

（二）左壁

壁面自上而下微外弧，底边自前向后外弧较明显。大部为原始崖壁的斜向纹理，局部可见凿痕。后部有两道纵向裂隙，用水泥修补；中前部大部有白色和黑色附着物痕迹。未见造像与题记。

（三）前壁

除上面局部和左侧上端外，其余部分均被后期砌砖修补部分覆盖，原始情况不明，推测应大部残损。砌砖表面泥皮局部掉落，左上端石面上为连通窟顶的黑色烟炱。修补和原始壁面上均未见壁画、题记和造像。

（四）右壁

壁面自上而下整体较直，中部微内弧，底边自后向前内斜。大部可见黑色和白色附着物，后端下部可见绿苔。凿痕仅局部可见。造像与题记位于壁面上部。（图四三）

1. 造像

3 尊，均为浮雕。可分为两组：

第一组　单尊坐姿龛像　位于前面上部。龛立面略呈不规则长方形，高 0.31、宽 0.23 米。造像头部残损。双臂内屈，双手于袖内相合，结跏趺坐。穿衣似为外袒右袈裟、内右衽衣。座为高台式束腰须弥座，无叠涩，束腰较宽。通高 0.29 米，像膝宽 0.14 米，座高 0.09 米。（图版 53）因头部残损，特征不明确，造像题材无法确定。

第二组　二菩萨龛像　位于后面上部。龛立面略呈长方形，左缘与壁后端凿通，上缘线左侧与顶部凿通，下缘线未凿刻连贯，高 0.78、最宽 0.92 米。二菩萨像并排坐于高台座上，头部均残。（图版 54）

左侧菩萨像结跏趺坐，双手于腹前相叠，头顶较高，可能束发髻。手腕部有似手镯或内层窄袖衣的双窄棱，着覆头通肩袈裟。座为高台式束腰须弥座，上部中间被衣摆垂覆，中部束腰部分为卷云几案样式，下部为云雷纹几案样式。通高 0.72 米，像膝宽 0.28 米，座高 0.32 米。

右侧菩萨像身体斜侧，自在坐，可能为观音菩萨。左手撑于台座上面的帛带上，右手抚

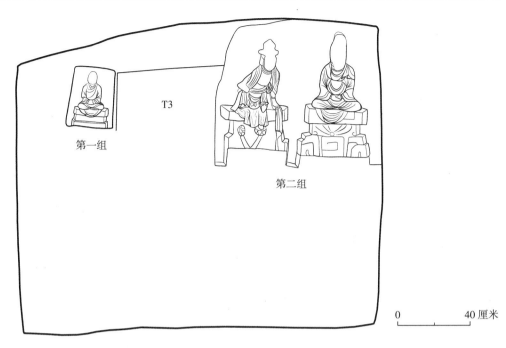

图四三　第五窟右壁造像分组与题记编号图

膝。左腿弯曲下垂，左脚踩座前"V"形长枝双莲台的左台；右腿内屈，右脚踩台座上部裙摆。头束发髻，戴花冠，缯带下垂。左臂及左手腕部有臂钏和手镯迹象。上身披帛绕臂，衣纹厚重，两端自臂后垂下。下身着裙，裙腰外翻，衣纹厚重。跣足。座为高台式束腰须弥座，中、下部因减地凿刻"V"形莲台，立面纵向平齐。通高0.69米，座高0.31米。

2. 题记

一组。

后周显德元年（公元954年）题记　编号为K5-T3，位于两组造像龛之间。阴线刻，近方形，可能为自右向左竖刻，可辨15行，每行下端均有残损，行间有阴线刻界栏。（图四四）

录文如下：

该组题记除"道者有"三字外，其余字体风格一致，可能为1955年王子云调查记录的"壁上刻有后周显德元年的造像题记"[1]，1959年《简报》中也提到"西壁有后周显德元年铭记一处，字迹模糊难辨"[2]。此外，1986年《勘察报告》中该窟条下提到"在61、62两龛之间有'咸通二年六月廿五日'题刻一通"[3]。《探析》一文认为《简报》记载可信，《勘

［1］王子云：《从长安到雅典——中外美术考古游记》，陕西人民美术出版社，1992年，第193页。
［2］杭德州：《鄜县石泓寺、阁子头寺石窟调查简报》，《文物》1959年第12期。
［3］负安志：《陕西富县石窟寺勘察报告》，《文博》1986年第6期。

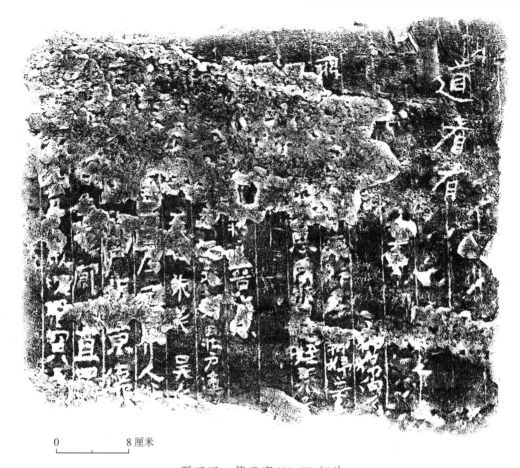

0 ┣━━━┫ 8厘米

图四四　第五窟 K5-T3 拓片

察报告》中应是将第四窟"咸通□年"题记误作第五窟题记[1]。综合题记辨认结果，该组题记应为"后周显德元年"题记。

四、顶部与底部

（一）顶部

整体前低后高。大部可见黑色烟炱，局部石皮起翘剥落。藻井位于中间偏后部，略呈低穹隆状，中心刻划小圆圈，其外以双阴线窄带分隔出八组三角形区，各区内部为横向凿痕。藻井之外可见成组交错分布的凿痕。藻井后部中间为基坛造像背屏顶端及造像发冠残迹，据此亦可知原来窟内的基坛背屏造像为一尊。（图版 55）

（二）底部

不平整，右侧和后部略高。局部可见未磨平的凿痕，未见装饰图案。

综上可知，该窟现存及可追溯的造像共计 6 尊，题记共计 3 组。题记纪年应为后周"显德元年"，据此，该窟为一座开凿时间不晚于后周显德元年的礼拜窟。

[1] 石建刚、万鹏程：《陕西富县石泓寺中小洞窟调查及相关问题探析》，载陕西师范大学历史文化学院、陕西历史博物馆编《丝绸之路研究集刊》（第三辑），商务印书馆，2019 年，第 350 ~ 371 页。

第七节 第六窟

位于窟群中部，第五窟右侧约 2.95 米、第七窟窟口左侧约 2.09 米处，后端被第七窟打破。窟口朝向 230°。窟内平面略呈不规则梯形，最大进深 3.06、最宽 3.75、最高 2.38 米。（图四五~四七；图版 56、57）

一、外立面

窟口砌砖封堵，砖外涂抹水泥，外侧水泥层表面涂红。外部两侧崖壁补修平整，作为"皇经楼"后壁墙面。因此，该窟外立面原始状况，如原来有无甬道和窟口外散水槽、石阶等，均已不清楚。

在"皇经楼"左墙外侧与第五窟右天王像龛间的壁面上可见上下两个较大的减地方槽，

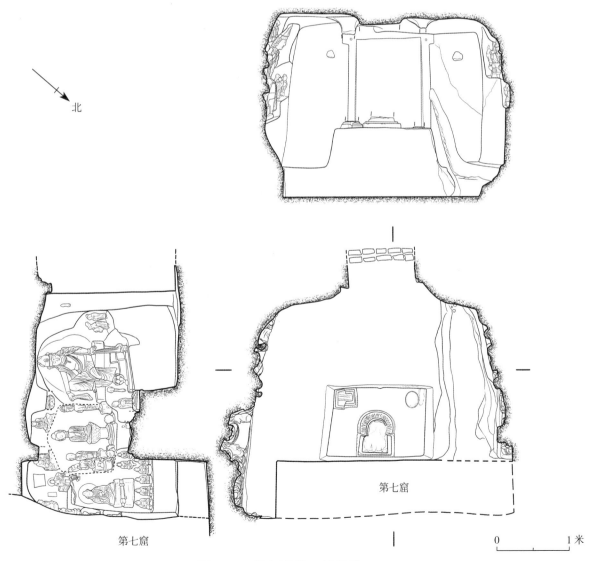

图四五 第六窟平、剖视图

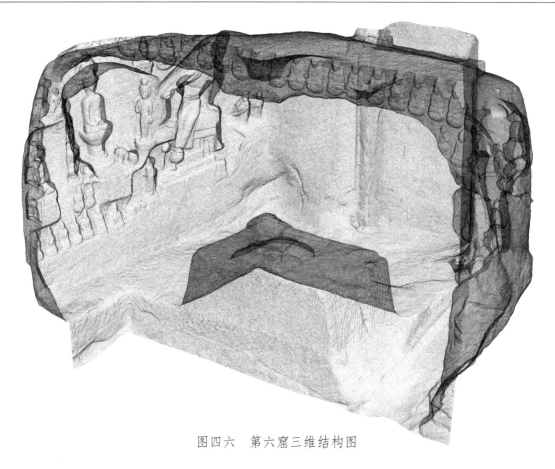

图四六　第六窟三维结构图

图四七　第六窟三维模型图

未凿通，仅可辨上、下缘左侧及左缘（图版58）。上槽较小，位置与第二至第五窟窟口外上部的纵长方形槽大体在同一水平高度上，原来是否为统一规划、用于搭建窟前建筑不可确知，内壁未见明确的图案，可能为椽槽。下槽较高，整体较大，槽后壁可见阴线刻花纹和字迹。上部花纹为四瓣圆芯花（图版59），左侧为连续缠枝花草（图版60），下部可见阴线刻字迹3列，但多已不可辨（图版61）。这些花纹和字迹可能属于第六窟外左侧的摩崖龛式碑，该槽可能为摩崖碑的龛。目前已发表的资料中，未见提及两槽的情况，上槽可能与石窟或"皇经楼"建筑的修建或维修有关，下槽的缠枝花草纹与第七窟窟顶花草纹相近，不排除为金代凿刻的可能性。

从窟内被第七窟打破的后端进入后可以看到，现存窟口略呈纵长方形，顶部较平，高1.93、宽0.95米，右侧壁外侧有残损，左侧壁厚0.3米。上部减地凿出门楣，两端呈方槽状外凸，外凸区域内侧各有一个不规则圆槽。门楣左侧上部减地凿出长方形槽。

二、基坛

位于中部，平面略呈覆斗梯形，高0.5米，前后宽1、左右长1.56米。四个侧面均可见凿痕，前面中间减地凿出长方形区域。上面后部中间和前端左、右两侧各残存一个圆雕像座，像座上造像为背屏高浮雕，现仅存背屏上端与窟顶相接部分。根据1941年《中国文化史迹》、1959年《简报》、1982年《延安宋代石窟艺术》、1986年《勘察报告》中发表的中间佛像和左侧菩萨像未残损前的线图（图四八、四九）和照片（图五〇）可知，原来背屏造像组合为一佛二菩萨。其中，右侧菩萨像在1941年前已残缺，佛像和左侧菩萨像在1985年后残损。现仅存三尊像背屏顶部、佛像须弥座底部、左侧菩萨像高台式束腰座束腰残痕与下部叠涩、右侧菩萨像基座底部的近圆形残痕。现存两组题记分别位于基坛前面中部和左侧（图版62）。此外，据《简报》和《勘察报告》记述可知，原造像背屏上还有三组题记。

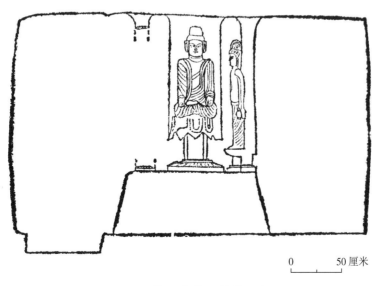

0　　　50厘米

图四八　第六窟基坛佛像正视图

（采自《勘察报告》）

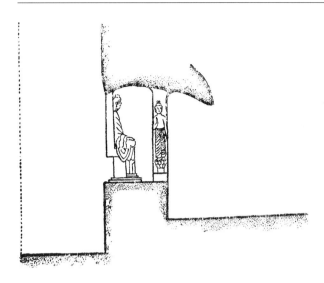

图四九　第六窟基坛左侧菩萨像正视图
（采自《简报》）

图五○　第六窟基坛佛像与左侧菩萨像整体
（采自《勘察报告》）

（一）造像

佛像　结跏趺坐。馒头状肉髻较大较高，未表现螺发。面部圆润，长眉长眼，鼻梁挺直，鼻头圆钝，小嘴抿起，颈部表现蚕节纹。肩部较宽，肩头圆钝。双臂前屈下垂，左手抚膝，右手残损，亦位于膝部，前端似有凸起，可能为平置执衣角的姿态。腹部微鼓。身着双领下垂式袈裟，较厚重，阶梯状衣褶和凸棱状衣领，衣摆悬垂，搭覆须弥座上部，下缘呈折线三角形。胸腹间露出下层僧祇支的宽棱状斜领。座为束腰高台式须弥座，后部与背屏下部相连，整体为层阶式叠涩，底部为较低的近圆形覆莲基座。（图五一）

左侧菩萨像　面右站立，身体较直，双腿双脚紧贴。束高发髻，大耳下垂，颈部较长、略粗，肩头圆钝。左臂下垂，左手执净瓶，右臂内屈上举，右手于右肩处执柳枝。未表现头饰、项饰、臂钏、璎珞等装饰，披帛迹象亦不明显。下身着裙，绳状裙腰右高左低，腰下腿部裙褶呈阶梯状，较厚重。座为束腰高台座，后部与背屏下部相连，中前部上层为仰莲台，浅浮雕两层莲瓣，束腰近方形，下部为层阶式叠涩。（图五二）

右侧菩萨像　已残缺。

（二）题记

五组。三组位于左侧菩萨像背屏上，现已无存，具体位置不可确知，编号为K6-T1、K6-T2、K6-T3。两组位于基坛前面，自左向右编号为K6-T4、K6-T5。

第一组　唐景龙□年（公元707～710年）题记　编号为K6-T1，《简报》中明确提及位于左侧菩萨像背屏上。内容为"郑文雅□□□□一尊，景龙□年三月二十八日。"[1]

该组题记所指造像题材不甚明确，可能为左侧菩萨像的造像题记。王子云在《从长安到雅典》中提到："在第6窟与第5窟相通的甬道处，雕有一式佛龛，龛内三尊像上所雕袈

[1]杭德州：《鄜县石泓寺、阁子头寺石窟调查简报》，《文物》1959年第12期。

图五一 第六窟基坛佛像 图五二 第六窟基坛左侧菩萨像
（采自《中国文化史迹》） （采自《中国文化史迹》）

裟，竟表现为印度犍陀罗式衣纹，明显的表现其时代较早。如此在第五窟背屏上所题刻的'大唐景龙□年三月信士弟子郑文雅敬造'题记，可能与此龛像有关了。"[1] 这里的"第5窟"即为本报告第六窟，"第6窟"即为本报告第七窟。王子云未言明此题记所在背屏及在背屏上的具体位置，认为其与"甬道佛龛三尊像"有关，其录文与《简报》录文年份、月份相同，但具体内容又不尽相同，因此无法确定二者是否为同一组题记。

第二组 隋大业四年（公元 608 年）题记 编号为 K6-T2，《勘察报告》中明确提及此题记位于左侧菩萨像背屏背面[2]。内容为"蒲州河东县霍石乡常嘉礼造功德三铺记，大业四年。"

该题记中提到的"功德三铺"，无法确知其为三铺造像还是三尊造像，对应的造像位置亦不可确知，不排除其位于后壁及右壁后端已被破坏壁面上的可能性。

第三组 金贞元二年（公元 1154 年）题记 编号为 K6-T3。《简报》中明确提及此题记位于左侧菩萨像背屏上，内容为"贞元二年（公元 786 年）铭记"，将时代定为唐贞元二年[3]。《探析》一文中认为"贞元二年"为金贞元二年[4]。根据窟内现存造像与题记状况

［1］王子云：《从长安到雅典——中外美术考古游记》，陕西人民美术出版社，1992 年，第 193 页。

［2］负安志：《陕西富县石窟寺勘察报告》，《文博》1986 年第 6 期。

［3］杭德州：《鄜县石泓寺、阁子头寺石窟调查简报》，《文物》1959 年第 12 期。

［4］石建刚、万鹏程：《陕西富县石泓寺中小洞窟调查及相关问题探析》，载陕西师范大学历史文化学院、陕西历史博物馆编《丝绸之路研究集刊》（第三辑），商务印书馆，2019 年，第 350～371 页。

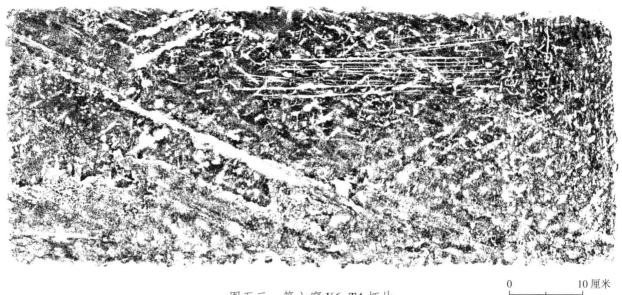

0　　　　　　　10厘米

图五三　第六窟 K6-T4 拓片

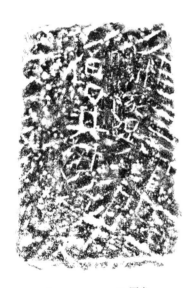

0　　　　　10厘米

图五四　第六窟 K6-T5 拓片

推测，本报告采用金贞元二年的观点。

该题记所指造像不明确。

第四组　年代不详题记　编号为 K6-T4，位于基坛前面中部。减地凿出浅框，框内浅阴线刻字。大体可辨15行，漫漶不清，仅可辨个别字迹。（图五三）

因内容无法确认，书写方向亦不可确定，暂依自右向左的顺序录文如下：

□德 / □德 / □□ / □□□ / □□□□ / □□□□ / □□□ / □□ / □□□□ / □□□ 德□ / □ / □……□ /……□　□ /……□□ / □□

该组题记时代与具体内容无法确认，字迹不规范，推测其可能与基坛造像无关，不排除为后期题刻的可能性。

第五组　年代不详题记　编号为 K6-T5，位于基坛前面 K6-T4 左侧。直接在凿痕上刻划，笔画刻槽粗细、深浅不一。大体可辨2行，仅可辨个别字迹。（图五四）

自右向左录文如下：

□□□ / 僧共□

该组题记无明确纪年和造像信息，凿刻不规范，不排除为后期题刻。

三、壁面

（一）后壁

后壁中部和右侧被第七窟打破，现仅存左侧，残宽约0.44米，自上而下微外弧。中上部表面黑色和白色附着物痕迹明显。造像位于现存壁面中上部。题记现存壁面上未见，根据

《陕西古代佛教美术》中相关内容可知，原有一组[1]。

1. 造像

共 4 尊，均为小菩萨像，上下排成一列（图版 63）。禅定印，结跏趺坐。着圆领通肩袈裟。座为扁平台座，部分台座立面可见浅浮雕的仰莲瓣。通高 0.29 米。

2. 题记

根据《陕西古代佛教美术》中相关记述[2]，推测为宋开宝八年（公元 975 年）题记，编号为 K6-T6，录文为"大宋开宝八年……匠人米廷福。"《探析》认为"廷"应为"延"[3]。《富县石泓寺石窟历代题记识读与分析》[4] 将该题记位置定为"左壁"，未写具体位置，注释中写明是根据《美术》，但《美术》中并未明确该题记位置。本次调查中，在该窟现存壁面上均未发现该组题记迹象，亦未见到宋代风格造像，推测其可能位于被第七窟打破的后壁中右侧，所指造像题材已不可知。综合该窟和第三窟 K3-T3 题记中的"米延福"可知，石泓寺宋代造像的时代应大体相同，主要为北宋早期开宝年间，参与工匠亦为同一批人。

（二）左壁

壁面中部外弧，上、下两侧向内斜弧，表面黑色和白色附着物较多，仅底部有横向长凿痕和斜向凿痕。造像位于壁面下部偏上处至上部，下缘后低前高。题记位于后部上方和中部偏后偏下处。（图五五；图版 64）

1. 造像

共计 23 尊，根据分布、组合、打破关系等可分为四组，自左向右、自下而上分别为：

第一组　自在观音菩萨龛像　减地浮雕，保存基本完整，位于造像区域最左端、壁面前部中上。龛立面整体呈不规则拱形，最高 1.24、最宽 1.43 米。五尊像自右向左编为 1～5 号。

3 号自在观音菩萨像身体左倾而坐。左手撑座，右手于右膝搭垂。左脚踩于座前莲台上，右脚踩于山石座上。束高发髻，戴宝冠，冠前有化佛，戴耳饰、项饰、手镯。上身帛带绕双肩斜披，一端执于右手，一端压于左手下并垂覆座前。下身着裙，裙下缘覆脚面，跣足。座为山石座，上面较平，束腰处呈折角，束腰前右侧雕刻带枝莲台与莲蕾各一。像背后有红色彩绘的头光和身光残迹，头部及裙上亦可见涂红迹象。通高 1.17 米，座高 0.44 米。

观音菩萨像左下部雕刻两位并排而立、面朝观音、作拱手施礼状的人物像，着袍服。4 号人物像头部残，弯腰站立，似为老者，高 0.29 米；5 号人物像直立，可能为侍从，高 0.27 米。观音像右侧脚下雕刻一跪姿人物和一立姿人物。1 号跪姿人物像双臂、双腿均弯曲伏地，面部贴于双手上，头朝观音一侧作虔诚跪拜状，长 0.23 米；2 号立姿人物像直立，身体微侧向观音，着袈裟和长裙，高 0.33 米。（图版 65）

该组造像可能表现的是观音菩萨度亡人的情节。

第二组　一佛一弟子二菩萨龛像　减地浮雕，保存基本完整，位于第一组右侧、壁面中

［1］李淞：《陕西古代佛教美术》，陕西人民教育出版社，2000 年，第 208 页。

［2］李淞：《陕西古代佛教美术》，陕西人民教育出版社，2000 年，第 208 页。

［3］石建刚、万鹏程：《陕西富县石泓寺中小洞窟调查及相关问题探析》，载陕西师范大学历史文化学院、陕西历史博物馆编《丝绸之路研究集刊》（第三辑），商务印书馆，2019 年，第 360 页。

［4］刘振刚、王玉芳：《富县石泓寺石窟历代题记识读与分析》，《敦煌学辑刊》2016 年第 3 期。

图五五　第六窟左壁造像、题记编号与造像分组图

部偏后处。龛立面略呈尖拱方形，最高 0.86、最宽 0.83 米。造像身体曲线不明显，造型略显僵硬，自右向左编为 6 ~ 9 号。

8 号佛像身体较长，腿部较短，身体比例不协调。馒头状肉髻较高，面部窄长，双耳较大，颈较长并表现蚕节纹。肩头圆钝，双臂内屈，双手于腹前竖起相合，似托物。结跏趺坐，双脚轮廓不明显。座为圆束腰高台式仰覆莲座。仰莲台较厚重，浅浮雕莲瓣，约略可辨四层。覆莲台三层，整体较大、低平，中间一层为双子莲瓣，上、下层为上小下大的扁平台面。台座底部两侧高浮雕两只头大身小、朝前趴伏的狮子。通高 0.77 米，像膝宽 0.23 米，座高 0.29 米。9 号菩萨像侧身朝向佛像，发髻高而宽，面部较长，双耳较大，颈部表现蚕节纹。左臂下垂，左手执物似为净瓶，右臂内屈，右手于胸侧执物，似为柳枝。着装细节不清，似裸上身，下身着裙，跣足。座为高台式，束腰不明显。通高 0.64 米，座高 0.11 米。7 号弟子像穿袈裟，双手于腹前相合，跣足立于高台座上。通高 0.54 米，座高 0.13 米。6 号菩萨像坐姿，面部残。左臂于身体左侧撑座，右臂内屈，右手撑头作思维状。右腿内屈平置，左腿下垂，左脚踩于左侧莲台上。上身斜披帛带，下身着裙，跣足。座为双层高台座，上层台座前两处凸起

可能为莲台。通高 0.57 米，座高 0.23 米。（图版 66）

该组造像造型和题材配置均较为独特。

第三组　单尊坐姿菩萨与九尊小菩萨龛像　减地浮雕，保存大体完整，位于第二组右下、壁面后部。造像区域整体呈不规则形，上窄下宽，除左下角外，大部减地龛缘较清楚，最高 1.09、最宽 0.99 米。造像自右向左、自上而下编为 10 ~ 19 号。10 号坐姿菩萨像结跏趺坐于山石状须弥方台座上。高发髻，发缕垂肩，双手于胸前左下右上托持净瓶。身穿圆领通肩袈裟。头上方为系物的飘带。通高 0.63 米，座高 0.23 米。坐姿菩萨像左下方及下部雕刻上、下两排坐姿小菩萨像，上排 2 尊、下排 7 尊，大小、造型基本相同。禅定印、结跏趺坐于扁平台座上。束发髻，着圆领袈裟。部分台座外立面可见浅浮雕的仰莲瓣。通高约 0.2 ~ 0.24 米，宽约 0.1 ~ 0.16 米。

第四组　一罗汉一布袋和尚与二小菩萨像　浮雕，保存大体完整，位于第二组上部、壁面后部上端。造像区域整体呈不规则横长方形，无明显和连续的边缘。造像自右向左编为 20 ~ 23 号。20 号罗汉像坐姿，身体斜侧后倾，倚靠座背。左手抚膝，右手撑座。左腿内屈、左脚踩于座上面，右腿下垂、右脚踩于台下。外着袈裟，内着左衽袍服，脚穿靴。山石座。通高 0.26 米。21 号布袋和尚像坐姿，体态丰满，头略低。左手抚膝，右手于右膝外侧执袋。左腿内屈抬起、左脚踩座，右腿内屈平置。戴耳环和臂钏，上着袒右袈裟，下身穿裙。台座略呈长方形。通高 0.31 米。22 号小菩萨像禅定印，结跏趺坐。束发髻，着通肩圆领袈裟。座为高台式，表面似有浅浮雕仰莲瓣。通高 0.31 米。23 号小菩萨像双手于胸前托物，结跏趺坐。束发髻，穿通肩袈裟。座为仰莲座。通高 0.29 米。这四尊像体量整体较小，但较第三组的九尊小菩萨像略大。

四组造像之间存在较为明显的龛间打破关系，无直接的像间打破关系。其中，第一组右下缘龛边被第三组左下缘龛边减地打破，第二组龛边缘局部被第一、三、四组打破，第三组龛左上缘局部被第四组打破。据此，四组造像的时代自早而晚依次为第二组—第一组—第三组—第四组。

2. 题记

四组。

第一组　唐景龙二年（公元 708 年）题记　编号为 K6-T7，位于第二组造像下方中部偏左侧。题记区域未减地，左侧和下方可见阴线刻题记边框。自右向左竖刻，可辨 4 行。（图五六）

录文如下：

□子□文雅造 / 佛□□□□□养 / 景龙二年□月 / 田□日造记

该壁第二组造像坐佛及其他造像均无明显唐代风格，应非该组题记所指。

第二组　年代不详题记　编号为 K6-T8，位于第二组龛像下方偏右处、K6-T7 右侧。题记区域未减地，下部与 K6-T7 共用阴线边框，右侧无边框，被第三组造像左侧龛缘打破。自右向左竖刻，可辨 2 行。（图五六）

录文如下：

□蒲州河东□ / 舜原乡……

0 ——— 5 厘米

0 ——— 4 厘米

图五六　第六窟 K6-T7、K6-T8 拓片　　　　　　图五七　第六窟 K6-T10 拓片

该题记可辨内容中的地名与 K6-T2 相同，均为蒲州河东县，因此其凿刻年代很可能亦为隋代大业年间，所指造像应为该壁第二组龛像。

第三组　年代不详题记　编号为 K6-T9，位于第四组造像右上方。该题记黑底白字书写，无明显边框。自右向左竖书，可辨 7 行。（图版 67）

录文如下：

苏□佛一尊胡氏佛曰□ / 苏□佛一尊苏氐□□□ / 小苏□佛一尊□□佛一尊 / 梁氐□一尊李□□□一尊 / 囲成□□醜一尊武僧 / □□……/ 因德□□曰月初八日

该组题记对应的造像至少有六尊佛像。不过，该壁目前所见造像并无成组佛像，不排除其所指为后壁或右壁后端被第七窟打破部分所刻造像的可能性。具体造像年代根据"德"字前残存笔画走向推测，可能为金代海陵王完颜亮的第一个年号"天德"（公元 1149~1153 年）或元代"大德"（公元 1297~1307 年），前者可能性略大。

第四组　金贞元元年[1]（公元 1153 年）题记　编号为 K6-T10，位于第四组造像右侧。题记区域未减地。自右向左竖刻，可辨 2 行。（图五七）

录文如下：

张八父罗汉 / 一尊贞元元年

从位置和内容判断，该组题记应为其左侧紧邻的 20 号罗汉像的造像题记。据造像风格和题材来看，应为金代贞元纪年。由此可知，左壁金代造像的开凿时间可能均在贞元元年前后。

---

[1] 既往关于该条题记纪年的录文均为"贞元七年"，当误。金代"贞元"年号为海陵王完颜亮的第二个年号，使用时间为公元 1153~1156 年，仅四年，不存在"贞元七年"。同时，本次调查通过对实物和拓片的进一步辨识，认为"七"字的辨识亦有误，原始刻划仅为一道竖向笔画，并非"一"至"四"或"七"中的某一个，重文符号的可能性很大。据此，本次将该年号新录为"贞元元年"。

（三）前壁

两侧均整体向窟口斜弧，右侧内弧较多。右侧中下部近窟口处有残损，下端被后期凿刻破坏，中上部有一道斜向裂隙。两侧上部近窟口门楣处各有一个略呈马蹄形的槽窝，右侧槽窝上还有一个小圆槽。壁面大部可见黑色和白色附着物。未见造像与题记。

（四）右壁

中部微外弧，有一道斜向裂隙，下端可见后期向下凿刻破坏的凿痕，后端被第七窟打破。壁面大部可见黑色和白色附着物，上部颜色较下部深。现存部分可见造像8尊，无题记。（图五八；图版68）

造像均减地浮雕，根据分布、组合、打破关系等可分为四组（图版69），自右向左、

0　　　　30厘米

图五八　第六窟右壁造像编号与分组图

自上而下分别为：

第一组　一佛二弟子龛像　保存大体完整，局部残损，位于前端。龛立面整体呈"凸"拱形，最高 0.69、最宽 0.87 米，左侧边缘被第二组龛像打破。造像自右向左编为 1 ~ 3 号。2 号佛像禅定印，结跏趺坐。面部较小，颈部较粗。穿双领下垂式袈裟。座为方形束腰须弥仰莲座，束腰正面雕刻菱形壶门，门内表现摩尼宝珠。通高 0.63 米，座高 0.32 米。二弟子像立于佛像两侧，均着右衽袈裟，脚面有纵向凸棱，似穿靴。座均为曲茎莲台，左侧莲台保存较好。通高 0.45 米，像高 0.29 米。1 号弟子像身体微侧向佛像，双手于胸前相握；3 号弟子像正立，双手于胸前伸展相叠。

第二组　单尊罗汉龛像　保存较完整，位于壁面后部上方、第一组龛像左上。龛立面呈不规则圆拱形，左侧中部外凸，右侧边缘不规整，下端轮廓不明显，下部随壁面裂缝为斜直走向。造像编为 4 号。双手于窄袖内相合，结跏趺坐。外穿袒右袈裟，内着右衽袍服。龛左侧外凸部分可见纵向凸棱状残痕，原来可能有与该像相关的雕刻物。座为多边形束腰须弥座，束腰较短，上、下均为两层叠涩，衣摆下缘下弧垂覆上部上层叠涩。通高 0.49 米，座高 0.24 米。

第三组　一罗汉二坐像龛像　保存大体完整，位于第二组龛像下方、壁面后部中间。龛立面呈不规则折角形，最高 0.65、最宽 0.76 米。上缘与第二组龛像之间以斜向裂缝相隔，左侧凿通至壁面现存部分后端，无凸起的边缘。造像自右向左编为 5 ~ 7 号，面部残损。5 号罗汉像位于龛内右侧，双手于窄袖内相合，结跏趺坐。外穿袒右袈裟，内着右衽袍服。座为多边形束腰须弥座，上、下均为两层叠涩，衣摆下缘下弧垂覆上部上层叠涩，束腰略高，正面雕刻花瓣状边缘的近三角形壶门。通高 0.51 米，座高 0.24 米。二坐像并排，位于龛内中左部，双手于腹部舒掌相握，结跏趺坐于仰莲台上，通高 0.31 米。6 号像头顶肉髻迹象不是十分明显，着圆领通肩袈裟；7 号像头顶似有肉髻残痕，着双领下垂式袈裟。这两尊像由于头顶至面部均残损，外轮廓似有大耳迹象，其题材可能为佛，但无法确定。

第四组　单尊坐像　保存基本完整，编为 8 号。位于第三组龛像左上方，壁面外凸，右侧和下侧缘为斜向凿痕。浅浮雕轮廓，阴线表现衣纹和莲瓣等，减地区域和阴线槽内有灰黄色的凿点迹象。结跏趺坐，双臂内屈，双手位于腹部，具体姿势不明。头顶微凸，无法确认是肉髻还是发髻。着圆领通肩袈裟。双腿下可见弯曲或横直阴线，推测为衣摆下缘。座未完全刻出，外凸区域下缘有阴线刻仰莲瓣。高 0.17 米，膝宽 0.12 米。该尊造像风格为壁面浅浮雕与阴线刻相结合，与第一至第三组减地龛像不同，造像特征亦不相同。由于头部特征不明确，题材无法确定。

这四组造像之间存在较为明显的龛间打破关系，无直接的像间打破关系。其中，第一组龛左侧边缘被第二组龛右侧边缘打破。第二组与第三组之间以壁面斜向裂缝相隔，造像风格差异不大，推测时代相近。第三组龛左侧上部折角边缘系在第四组像壁面基础上减地凿出，有打破第四组像座上部右端的可能性，因此推测其时代晚于第四组。第一组造像和第四组造像间无直接打破关系，相对年代关系无法确定。因此，该壁造像时代早晚为第一组早于第二、三组，第四组早于第二、三组。

四、顶部与底部

（一）顶部

整体前低后高，不平整，中部为内凹藻井。藻井略呈低穹隆状，围绕三造像背屏板顶端阴线刻八边形，中心为圆圈，其外以双阴线窄带分隔出八组三角形区，各区内部为横向凿痕。藻井之外的区域为成组交错分布的凿痕。（图版70）

（二）底部

整体不平整，为后期下凿破坏所致。基坛左侧和前部的底面，表面大部可见凿痕。基坛右侧的底面下凿较深，高低不平，较粗糙，后低前高，后端基本与第七窟底部相平。

综上可知，该窟可追溯造像共计38尊，题记共计10组。根据题记纪年及内容推测，该窟至少存在二组隋代龛像，现仅存左壁一组，为该窟最早的造像；基坛三尊造像时代为唐代，有对应的景龙年题记；后壁及右壁后端残损部分原可能有北宋开宝年的造像；右壁和左壁金代造像均开凿于贞元年间。由此，该窟为石泓寺目前所知最早开凿的礼拜窟，造像历经隋—唐—宋—金，延续时间较长。

《从长安到雅典》一书中提到"第5窟的窟门有与前三窟不同处，即无护法武士"[1]。惜无相关照片，其他调查资料中亦未提及此问题，本次调查时该窟窟门已被水泥封堵抹平，故无从得知王子云调查之际，该窟窟门是否仍暴露在外，且窟外两侧崖壁是否未遭到破坏。

第八节　第八窟

位于第七窟右侧上部、第九窟左侧上部的斜向崖壁上，直线距第七窟窟口约9.4米，距第九窟窟口约3.5米。窟口底部高于现院内地面约4.4米，朝向225°。窟内平面呈不规则横长方形，最大进深2.4、最大面阔4.9、最高1.3米。（图五九、六〇；图版71）

一、外立面与甬道

甬道与窟口外上、下、左侧壁面均为石块砌成，应与第七窟加固维修工程有关，整体低于其右侧原始石壁。窟口前有一小平台，台下部为后期石砖加固的斜向窄阶状护坡。从小平台向左沿修复的石窄阶可到达第七窟现"皇经楼"顶部平面及其后部的拱顶空间。

窟口位于前壁右侧，与甬道相通，立面近长方形，最高1.19、最宽0.81、最大进深1.94米。甬道右壁前端有一通道（图版72）与第九窟左壁前部连通，宽约0.59、最高约0.98米。通道底部为斜向坡面，凹凸不平，长4.1米；侧壁不平整，可见凿痕；顶部用石块修整。该通道开凿较粗糙，未作进一步加工和修整。与通道相连的甬道地面向下减地，低于甬道后部及窟底。（图版73）

[1] 王子云：《从长安到雅典——中外美术考古游记》，陕西人民美术出版社，1992年，第193页。

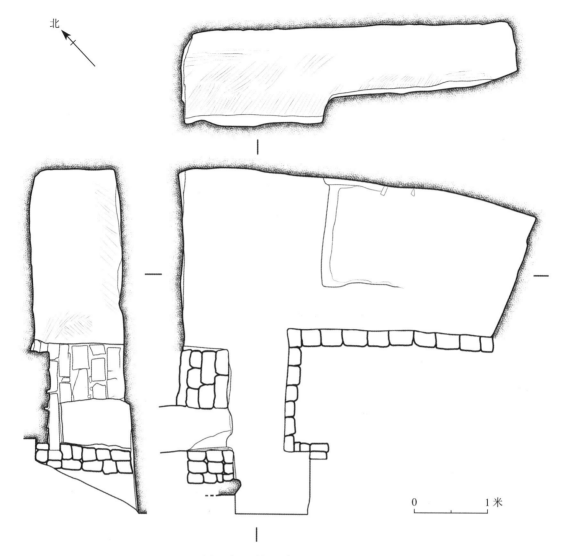

图五九　第八窟平、剖视图

图六〇　第八窟三维结构图

二、壁面

（一）后壁

壁面整体较直，底边自左而右微外斜。上部和下部可见斜向凿痕；中部白色附着物较明显，石皮局部脱落；后端壁面较粗糙。

未见造像、题记与壁画迹象。

（二）左壁

壁面不平整，自上而下微外弧，自前向后外斜。大部可见白色附着物痕迹和斜向长凿痕，中部偏前处有一道斜直裂隙。

未见造像、题记与壁画迹象。

（三）前壁

整体为石块砌筑，较直，自左向右内斜。砌石缝隙用泥浆填塞，表面局部可见涂抹的泥皮。左侧泥皮外局部可见水泥，可能为后期用水泥加固石块缝隙后涂抹。

未见造像、题记与壁画迹象。

（四）右壁

壁面整体不是十分平整，上部微外弧，自前向后不规则外斜。上部白色附着物明显，前端有黑色附着物，中后部石皮脱落较多。中、下部及上部前端大部可见排列不规则的成组斜向凿痕。

未见造像、题记与壁画迹象。

三、顶部与底部

（一）顶部

整体较平，但较粗糙。局部可见斜向长凿痕，大部可见黑色和白色附着物，石皮局部剥落，右侧有一道纵向裂隙。

未见装饰、藻井与壁画迹象。

（二）底部

左高右低，前后整体较平。原始凿痕因淤土、碎瓦、水泥和石渣等覆盖，状况不明。左后部有一石台，不规整，表面较粗糙，边缘凿痕明显，高约 0.26 米，左右长约 2.65、前后宽约 1.4 米。

未见装饰图案迹象。

该窟无造像与题记等，开凿年代无法确知，不过从其与第九窟连通，经第九窟可以进入的情况推测，不排除该窟开凿时间略晚于第九窟的可能性。窟口高于现地面较多，窟内高仅 1.3 米，人员进入不便，进入后亦无法站直。窟内石台较低，凿刻粗糙，未见灶，壁面中下部烟炱迹象不明显。因此，推测其作为禅窟的可能性较大。

第九节　第九窟

　　位于第八窟右侧下部、第一〇窟左侧的斜向崖面上，距第八窟窟口约 3.5 米，距第一〇窟窟口约 33 米。窟口下缘高出现地面约 2.3 米，朝向 225°。窟内平面略呈窄长梯形，进深 6.5、面阔 5.1～5.6、最高 4.3 米。（图六一～六三；图版 74）

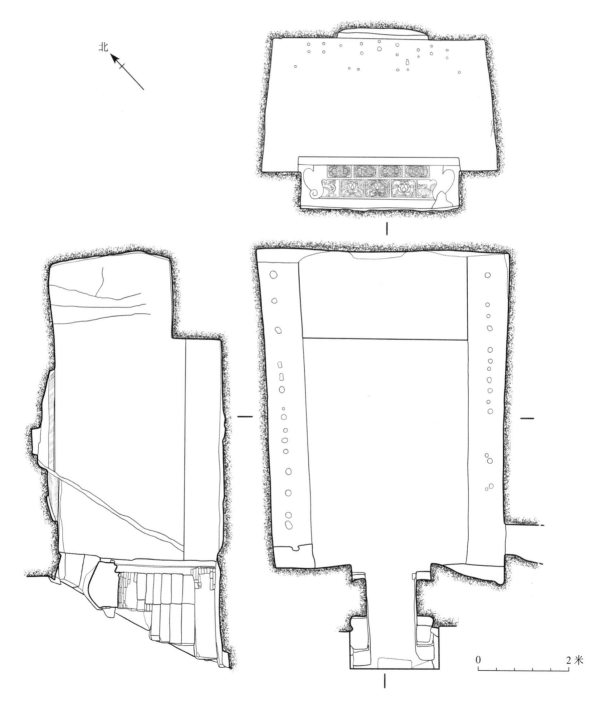

图六一　第九窟平、剖视图

图六二　第九窟三维模型图

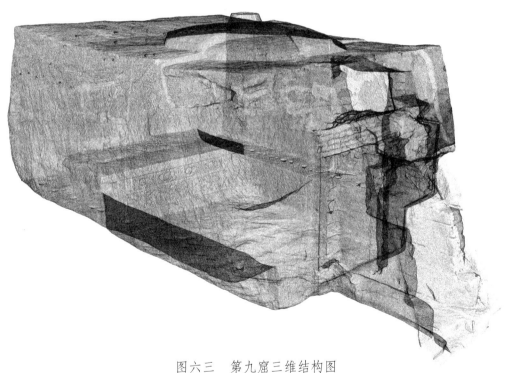

图六三　第九窟三维结构图

一、外立面

窟口外斜向崖壁上部和左侧裂缝较多，下部前面建有石块垒砌的台阶通道，通道左侧有砖砌低墙。近窟口处崖壁上有槽窝，右侧偏上部为一个小圆窝，右下部为稍大的圆形和方形槽窝各一个，左侧偏上部为两个小圆窝，可能与开凿、维修洞窟或修建窟檐有关。

0　　　　　　60厘米

图六四　第九窟窟口立面图

窟口顶部和侧壁均有残损，立面呈不规则长方形，最高 3.6、残宽 1.69、最厚 0.58 米。现上部以砖为主、下部以石块为主垒砌，形成上部明窗和下部拱形窟口。（图六四）

窟口前小平台进深约 2 米，宽约 1.73 米，中间前部可见一级在山体上凿出的石台，再下为石块垒砌的台阶。（图版 75）

二、基坛

窟内后部、左侧和右侧三面有相连的"凹"字形基坛。

后部基坛高 1.15 米，前后宽 1.83、左右长 3.6 米。顶面为凿痕，前面减地浅浮雕成如意几案状。几足间分上、下两排浅浮雕图案。上排四格略窄长，下排三格略短宽，每格内均浮雕一铺花卉图案，有宝相花、莲花等。上排四组花卉图案中心均雕出拉环，可能表现抽屉。下排花卉图案右侧浮雕行龙戏珠，左侧浮雕麒麟。（图版 76）

左、右侧基坛均高 0.9 米，宽 0.9、长 6.5 米。顶面均为不规则分布的横向、纵向或斜向凿痕，中间凿出一排槽窝，大小、形状、深浅略有差异，以圆形为主，部分稍大圆槽旁有一小圆槽。槽窝打破顶面凿痕。左侧基坛外立面可见连续交错分布的三角形凿痕组，右侧基坛外立面可见纵向微斜的长凿痕。

从左侧和右侧基坛上面的槽窝来看，原来应有泥塑像。后部基坛上未见槽窝，但从《简报》该窟平面图看，绘有 3 尊并排主像和 5 尊并排像，较左、右基坛塑像略大。《简报》中记述："后部及左右两侧，刻有石台，台上现有泥塑小像二十尊，都较粗糙，同时大部残缺。"平面图上左、右基坛上的小像数量恰为 20 尊，与后部基坛塑像合计为 28 尊[1]。（图六五）塑像残块现均已无存。

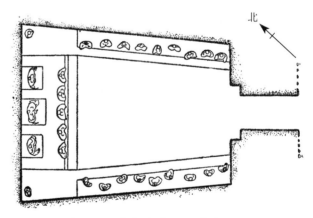

北

图六五　第九窟基坛造像俯视图
（采自《简报》。原《简报》所示此窟方向有误——引者注）

[1] 杭德州：《鄜县石泓寺、阁子头寺石窟调查简报》，《文物》1959 年第 12 期。

三、壁面

（一）后壁

壁面自上而下微外弧，右侧有三道纵向裂缝，中部偏上处有晚期游人刻划。上部可见三排槽窝，以圆形为主，少量近方形，原应为固定泥塑的橛孔。上面两排槽窝高低参差，上排9个，中排可确定6个；下排槽窝两侧各1个，中间4个、2个一组。其余壁面可见横向或纵向、斜向长凿痕，表面局部剥落，有黑色附着物痕迹。下部中间有两处颜色较深的黑色部分。底部与窟内基坛相接。

未见壁画与题记迹象。《简报》平面图上后部的两排8尊像与后壁上部槽窝的关系未见言明。从槽窝位置较高且距离较近，两排塑像在平面上无法前后错位太大等推测，其即使为悬挂塑像所用，对应造像亦非平面图上的八尊像。

（二）左壁

壁面自上而下外斜较明显，前部有两道纵向斜裂隙，用水泥修补；后端上部有一道纵向斜裂隙，较窄。表面大部可见黑色附着物，石皮剥落较多。中、下部及前端残存少量草拌泥墙皮。其中，位于中部偏前的一块草拌泥白灰墙皮上可见墨线绘制的图像，可能为人物头部等，因残缺和被划痕破坏较多，具体图像特征已较难辨识（图版77）。前端中部偏下处为进入第八窟通道的入口，立面呈斜向不规则长方形。大部可见斜向凿痕，晚期游人随意刻划较多。底部与左侧基坛相接。

未见造像与早期题记迹象。

（三）前壁

壁面整体较直，大部可见黑色和白色附着物，左侧上部附着物颜色较深。两侧上部有两道对应的斜向裂隙，左低右高，水泥填补。右侧顶部与顶相接处可见裂隙，中部为外凸窄台，下端近窟口处有一纵长方形浅槽。（图版78）

未见造像、壁画与题记迹象。

（四）右壁

壁面自上而下外斜较明显，有裂隙。大部可见黑色附着物，局部石皮剥落。中、下部残存少量草拌泥墙皮，仅部分残块上有墨绘图案迹象。后部较大一块白灰墙皮上可见一道横向窄带状图案，中部较大一块上可见一朵墨线绘制的花朵状图案。底部与右侧基坛相接。

未见造像与题记迹象。

四、顶部与底部

（一）顶部

前部有横向长裂隙和斜向短裂隙，横向裂隙与两侧壁裂隙贯通，用水泥填补；左后部有两道平行斜裂缝。

中部偏前减地凿刻出八边形藻井，自外而内逐渐加深，前后长径3.3、左右短径3、最深0.55米。装饰分为三层，纹样保存较差。外层为双龙戏珠、鹿衔灵芝、丹凤朝阳等图案，中层为缠

枝莲花图案，内层即中心为宝相花图案。内层与中层之间的斜面上雕刻八卦图案。（图版79）

藻井后部刻出两排八格平棊图案（图版80），每格内的圆角方形内框中雕刻动物、花卉图案。前排自左而右依次为麒麟、龙、龙、麒麟，两侧麒麟相对回首，中间二龙相向戏珠；后排自左而右依次为莲花、凤鸟、四瓣花、宝相花。其余壁面填充成组交错分布或连续分布的三角形、菱形凿痕。

（二）底部

底面整体较平，可见凿痕，未见装饰纹样。

综上可知，该窟可追溯泥塑造像28尊，现已无存。窟内、外未见题记，但其藻井、平棊、后部基坛前面图案均具有显著的明代特征，木骨泥塑也是陕北地区常见的明代塑像方式。因此，该窟应为一座开凿时间不晚于明代的礼拜窟。

第十节　第一〇窟

位于窟龛区最右端，左距第九窟约33米，底部距现地表高约2米。窟外草木较多，两侧及上部为斜向崖壁，下部为土石堆积。窟内至窟前平台下部被淤土所掩埋，夹杂较多灌木根系和碎石等。本次调查对窟外下部杂物、堆积及窟前平台右侧的淤土进行了清理，暴露出了窟口底部边缘、窟口外平台右侧部分的完整形制。

该窟系先在斜向崖壁上整体向内减地凿出窟前平台，而后在减地后的立面中部向内凿出洞窟。窟口朝向216°。窟内平面呈弧拱形，宽0.9、高1.7、进深1.9米。（图六六）

一、外立面

由窟外平台、窟口和窟外槽窝三部分组成。

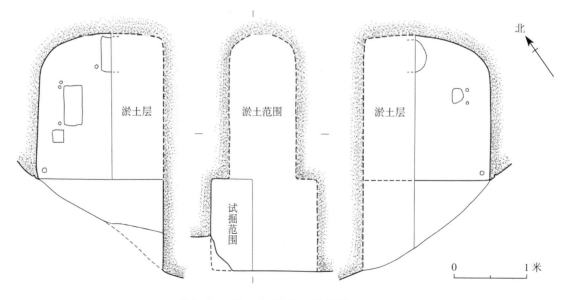

北

图六六　第一〇窟平、剖视图

平台横长 1.43、进深 1.2 米，侧壁立面呈三角形，底面较平。

窟口为敞口，立面呈较低的弧拱形，最高 1.7、宽 0.9 米。两侧距窟外平台侧壁 20～26 厘米不等，上部有不规则弧形散水槽，右侧上方崖面可见加固渗水裂隙的条形水泥带。

窟口外左侧斜壁上有一列椽窝，共 7 个，以方形为主，自上而下靠近窟口的第 5 个槽窝略呈横椭圆形。槽窝宽 4～20、高 7～20、深 8～9 厘米，间距约 30 厘米。外侧 6 个槽窝距窟口左侧边缘 25～35 厘米。（图六七；图版 81、82）

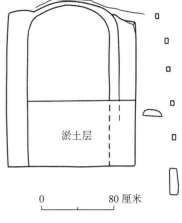

淤土层

0   80 厘米

图六七 第一〇窟窟口立面图

二、壁面

（一）后壁

暴露部分较粗糙，可见凿痕，近顶部残存黑色烟炱痕迹。无龛。未见造像与壁画迹象。

（二）左壁

暴露部分较粗糙，凿痕满壁可见。后部残存黑色烟炱较多，颜色较深；前部烟炱脱落严重，颜色较浅。

后端和近中部偏上处有两个不规则椭圆龛。后龛长 45、暴露部分高 15、暴露部分最深 12 厘米；前龛长 19、高 13、最深 9 厘米。前龛上部和前端近窟口处有 3 个近圆形槽窝，直径 3～4、最深 4～6 厘米。

未见造像与壁画迹象。

（三）右壁

暴露部分较粗糙，满壁斜向凿痕。后部残存黑色烟炱较多，颜色较深；前部烟炱脱落严重，颜色较浅。

自后向前有 3 个方形龛。后龛长 46、暴露部分高 12、暴露部分最深 12 厘米；中龛长 51、高 25、最深 32 厘米；前龛长 14、高 14、最深 14 厘米。后龛上部、中龛上部两端和近窟口处共有 5 个近圆形槽窝，直径 4、最深 6 厘米。（图版 83）

未见造像与壁画迹象。

三、顶部

弧拱形，起拱较低，布满凿痕。后部残存黑色烟炱较多，颜色较深；前部烟炱脱落严重，颜色较浅。

该窟距第一至第九窟略远，暴露部分均未见造像、题记与壁画迹象，面积整体较小，但高约 1.7 米，且带有壁龛和槽窝，窟口外亦有小椽窝，可能为生活窟，内部壁面粗糙，推测开凿时间较晚。

第三章 大型窟

　　1座，即第七窟，位于第六窟右侧，相距约 2.09 米。窟口朝向 230°。窟内平面略呈方形，进深、面阔均为 9.8 米，最高 5.6 米。（图六八、六九；图版 84、85、87）

　　下面按照外立面与甬道、基坛、四壁、顶部与底部的顺序对该窟形制、装饰、造像和题记进行介绍。

第一节 外立面与甬道

一、外立面

　　窟口外被"皇经楼"（图版 86）的水泥后壁所遮盖，原始样貌已不清楚。从甬道两侧壁前端来看，原始崖面亦自上而下外斜，不是十分规整。窟口外右侧壁面中下部有一减地较深的拱形龛，龛外上部中间和左侧各有 1 个小圆槽。龛后壁凿出碑形，上阴线刻题记，编号为 K7-T1，为清嘉庆年间（公元 1796 ~ 1820 年）题记。（图七〇；图版 88）

　　题记周缘中上部减地、下部以阴线相隔，中部凸显出圆拱形碑轮廓。拱形碑额上部减地浮雕出火焰或花叶状纹样，边缘饰"回"字形折线纹，额题"皇清亘古"四字呈纵向排列，较大。额题两侧对称刻划龙纹，间以卷云纹和一列束腰楔形纹。碑额与碑身之间间以两行方格，方格中部为四瓣椭圆"十"字花，边缘每边一组两个半椭圆形花瓣。碑身边缘刻划弯曲枝叶纹，白上部的铺首衔环中垂下，中间阴线刻功德题记，白右向左竖刻。碑文布局为：右侧 7 行、左侧 2 行为整体竖刻；中部功德主题名自上而下 4 排，每排自右而左竖刻 8 ~ 11 行。本组题记录文采用自右向左整体竖行和自上而下、自右而左排内竖行结合的方式录写。

　　录文如下：

　　　　……//……囚……□……国……躔□伦西迁秦境圙神灵……//困持□……□仙境万佛连□□岭神像毁容佛殿以成荒□僧□□□//□躝间 无钟鼓……声 书……之事……无寒囤署……知秋矣叹□江山社稷□　□明//□□□佛影 身圙 心□一 念募化□农客商捐资以塑佛□□□□八节之仪祭如□□之……//见闻□无圊巍巍 乎望之俨然 永享社稷 祭莫佛恩浩荡 降□霖土产万物……终……//之□□□庶民□圂躐□锡不退龄民安物阜佛垂慈悲千秋不朽刊□流□□□//首人范赐一捐钱□十五百文/首人石占□捐钱四千文/首人王朝汤捐钱三千四百□文/王□和喜施二千四百文/贺光宗喜施二千文/首人□志万喜施一千文/王锦怀喜施一千文/周□林喜施一千文/□□圎喜施一千文/首人□□文捐

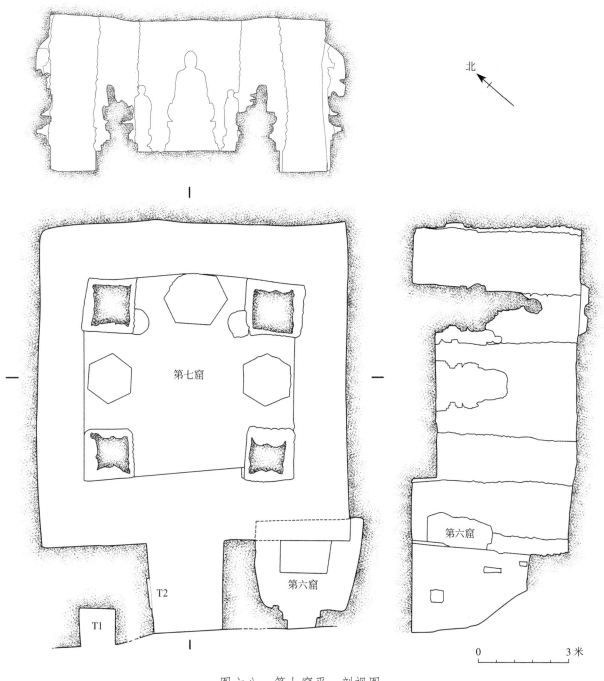

图六八　第七窟平、剖视图

钱口千文 / 首人口口口捐口 // 覃凤陞喜施六百文 / 首人刘囵周喜施六百文 / 万口成喜施五百文 / 齐口魁喜施囵百文 / 沙口周喜施五百文 / 周朝武喜施五百文 / 李云南喜施四百文 / 张口口口施四百文 / 赵囡口喜…… / 口…… / ……圈占祥喜施三百文 / 金立口喜施二百文 / 符宗尧喜施二百文 / 李金口喜施口口文 / 杨口口喜施口百文 / 口口口口口口口文 / 张口口口口口口口 / 口口口口施口口口 / ……口 / …… // 万囵昌喜施四百文 / 孙耀庭喜施三百六十文 / 口口圙喜施六百文 / 陈口祥喜施二百口文 / 口口口喜施二百四十文 / 口口口喜施口百四十文 / 杨口科口口一口口口口 / 口口贵喜施口口文 // ……题 // 皇清嘉……日记

图六九　第七窟三维模型图

　　该组题记年代为清代嘉庆年间，可辨内容中有"神灵""万佛""毁容""佛殿"等与佛窟、佛殿颓败有关的内容，"募化""捐资""塑佛"、捐资人姓名与捐献钱数等和筹资维修有关的内容，祈求"民安物阜"、佛恩惠泽等与祈愿有关的内容。结合该题记位于"皇经楼"后部、第七窟外壁的位置来看，其很可能与"皇经楼"和第七窟的相关维修活动有关，是其维修活动的记事、功德、祈愿题记。

二、甬道

　　甬道前部及两侧壁下部用水泥修补为规整立面，与"皇经楼"后壁相接，入口与"皇经楼"中开间相对。新修入口立面呈拱形。原始甬道顶部为平顶，后部略高，前部略低，呈斜坡状。立面为纵长方形，最大进深3、宽2.5、最高3.7米。侧壁纵直。右侧壁下部中间偏后处有一道裂隙，大部可见黑色和白色附着物痕迹；前部减地凿出一个拱形龛，龛后壁凿出摩崖碑形，上阴线刻题记；中后部有两个上下排列的纵长方形槽。左侧壁后部下侧有一道较宽的裂隙，上部黑色附着物痕迹明显；中后部亦有两个上下排列的纵长方形窝槽，与右侧壁两槽相对，其下偏后处有一略宽的纵长方形槽。底面较平。内口上部距前壁顶部1.12米，顶部及左、右两侧留有不规则窄棱状门框。顶部门框较宽较规整，自右向左有4个小槽，右侧两个略呈圆形，左侧两个略呈方形，两端为凿痕，中部磨平后阴线刻前壁造像题记。

　　甬道右侧壁题记编号为K7-T2，为清嘉庆年（公元1796～1820年）题记。上部及两侧周缘减地，中部凸显出圆拱形碑轮廓。拱形碑额中间纵向题刻"万古流芳"；两侧对称雕刻

0　　　　　16厘米

图七〇　第七窟 K7-T1 拓片

对鹿莲花纹，鹿身雕刻麟毛；边缘对称雕刻鱼吐花枝纹，鱼尾外摆。碑额与碑身之间间以四瓣花纹。碑身边缘饰宝瓶缠枝花卉纹，宝瓶位于下部，瓶中伸出花枝；中间阴线刻题记，自右向左竖刻。碑文布局为：右侧10行、左侧1行为整体竖刻；中部功德主题名自上而下4排，每排自右而左依次竖刻13、12、13、2行。本组题记录文采用自右向左整体竖行和自上而下、自右而左排内竖行结合的方式录写。（图七一；图版89）

录文如下：

募引序 // 鄜州石空寺万佛洞盖古迹也肇自黄统四年于成化二九迄于今数百年矣仰观于上而□□ // 蜿蜒而来俯察于下则洛水四顾其间衔远山吞长江浩浩荡荡万佛在望横空于洞而石图□ // 以志名焉此则万佛之美迹亦鄜州之大观也若夫南及临潼北通庆阳车络绎冠盖驰驱□□ // 瞻谒焚香者亦肃且繁焉然而历年久远四壁荒芜神像朽腐过其下者见斯洞之顷圮未常□□ // 概流涕者也自壬戌岁住持道募化四乡告助重修而不果越明年邑人告余曰石空寺古刹□□ // 可听其长朽而□往古之迹乎余□起而更张之则有志未逮是以爰进楚南同人解囊捐资□□ // 良图彩绘神像增其旧制刊石永图不期月而功成告竣依旧如初能后之人登斯洞图斯碑乃知 // 当年之经营劳瘁不目成者皆因万佛有如此之是以致此耳 呜呼噫嘻盛衰有时可胜叹哉□于 // 百世而不复有兴起之者亦将□余并传不朽是为序 // 会首囡师赵绍云系湖南桃源县人氏 / 会□卢宏肇系湖南石门县助钱一千六百文 / 湖南朱迪儒助钱一千四百文 / 湖南周国图助钱一千四百文 / 湖南卢天相助钱一千二百文 / 安化县刘文学助钱一千二百文 / 湖南沙汉周助钱一千文 / 湖南杜义章助钱一千文 / 湖南黄大柱助钱一千文 / 湖南罗大文助钱一千文 / 湖南熊商也助钱一千文 / 湖南□朋举助钱八百文 / 湖南□义祥助钱八百文 // 石匠杨宗其胡万全共助钱八百文 / 湖南熊司一助钱八百文 / 湖南王锦怀助钱八百文 / 湖南朱友文助钱八百文 / 湖南熊聘文助钱八百文 / 湖南熊聘朝助钱八百文 / 湖南周世清助钱□百文 / 湖广李高型助钱□百文 / 湖南刘国文助□□百文 / 蒋学□助□□百文 / 湖南张东明□□□百文 / 湖南沈成□□□□百文 // 湖南 // 刘图昌助钱四百文 / 刘朝文助钱四百文 / 丘大臣助钱四百文 / 肖象□助钱四百文 / 熊聘□助钱四百文 / 阮文秀助钱四百文 / 高金榜助钱四百文 / 周明图助钱四百文 / 李□助钱四百文 / 汪□□钱四□□ / 范□助钱四百□ / 刘图□助钱四□□ / 陈高□助钱四□□ / 傅文德助钱四百文 / 圙□助钱一百文 // 龙飞□子嘉庆□年岁次□□月初……□……公□□ 囝闾道人苏……

该组题记为清嘉庆年间维修第七窟的记事功德题记，追溯了第七窟的建窟时间、历代重修情况，记述了本次维修的原因、募资缘由与功德主名单。同时，指明了维修的内容为"彩绘神像"。"增其旧制"所指可能为新造窟龛像或新造窟前建筑等。从现存情况看，石泓寺清代窟龛可能有第一窟、第八窟和第一〇窟，这三窟均无塑像。此外，第二窟于清嘉庆年间进行了维修，但有单独的维修题记，应不在此碑记述的此次维修范围之内。刘振刚等将该组题记的年代确认为明代弘治年间，未提及题刻末尾的"嘉庆"字样，可能欠妥；同时，他还认为功德主以湖南籍为主，推测其为明代由湖南迁移至陕北的移民，但并无直接证据[1]。

---

[1] 刘振刚、王玉芳：《富县石泓寺石窟历代题记识读与分析》，《敦煌学辑刊》2016年第3期。

0   14厘米

图七一 第七窟 K7-T2 拓片

第二节　基坛

由基坛本体和四角屏柱两部分构成（图版90），均有造像与题记。

一、基坛本体

位于窟内中部，平面呈不规则方形，左侧后部和前部左侧外凸较明显，右侧后部微外凸，左右长6.5、前后宽6.2、高0.8米。前面中间偏右处有一阴线刻三连弧尖拱形龛，龛间以双阴线纵向条带间隔。右侧线龛内中部有一纵长圆拱形槽，中间线龛内有题记，左侧线龛内未见明显题刻与减地迹象。左、右、后三面仅可见较密的斜向凿痕。上面外围斜向细凿痕较多，中间凿痕磨损严重，不是十分明显。左面前部有两道裂隙，后面一道裂隙用水泥填补，前面一道裂隙与屏柱裂隙贯通。前面和后面局部可见黑色附着物。

（一）造像

共5尊，位于基坛上面中后部。后部中间为圆雕佛像，佛像两侧略靠前为圆雕二弟子像，背后局部与屏柱间未雕透；中间两侧偏外为圆雕二菩萨像。（图七二、七三）1941年《中国文化史迹》、1959年《简报》、1982年《延安宋代石窟艺术》、1986年《勘察报告》中有基坛左侧菩萨保留头部时的侧面局部照片和墨线图。《延安宋代石窟艺术》中基坛整体照片上，右侧普贤菩萨像不见于卧象台座上，表明在1983年拍摄该照片之前，普贤菩萨像尚未被拼接至台座上。（图七四）结合现存状况和既往图像信息，对造像特征描述如下：

佛像　保存基本完整，通高3.55米，像高1.9、膝宽1.35米，须弥座高1.05、最宽2、最厚1.55米。左手于腹部结禅定印，右手抚膝。结跏趺坐，右脚轮廓见于衣下。背后有口大底小、平面略呈长方形的槽，槽外表面有修补层。肉髻较低，略呈弧拱形，前面有髻珠。斜弧粗棱状阴线刻划波浪纹螺发。额前螺发下还有一道额际线。面部方圆，头微低，弧形长眉，眉间白毫，下弧弯月形细眼，鼻头圆钝，抿嘴微笑，嘴唇较薄、涂红。颈部三道低棱状蚕节纹。肩头圆钝。外穿袈裟，搭覆右肩，袈裟下为覆肩衣，内着僧祇支，下身应着裙，腹部可见系带及带结。袈裟领边及双臂衣纹处可见堆塑彩绘和局部涂金的云纹花饰，领边内侧缘涂红。袈裟及覆肩衣衣纹为层阶折棱状，较厚重。座为六边形束腰须弥仰莲座。须弥座除后面下层底部为不规整面外，其他表面较平整。束腰前面上层为略呈横长椭圆形的壶门，中层表现卷枝柱棱壶门，上层和下层每面中部多出一道折棱。仰莲座为三层略呈纵椭圆形的浅浮雕莲瓣，莲瓣间距自外而内逐渐增大，最内层莲瓣间露出纵向阴线和横向小圆窝表现的莲蓬。莲瓣及莲蓬表面可见红彩、白彩、黄彩、黑彩涂绘。（图七五、七六；图版91～94）

二弟子像　分立两侧，身体微侧向佛像。左侧为老年弟子迦叶像，右侧为年轻弟子阿难像，保存大体完整。外穿右衽袈裟，上身着右衽衣，下身着裙，层阶状衣纹较为厚重。立于叠涩仰莲束腰高台座上。仰莲座为两层椭圆形莲瓣；叠涩边缘呈外弧瓣状；束腰低平，略呈圆弧形。

迦叶像通高2.15米，肘宽0.61米，座高0.52米。驼背明显，上身前倾。额间可见抬头纹，

图七二　第七窟基坛造像
（采自《中国文化史迹》）

眼窝下陷，眼袋和眼角纹明显，颧骨凸起，两颊下陷。颈部和颈下胸部瘦削，露出筋棱，锁骨凸起。双手于胸前相叠，瘦削，筋棱凸出。双脚微外撇，跣足。身体、着装及莲座涂彩，以红彩、黑彩、黄彩为主，间以绿彩、白彩。（图七七、七八；图版 95～98）

阿难像通高 2.31 米，肘宽 0.59 米，座高 0.57 米。身躯笔挺。面部圆润，眉间白毫窝。双手残，原为于胸前相合状。袈裟系带于左肩前穿扣打结。脚穿靴，双脚分立未外撇。身体、着装及莲座涂彩，以绿彩、蓝彩为主，间以黑彩、红彩、黄彩和白彩。（图七九、八〇；图版 99～102）

二菩萨像　结跏趺坐。左侧为文殊菩萨像，右侧为普贤菩萨像。现文殊菩萨像头部和手部残，莲座与须弥座间无短粗茎状束腰；普贤菩萨像左手残，莲座与须弥座之间的扁圆短柱后部有石块和水泥修补的迹象。结合《中国文化史迹》《简报》《勘察报告》《延安宋代石窟艺术》公布的照片，大体可以观察二菩萨像残损前的全貌。

二菩萨像身体较直，整体微后倾。背后均有纵长方形槽。原戴五佛花冠。冠整体较高，

图七三　第七窟基坛造像与题记编号图

0　　　　　60厘米

图七四　第七窟基坛右侧普贤菩萨像台座
（采自《延安宋代石窟艺术》72页下图）

下小上大，上缘略高于头顶发髻，露出斜弧深线和浅线勾勒的发丝和发缕。冠带自耳后垂至肩后两侧。冠上五佛并排坐于仰莲台上，结跏趺坐，双手于腹前相合，穿袈裟，中间佛像头部残。发髻顶部略呈低平馒头状，表面可见斜向凿痕。头后未表现发缕及发丝，冠沿下为修整光滑的部分，下缘下弧，可能为垂帘。耳后与冠带之间可见头发拧成粗缕垂至肩后，鬓发成缕后绕，与耳后垂发相合。外着袈裟，下身着裙，层阶折棱状衣纹较厚重。座为仰莲束腰须弥座。仰莲座均三层仰莲瓣，莲瓣略呈椭圆形；须弥座平面呈六边形，上部两层叠涩，下部三层叠涩。涂彩以黑彩和墨绿彩为主，辅以黄彩、红彩、白彩、绿彩，局部涂金。

　　文殊菩萨像残高 2.23 米，膝宽 1.06 米，座高 1.33 米。颈部有蚕节纹。左手于上腹、右手于胸前共同持握如意，如意与身体之间未凿透。戴大串项饰。袈裟袒右，下为覆肩衣，衣

图七六　第七窟基坛佛像正射模型图

图七五　第七窟基坛佛像正、侧、后视图

0 ⊢————⊣ 50厘米

0　　　　50厘米

图七七　第七窟基坛左侧迦叶像正、侧视图　　　图七八　第七窟基坛左侧迦叶像正射模型图

0　　　　50厘米

图七九　第七窟基坛右侧阿难像正、侧视图　　　图八〇　第七窟基坛右侧阿难像正射模型图

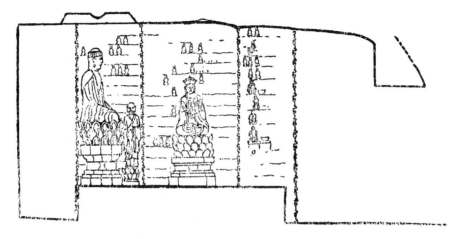

图八一　第七窟基坛左侧头部完整的文殊菩萨像图
（采自《简报》）

图八二　第七窟基坛左侧头部完整的文殊菩萨像图
（采自《勘察报告》）

内有僧祇支。袈裟表面可见浅凸起的花草云纹装饰。须弥座束腰正面凿出面前趴伏的狮子，鬃毛成缕披于头顶，末端卷曲，面部残。（图八一～八四；图版 103 ～ 106）

　　普贤菩萨像通高 2.9 米，膝宽 0.9 米，座高 1.6 米。面部圆润，长眉上弧，鼻头圆钝，抿嘴微笑。颈部蚕节纹。左臂上屈，左手原似有持物（图八五），现残；右手搭于右膝上，掌心向上，手指弯曲内收。腹部微鼓。袈裟圆领边缘外翻，表面刻划衣纹，上部为上弧衣纹，下部为下弧衣纹。莲座与须弥座上部之间有扁圆榫柱相接。须弥座上部两层叠涩和束腰之间似亦为分凿接合而成。束腰正面中部雕出趴伏的象，双大耳垂于头两侧，双眼睁开，嘴局部残、抿起，未见象牙迹象，表现脚趾。（图八六、八七；图版 107 ～ 110）

　　（二）题记

　　一组。

　　明成化十七年（公元 1481 年）题记　编号为 K7-T3，位于基坛前面中部偏右处三连拱形龛的中龛内。自右向左竖刻，可辨 10 行，部分字迹已不清楚。（图八八）

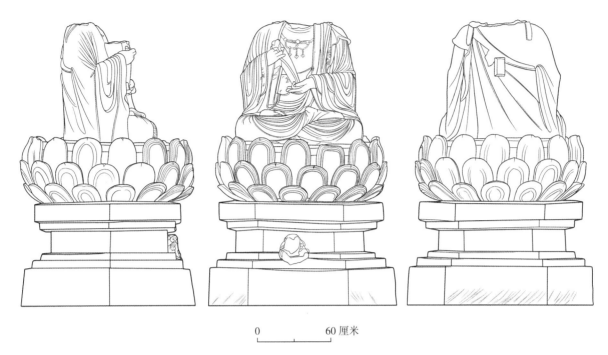

0 |————| 60厘米

图八三　第七窟基坛左侧文殊菩萨像正、侧、后视图

图八四　第七窟基坛左侧文殊菩萨像正射模型图

图八五　第七窟基坛右侧普贤菩萨像
（采自《简报》）

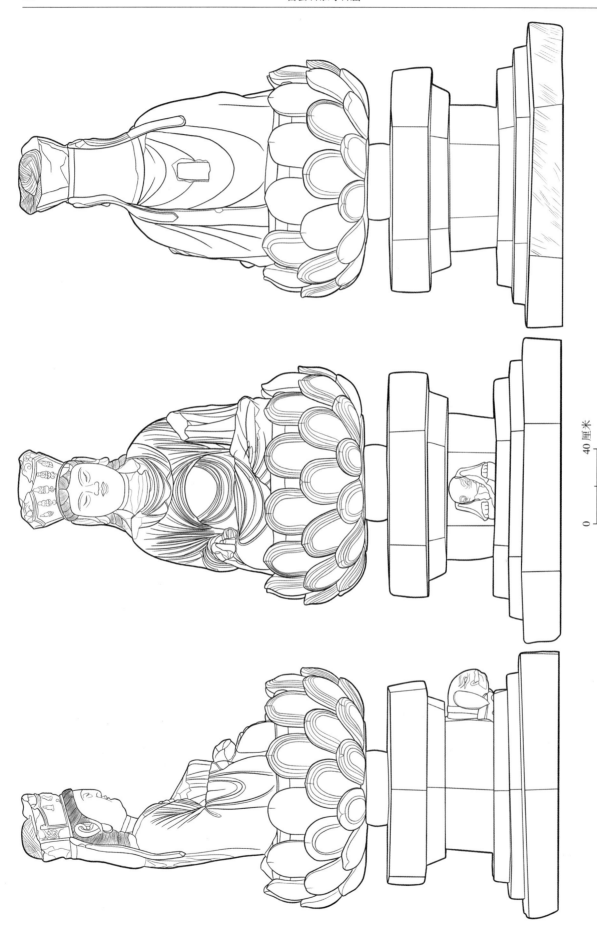

图八六　第七窟基坛右侧普贤菩萨像正、侧、后视图

0　　40厘米

录文如下：

　　大明国陕西延安府……□□村□囿／　男善人……室人刘氏发心□金妆正／佛一尊菩萨二尊并阿难迦叶又妆囿／佛菩萨一千尊起盖钟楼一座囿囵女□韩□／　又妆造石关公三尊□钟施牛一只□□安亮／妆塑伽蓝功德□□□□氏弟安囿／　□□□安□／　本州妆塑匠张信男张愈张□／　安定县张文斌张氏施牛一只／成化十七年岁在辛丑四月二十一日乙丑住持玄照

该组题记为明成化十七年石泓寺维修的记事，提到了基坛一铺五尊主像、佛菩萨一千尊、钟楼一座、妆、妆造、妆塑等，还提到了部分功德主的名字。"佛菩萨一千尊"所指并不明晰，但应为第七窟窟内柱面或壁面造像。题记所述"钟楼"亦未见单独残迹，是否为"皇经楼"无法确定。"石关公三尊"中的关公石像调查中未见，既往调查中亦未见提及。

二、四角屏柱

基坛四角贴边或略外凸凿出接顶屏柱。前部两柱柱身局部有裂隙，下部的斜向和横向裂隙较为严重。左前柱裂隙延伸至基坛，填充水泥进行修补。右前柱前面下部填充石块，填充部分表面光滑，局部凿刻题记，根据其后面与裂缝相接的情况推测，其可能为最初凿刻该柱时为稳固而填补。屏柱四面满雕龛像及成排以菩萨为主的小坐像，除右前柱前面下部外，其余均满面雕刻。造像均为高浮雕，共1231尊。像间有题记，阴线凿刻为主，书写为辅。

（一）右后柱

1. 后面

壁面满凿造像，仅一组可辨识的题记范围。（图八九；图版111）

（1）造像

共计9排37尊，根据分布、组合等可分为四组，自上而下依次为：

第一组　六尊佛像　位于柱面上部，第一至二排，每排3尊。自右向左、自上而下依次编为1～6号。结跏趺坐。1号、4号、5号像双手于腹部前后交叠而握，2号、6号像双手于腹部结禅定印，3号像左手禅定印、右手抚膝。螺发样式与基坛主尊坐佛像相近。外着裟裟，3尊圆领通肩，3尊双领下垂并露出下层僧祇支。仰莲座较高，表现两层莲瓣，1～3号像仰莲座下为六边形基座，正面中部表现六边形壶门；4～6号像仰莲座下为弯曲的粗茎莲叶。

图八七　第七窟基坛右侧普贤菩萨像正射模型图

0 ————— 8 厘米

图八八　第七窟基坛正面 K7-T3 拓片

1 号、2 号像通高 0.66 米, 座高 0.27 米; 3 号像通高 0.63 米, 座高 0.23 米; 4 ~ 6 号像通高 0.46
米, 座高 0.13 米。（图版 112）

　　第二组　二十一尊小菩萨像与一尊小罗汉像　位于柱面中部, 第三至六排, 通高 0.21 ~
0.27 米。自右向左、自上而下依次编为 7 ~ 28 号。7 号、9 ~ 28 号菩萨像均结禅定印, 结
跏趺坐。头发贴鬓, 束发髻。穿圆领通肩或双领下垂式袈裟。仰莲座, 表现两层莲瓣。8 号
罗汉像结禅定印, 结跏趺坐于山石平台座上, 外穿通肩大衣, 内着右衽袍服。（图版 113、
114）

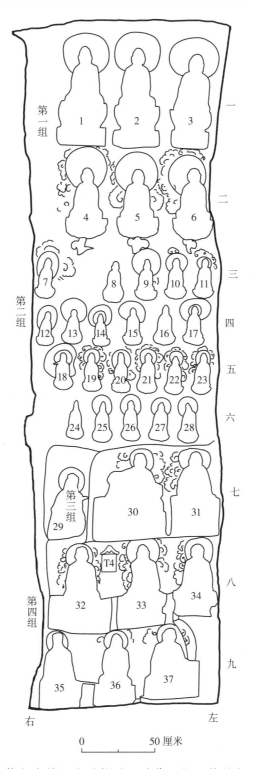

图八九 第七窟基坛右后柱后面造像、题记编号与造像分组图

第三组 单尊跏趺坐菩萨龛像 位于柱面右侧中部偏下处，第六排 24 号像下，编为 29 号。造像周边减地，右侧与第四组像龛凿通，左侧和上部为斜面。禅定印，结跏趺坐。束发髻，戴高冠，冠带自头两侧垂下。面部圆润，长眉上弧，抿嘴微笑。穿圆领通肩式袈裟。台座为未减地的原始石面。通高 0.46 米，像高 0.35、膝宽 0.23 米。（图九〇、九一；图版 115）

0　　　　　　40厘米

图九〇　第七窟基坛右后柱后面第三组和第四组造像立面、平剖、纵剖视图
29. 第三组跏趺坐菩萨龛像　　30~37. 第四组八罗汉龛像

　　第四组　八罗汉龛像　位于柱面下部，第七至九排。自右向左、自上而下编为30～37号。龛减地较深，左侧中上部与柱角凿通，左侧下部与柱角间留宽棱，右侧上部在第三组处留转角。造像上排2尊，中间和下排各3尊；下排35号罗汉像头部残。身体斜侧或正坐。坐姿有倚坐分脚、倚坐交脚、半跏趺坐、舒坐或结跏趺坐；双手或结禅定印，或抚膝、抚腿，或撑座、扶几，或指心。面部圆润或颧骨凸出。张嘴或抿嘴。着衣主要为外穿袒右袈裟，内着右衽衣，脚穿靴。36号像袈裟覆头，左衽，32号、36号像双脚未出露。台座除32号罗汉像为规整的

图九一 第七窟基坛右后柱后面第三组和第四组造像正射模型图

素面多边形外，其余均表现高低层次与山石纹样。30 号、31 号像通高 0.55 米，像高 0.44 米；32 号像通高 0.49 米，像高 0.35 米；33 号像通高 0.51 米，像高 0.45 米；34 号像通高 0.52 米，像高 0.48 米；35 号像通高 0.51 米，像高 0.48 米；36 号像通高 0.48 米，像高 0.35 米；37 号像通高 0.51 米，像高 0.45 米。（图九〇、九一；图版 116、117）

该柱面和造像涂色以黄彩、白彩、红彩为主，黑彩、绿彩为辅。

（2）题记

一组。

内容不详题记 编号为 K7-T4，位于 32 号和 33 号像之间。上部绿彩尖拱，下部为白色近方形题记区域，但未观察到字迹，可能原未刻字。（见图八九；图版 118）

2. 左面

右侧中下部为年轻弟子阿难像，其余壁面满凿造像，未见可辨识题记。（图九二；图版 119）

造像共计 16 排 98 尊，根据分布、组合等可分为三组，自上而下依次为：

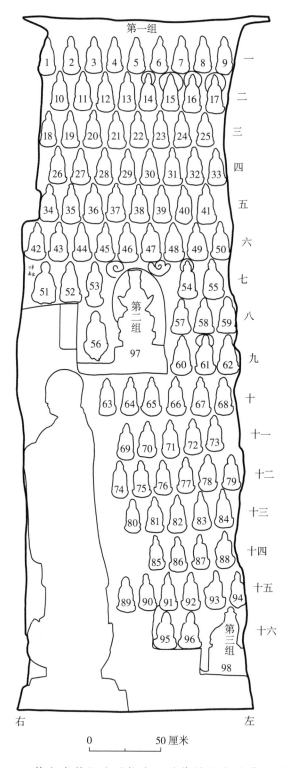

图九二 第七窟基坛右后柱左面造像编号与造像分组图

第一组 一罗汉九十五尊小菩萨像 遍布于柱面弟子像之外的造像区域，第一至十六排均有，每排最多9尊、最少2尊，自右向左、自上而下依次编为1～96号。右侧第七排52号像以下、阿难像头部以上为空白区域，该区域左侧与第八排最右侧56号像间有一略呈纵长方形的较平整范围，但未见题刻迹象，不作为题记编号。造像除51号为罗汉像外，其余均为小菩萨像。多数保存完整，少数头部或腿部及台座残损。以坐姿为主，仅 53 号为直立姿态。51 号罗汉像倚坐，左手搭巾托物，右手持环抚膝，南侧相邻区域凿刻有"伴叔"二字（图版 120）。外着袈裟，内着双层右衽衣，脚穿靴。台座外露较少，可能为方台座。小菩萨像均束发髻，面庞圆润。姿态多为双手于腹部相合、出露或掩于袖内，结跏趺坐；部分为身体斜侧，一腿屈起呈舒坐状，双手或于胸前或腹前相合，或抚膝、撑座，或托腮。个别小菩萨像手中有持物，56 号像左手托方板状物、右手持念珠，60 号像似于腹前托宝珠，76 号像于胸前托钵或碗状物。均穿袈裟，圆领通肩为主，部分为双领下垂式，少数袈裟覆头。座均为仰莲台，浅浮雕莲瓣，多为一层，部分为两层。通高 0.23 ～ 0.29 米。

第二组　单尊文殊菩萨龛像　位于柱面中部，第七至九排小像中间，编为 97 号。纵长弧拱形龛。像左手于腹部结禅定印，右手上举，结跏趺坐。头戴高宝冠，冠正面中部为化佛。面庞圆润。上身斜披帛带，帛带下披覆肩衣，鳍袖外翻向后飘起，覆肩衣下似穿右衽衣，下身着裙，跣足。束腰须弥仰莲座。仰莲部分浮雕三层莲瓣；束腰部分为六边形，中间壶门内雕出正面朝前、趴伏的狮子。通高 0.68 米，像高 0.32 米。（图九三、九四；图版 121）

第三组　单尊自在坐菩萨像　位于柱面下部左侧，第十六排最左端，编为 98 号。减地

0 ————— 16 厘米

图九三　第七窟基坛右后柱左面第二组文殊菩萨龛像
立面、平剖、纵剖视图

图九四　第七窟基坛右后柱左面第二组
文殊菩萨龛像正射模型图

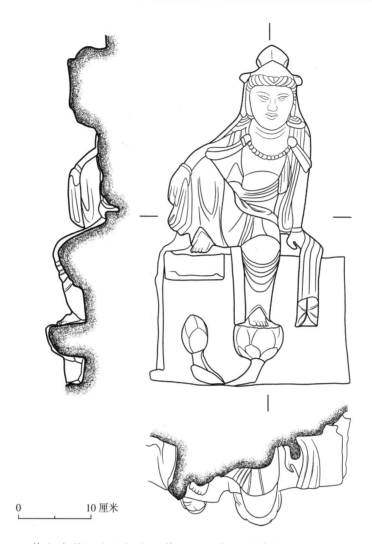

0   10厘米

图九五　第七窟基坛右后柱左面第三组自在坐菩萨像立面、平剖、纵剖视图

略深，无明显龛边。像身体左倾。左手撑台，压住下垂的帛带；右手垂于右膝外。左腿下垂，左脚踩座前"Y"形小莲台的左台；右腿屈膝，右脚踩于台座上面。束发髻，戴小冠，冠带下垂于头后两侧，戴项饰。上身斜披帛带，下身着裙，跣足。座为方台座，前面有小莲台。通高 0.46 米，座高 0.17 米。（图九五；图版 122）

该柱面以黑彩涂色。造像涂色以红彩、绿彩为主，辅以黄彩、白彩。

3. 前面

左侧缘中下部为年轻弟子阿难像，其余壁面满凿造像，未见可辨识题记。（图九六；图版 123）

造像共计 16 排 69 尊，根据分布、组合等可分为六组，自上而下依次为：

第一组　二尊自在观音菩萨龛像　位于柱面上部，占据第一和第二排中间至右侧，自右向左编为 1 号、2 号。龛略呈斜平顶拱形，局部轮廓不明确，右侧中下部与像相接。像保存基本完整，身体斜侧，头微低。一手抚膝，一手撑座；一腿内屈平置，一腿屈起踩座。束发髻，戴花冠，冠上均有化佛，冠带垂于头后两侧。穿袈裟，1 号像袈裟为圆领通肩式，2 号

图九六　第七窟基坛右后柱前面造像编号与分组图

像袈裟为双领下垂式。跣足。座均为山石台座，1 号座高窄，2 号座低宽。1 号像通高 0.78 米，像高 0.48 米，座高 0.30、宽 0.26 米；2 号像通高 0.78 米，像高 0.56 米，座高 0.22、宽 0.58 米。（图九七；图版 124）

　　第二组　六十一尊小菩萨像　第一至十六排均有分布，下部较为集中，每排最多 8 尊、

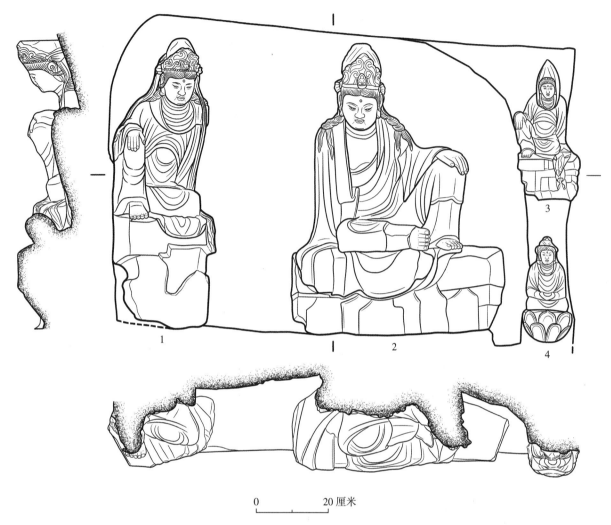

0　　　　　20厘米

图九七　第七窟基坛右后柱前面第一组和第二组造像局部立面、平剖、纵剖视图
1、2.第一组自在观音菩萨龛像　3、4.第二组小菩萨像

最少1尊，自右向左、自上而下编为3～63号。像多数保存完整，少数头部残损。身体多较直，部分身体斜侧。双手多于腹前相合，或出露，或掩于袖内；部分抚膝、撑座、于腹部掌心向下，或于胸前合十。以结跏趺坐为主，部分为自在坐。束发髻，戴冠饰，部分可见冠带垂下，部分发髻仅表现下面的三角形立面。穿袈裟，以圆领通肩式为主，部分为双领下垂式，少数覆头。42号像袈裟下露出右衽衣。座多为仰莲座，表现两至三层莲瓣，部分为方形或多边形山石座。通高0.22～0.41米。第十二排34号、35号像之间有一纵向涂白区域，未减地，未见题刻迹象，不作题记编号。（图九七；图版124、125）

　　第三组　一布袋和尚与二菩萨龛像　位于柱面上部，贯穿第三至四排中间和左侧，自右向左编为64～66号。龛略呈拱形，上缘不连续，侧缘减地较浅。65号布袋和尚像居中，体态圆润，保存基本完整。左手抚膝，右手搭膝持袋。左腿屈起，左脚踩座；右腿内屈平置，右脚侧竖，脚掌朝左。戴手镯，着袒右袈裟，跣足。座为束腰须弥座。束腰正面表现冠耳状壶门，下部下层叠涩中间可见椭圆形宝珠，基座部分为云边如意卷角足。通高0.42米，座高0.19

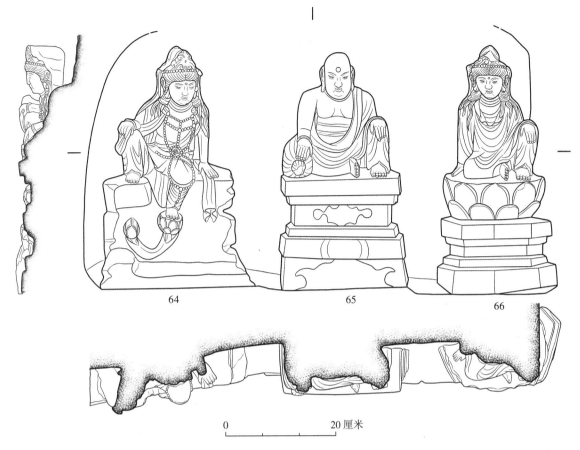

图九八　第七窟基坛右后柱前面第三组—布袋和尚与二菩萨龛像立面、平剖、纵剖视图

米。二菩萨像均束发髻，发辫下垂披至肩部，跣足。64 号菩萨像身体斜侧，左手撑座且压帛带一端，右手执帛带一端置于右膝上。左腿下垂，左脚踩于台座前"Y"形莲台左台上；右腿内屈，右脚踩座。上身斜披帛带，戴璎珞，下身着裙。座为束腰须弥座。通高 0.42 米，座高 0.19 米。66 号菩萨像左手搭于左膝上，右手撑座。左腿屈起，左脚踩莲台；右腿内屈，右脚侧竖，脚掌朝左。穿圆领通肩袈裟。座为多边形束腰须弥仰莲座。通高 0.43 米，座高 0.2 米。（图九八；图版 126）

第四组　单尊自在观音菩萨龛像　位于柱面中部左侧略偏上处，贯穿第四至九排，编为 67 号。保存基本完整。龛边缘呈折角山石状，内部绘出相连的近圆形头光和身光。像身体微左倾。左手撑座压帛带一端，右手执帛带一端搭于右膝上。左腿下垂，左脚踩于座前缠枝莲台的左台上；右腿屈起，右脚踩座。束发髻，戴花冠，冠上有化佛，冠带垂于肩后，发缕垂于肩部。颈部蚕节纹，戴项饰、璎珞、臂钏和手镯。上身斜披帛带，下身着裙，跣足。座为山石座。通高 1.25 米，座高 0.32 米。（图九九；图版 127）

第五组　单尊自在坐菩萨龛像　位于柱面右侧中部略偏下处，贯穿第九至十一排，编为 68 号。龛为不规则纵长拱形，轮廓线较明显。像保存基本完整，身体左倾。左手撑座并压帛带，右手执帛带垂于右膝外侧。左腿下垂，左脚踩于座前"Y"形莲台左台上；右腿屈起，右脚踩于台座上。束发髻，戴冠饰，冠带下垂。面部圆润。颈部蚕节纹，戴项饰，身披璎珞。

0　　　　　20厘米

图九九　第七窟基坛右后柱前面第四组自在观音菩萨龛像立面、平剖、纵剖视图

上身斜披帛带，下身穿裙，跣足。座为束腰须弥座。通高 0.56 米，座高 0.19 米。（图一
〇〇；图版 128）

　　第六组　单尊布袋和尚龛像　位于柱面左下角，第十六排最左侧，编为 69 号。龛略呈
纵长方形，上缘自左向右下斜，侧缘及下缘减地整体较浅。像头上部残，体态圆润。左手抚
膝，右手执袋置于右膝前。左腿屈起，左脚踩座；右腿内屈平置，右脚侧竖，脚掌朝左。右
臂可见臂钏和手镯。座为六边形束腰须弥台座，束腰短平，下部下层叠涩较高。通高 0.45 米，
座高 0.23 米。（图一〇一；图版 129）

0　　　　　　10厘米

图一〇〇　第七窟基坛右后柱前面第五组自在坐菩萨龛像立面、平剖、纵剖视图

该柱面以黑彩涂色。造像涂色以红彩、绿彩为主，辅以白彩、黑彩。

4. 右面

满面凿刻造像，未见题记迹象。（图一〇二；图版130）

造像共计7排27尊，根据分布、组合等可分为二组，自上而下依次为：

第一组　一佛二菩萨龛像　位于柱面上部，第一排，自右向左编为1～3号。龛呈不规则长方形，下缘被第二组造像减地打破。造像保存基本完整，佛像头部高出二菩萨像。三尊像均正身结跏趺坐，禅定印，穿圆领通肩袈裟。佛像螺发表现髻珠，菩萨像袈裟覆头。座为仰莲台。佛像莲台浅浮雕三层莲瓣，台座底部带有粗茎卷枝；菩萨像莲台浅浮雕两层莲瓣。1号菩萨像通高0.58米，像高0.43、膝宽0.27米；2号佛像通高0.67米，像高0.45、膝宽0.31米；3号菩萨像通高0.51米，像高0.38、膝宽0.23米。（图一〇三；图版131）

第二组　二十四尊小菩萨像　位于柱面中部偏上至下部，第二至七排，自右向左、自上而下编为 4 ~ 27 号。除 24 ~ 26 号菩萨像头部残损外，其余保存基本完整。该组菩萨像体量和间距略大，以禅定印、正身、结跏趺坐为主。20 号、24 号像为一手撑座、一手抚膝，一腿屈起、一腿内屈平置，身体斜侧的姿态。束发髻，穿袈裟。袈裟以圆领通肩式为主，部分为双领下垂式，仅 20 号像袈裟覆头。座均为仰莲座，浅浮雕一至两层莲瓣，24 ~ 27 号像莲座下有六边形扁平基座。通高 0.41 ~ 0.53 米，膝宽 0.17 ~ 0.23 米。（图版 132）

该柱面大部涂色迹象不明显，局部微泛黑。

0　　　　　10 厘米

图一〇一　第七窟基坛右后柱前面第六组
布袋和尚龛像立面、平剖、纵剖视图

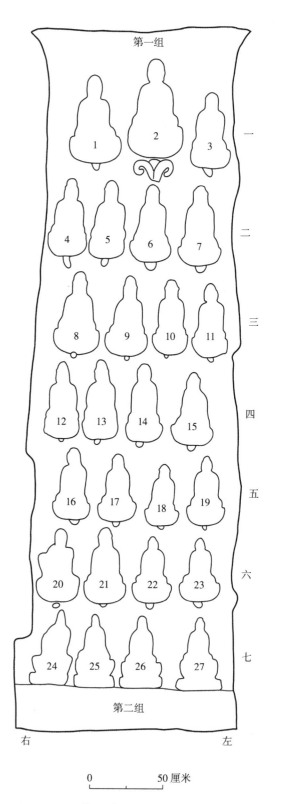

0　　　　　50 厘米

图一〇二　第七窟基坛右后柱右面造像编号
与分组图

0　　　　　20厘米

图一〇三　第七窟基坛右后柱右面第一组一佛二菩萨龛像立面、平剖、纵剖视图

造像涂色以黄彩、红彩为主，辅以白彩、绿彩。

（二）左后柱

1. 后面

壁面满凿造像，仅一组可辨识的题记范围。（图一〇四；图版133）

（1）造像

共计8排30尊，根据分布、组合等可分为五组，自上而下依次为：

第一组　一罗汉与一胁侍龛像　位于柱面上部，第一排，编为1号、2号。整体保存完整。龛略呈拱形，左侧边缘外凸，最宽1.14、最高1.03米。1号为罗汉像，身体微向左侧，倚坐。头微低，面部圆润。左手扶左侧几台，右手抚右膝，双脚踩下部台面。外穿袒右袈裟，内着右衽袍服，脚穿靴。座为束腰山石座。通高0.92米，像高0.83米。2号为胁侍像，双手于胸前相合，立于罗汉像左侧。头发分梳后披，身穿圆领袍服，腰束带，带端分垂，脚穿靴。座为山石座。通高0.65米，像高0.4米。（图一〇五；图版134）

第二组　八佛二菩萨像　位于柱面中上部，贯穿第二至五排，上、中排各4尊，下排2尊，自右向左、自上而下编为3～12号。5号和6号为菩萨像，其余为佛像。坐姿均为结跏趺坐。

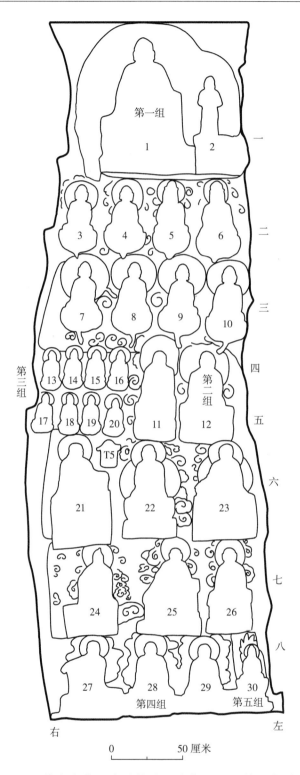

图一〇四　第七窟基坛左后柱后面造像、题记编号与造像分组图

多结禅定印，仅 8 号佛像左手禅定印、右手抚膝。座为仰莲台，浅浮雕一至两层莲瓣，下排
11 号、12 号佛像的莲座下有六边形扁平基座。通高 0.45 ~ 0.58 米，像高 0.31 ~ 0.35 米。（图
版 135）

　　第三组　八尊小菩萨像　位于柱面中部，第四至五排右侧，自右向左、自上而下编为

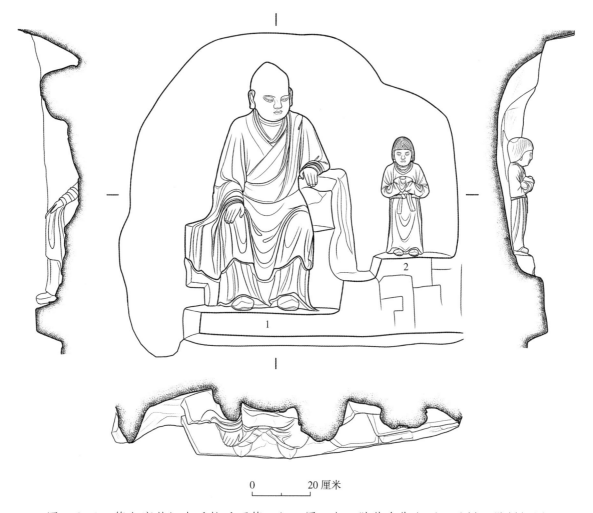

0　　　　　20厘米

图一○五　第七窟基坛左后柱后面第一组一罗汉与一胁侍龛像立面、平剖、纵剖视图

13 ～ 20 号。保存基本完整。禅定印，结跏趺坐。束发髻，穿圆领通肩袈裟。座为仰莲座，浅浮雕两层莲瓣。通高 0.25 ～ 0.27 米。（图版 135、136）

　　第四组　一佛八罗汉龛像　位于柱面下部，第六、七排全部，第八排中间和右侧，自右向左、自上而下编为 21 ～ 29 号。龛立面呈不规则纵长方形。除 24 号罗汉像头部残损外，其余基本完整，通高 0.46 ～ 0.61 米。22 号佛像螺发呈较低的弧拱形，面部短圆。禅定印，结跏趺坐。穿袒右袈裟，搭覆右肩。座为仰莲六边形台座，仰莲部分浅浮雕两层莲瓣。罗汉像面部或圆润微笑，或颧骨凸起、表情严肃，身体斜侧或正坐。双手或扶几，或抚膝，或撑座，或合十，或持经书等物，或作指点状。双腿倚坐或曲腿舒坐。外着袒右袈裟，内着左衽或右衽衣，脚穿靴。台座为束腰台座或方台座。（图一○六、一○七；图版 137）

　　第五组　单尊跏趺坐菩萨像　位于柱面下端，第八排最左侧，编为 30 号。龛略呈不规则纵长方形，下部与第四组下部龛缘平齐，两侧减地较第四组龛浅。双手于腹前侧握，结跏趺坐。束发髻，穿圆领通肩袈裟。座为仰莲束腰须弥座，仰莲部分浅浮雕两层莲瓣，莲台直接与下面的三层六边形叠涩基座相接。通高 0.44 米，像高 0.23、膝宽 0.17 米。（图一○六、一○七；图版 137）

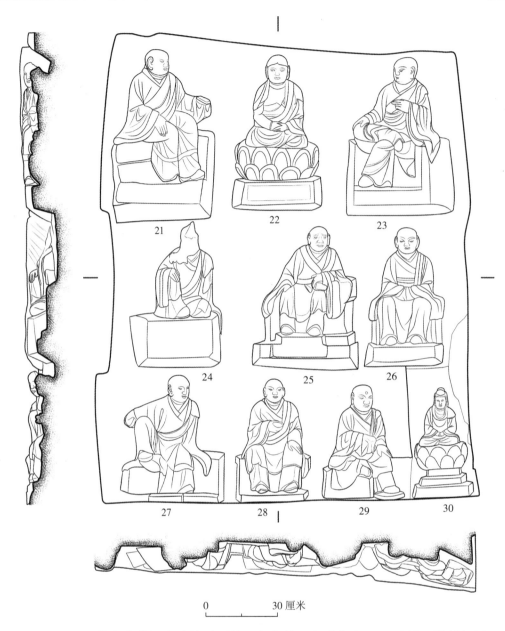

0   30 厘米

图一〇六　第七窟基坛左后柱后面第四组和第五组造像立面、平剖、纵剖视图
21～29.第四组一佛八罗汉龛像　30.第五组跏趺坐菩萨像

该柱面涂色迹象不明显。造像涂色以黄彩、红彩为主，辅以白彩、黑彩和绿彩。

（2）题记

一组。

内容不详题记　编号为 K7-T5，位于 21 号罗汉像和 22 号佛像头部之间。上部淡绿彩尖拱。中间浅白彩近方形题记区域与周边壁面平齐，无凸起，未观察到可确认的字迹，可能原未刻字。下部有黑彩仰莲承托。（图版 138）

2. 左面

柱面底部无造像，其余部分满凿造像，未见题记。（图一〇八；图版 139）

图一〇七　第七窟基坛左后柱后面第四组和第五组造像正射模型图

造像共计 9 排 29 尊，根据分布、组合等可分为三组，自上而下依次为：

第一组　十二尊佛像　位于柱面中上部，第一至四排全部，每排 3 尊，自右向左、自上而下编为 1 ~ 12 号。造像区域两侧为减地边缘。像保存基本完整，通高 0.52 ~ 0.59 米，座高 0.2 ~ 0.23 米。面部圆润，螺发较低，禅定印，结跏趺坐。穿袈裟，除 12 号袈裟为双领下垂式外，其余袈裟均为圆领通肩式。座为仰莲扁平方台座，仰莲部分浅浮雕一层莲瓣。（图版 140）

第二组　一尊小佛十五尊小菩萨像　位于柱面中下部，第五至八排两侧、第九排全部，自右向左、自上而下编为 13 ~ 28 号。造像区域两侧为减地边缘。部分像头部残损，通高 0.23 ~ 0.27 米。14 号为小佛像，其余为小菩萨像。像多为禅定印、结跏趺坐，仅 18 号小菩萨像左腿内屈平置、右腿屈起、双手抚膝。小佛像着双领下垂式袈裟；小菩萨像均束发髻，戴冠饰，穿圆领通肩或双领下垂式袈裟。座为仰莲座，多数浅浮雕两层莲瓣，部分为一层莲瓣。（图版 141）

第三组　单尊跏趺坐菩萨龛像　位于柱面中下部中间，贯穿第五至八排，编为 29 号。

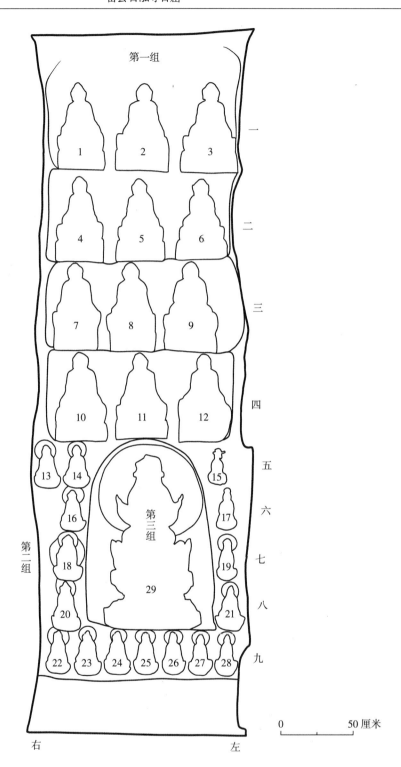

图一〇八　第七窟基坛左后柱左面造像编号与分组图

龛减地较深，整体略呈圆拱形，高 1.28、宽 0.88 米。菩萨像右小臂至手部残损，其余部分保存较为完整。左手于腹部手指向内向上弯曲托下垂璎珞，右臂向上屈起。结跏趺坐。束发髻，戴宝冠，冠上有化佛，冠带垂于肩后。面部圆润，颈部有蚕节纹。项饰垂至腹部。外穿覆肩衣，鳍袖外翻后飘。覆肩衣下似通肩披帛，帛带两端下垂至莲台两侧，颈下胸部露出底层的红色

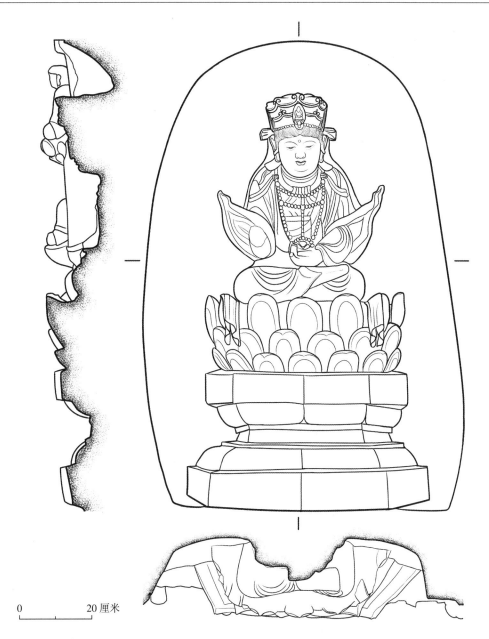

图一〇九　第七窟基坛左后柱左面第三组跏趺坐菩萨龛像立面、平剖、纵剖视图

圆领衣。座为仰莲束腰须弥高台座。上部仰莲部分浅浮雕三层莲瓣；下部束腰须弥座上、下各两层叠涩，整体呈六边形。须弥座前面中部凿出内折线槽，线槽两侧凿成弧面；束腰低平。该像与右后柱左面第二组文殊菩萨像造型较为相近，但体量较大，通高1.14米，座高0.58米。由于束腰部分未见动物形象，该像身份无法确定，可能为普贤菩萨或观音菩萨。（图一〇九、一一〇；图版141）

该柱面中下部涂黄彩，上部略泛黑。造像涂色以红彩、绿彩为主，辅以白彩、黄彩。

3. 前面

右侧中下部为老年弟子迦叶像背部，其余柱面满凿造像，造像间凿刻题记一组。（图一一一；图版142）

图一一〇 第七窟基坛左后柱左面第三组跏趺坐菩萨龛像
正射模型图

（1）造像

共计 18 排 168 尊，根据分布、组合等可分为四组，自上而下依次为：

第一组 一百六十五尊小菩萨像 贯穿第一至十八排，每排最多 11 尊、最少 6 尊，自右向左、自上而下编为 1 ～ 165 号。部分像头部残损，3 ～ 8 号像头部被石面析出的结晶块覆盖侵蚀，140 号小菩萨像左腿及座左下部残损。通高 0.21 ～ 0.26 米。姿态以禅定印、结跏趺坐为主。结禅定印双手或掩于袖内，或出露于外。此外，双手姿态还有一手抚膝、一手撑座，一手禅定、一手搭于膝内侧，双手于胸前或胸侧相合三种；双腿姿态还有 140 号像的立姿，36 号、71 号、11 号像的一腿屈起、一腿内屈平置两种。束发髻，面部圆润。穿袈裟，多数不覆头，圆领通肩式较多，部分为双领下垂式。双领下垂式袈裟胸部可见下层的左衽衣。台座多为仰莲座，表现一到两层莲瓣。第十八排像莲座下有与莲座底部对应的弯曲莲枝莲叶，两枝或三枝一组。140 号像似站于云纹台座上。（图版 143）

第二组 单尊跏趺坐菩萨像 位于柱面中部右侧略偏下处，贯穿第九至十一排，编为

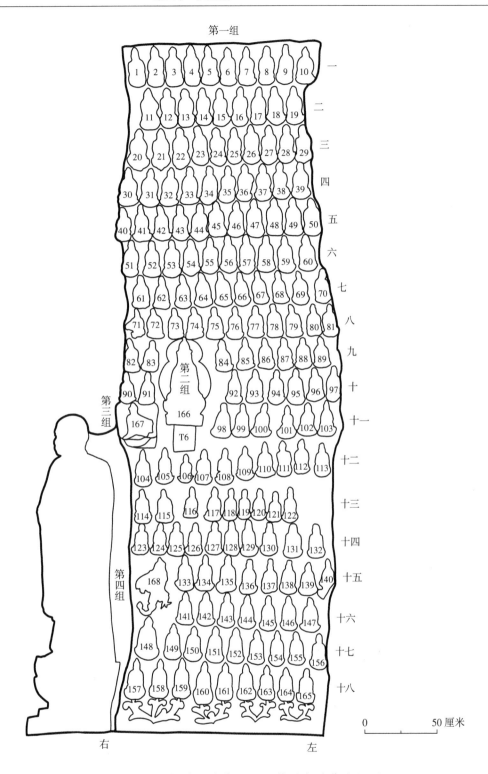

图一一一　第七窟基坛左后柱前面造像、题记编号与造像分组图

166 号。无明确龛缘。像保存基本完整。双手于腹前左下右上相叠，上托圆形物。结跏趺坐。束高发髻，戴冠饰，冠前有化佛，冠带垂于头后两侧。面部圆润，似戴耳饰。穿圆领通肩袈裟。座为仰莲扁平方台座，仰莲部分表现两层莲瓣。通高 0.56 米，像高 0.4、膝宽 0.24 米。（图一一二；图版 144）

0　　　　12厘米

图一一二　第七窟基坛左后柱前面第二组跏趺坐菩萨像立面、平剖、纵剖视图

第三组　单尊自在坐菩萨龛像　位于柱面中部偏下处，第十一排最右侧，编为167号。上部右侧、右侧边缘和下部有不规整、不连续的龛缘。像身体向右斜侧。左手抚膝，右手撑座掩于袈裟内。左腿屈起，右腿内屈平置。束发髻，戴冠饰，冠带垂于头后两侧。着双领下垂式袈裟，跣足。座为近圆形扁平台座，前面右侧可见浅浮雕莲瓣迹象。通高0.3米，像高0.23米。（图一一三；图版145）

第四组　单尊自在坐菩萨像　位于柱面下部，贯穿第十五至十六排最右侧，编为168号。面部残损，身体向左斜侧。左手撑座压帛带，右手执帛带一端垂于膝外。左腿下垂，左脚踩于座前"Y"形莲台的左台上；右腿屈起，右脚踩于台座上面。束发髻，戴冠饰，冠带垂于头后两侧。戴项饰，垂至腿部。上身斜披帛带，下身着裙，跣足。台座仅上部右侧可见，分为扁平连续的三层，立面较平。通高0.38米，像高0.33米。（图一一四；图版146）

该柱面以黑彩涂色。造像涂色以绿彩、红彩为主，辅以白彩、黑彩。

0 _____ 8 厘米

图一一三　第七窟基坛左后柱前面第三组自在坐菩萨龛像立面、平剖、纵剖视图

（2）题记

一组。

纪年不详题记　编号为 K7-T6，位于 166 号像台座下中部并与之相连。根据造像及题记字体特征可知，其时代为金代（公元 1115～1234 年）。题记区域近方形，石面未减地，较周围高，下缘外凸。自右向左竖刻，可辨 3 行。（图一一五；图版 147）

录文如下：

□张选打造 / 萨二百尊 / 平安

虽然该柱面仅有 168 尊大小菩萨造像，不足"二百"，但结合所处位置和基本内容，该题记所指最大可能还是该柱面造像。题记内容不是十分连贯，似有缺字，石面上部及右侧未见刻字的原因不明，下缘较粗糙，不排除被减地局部打破的可能性。

此外，在第十三排左侧还有一无造像的空白区域，近长方形，无涂色，较为平整，原可能亦为预留的题记区域，但未见凿刻字迹。

4. 右面

左侧中下部边缘为老年弟子迦叶像身体及莲座背后，其余柱面满凿造像，造像间凿刻题记一组。（图一一六；图版 148）

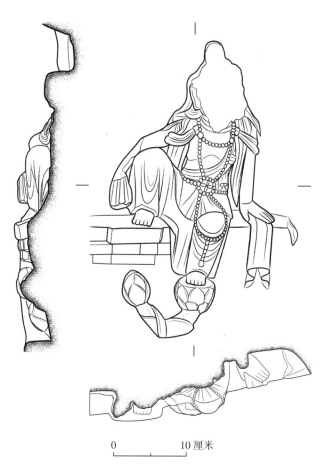

图一一四　第七窟基坛左后柱前面第四组自在坐
菩萨像立面、平剖、纵剖视图

0　　　　6厘米

图一一五　第七窟基坛左后柱前面 K7-T6 拓片

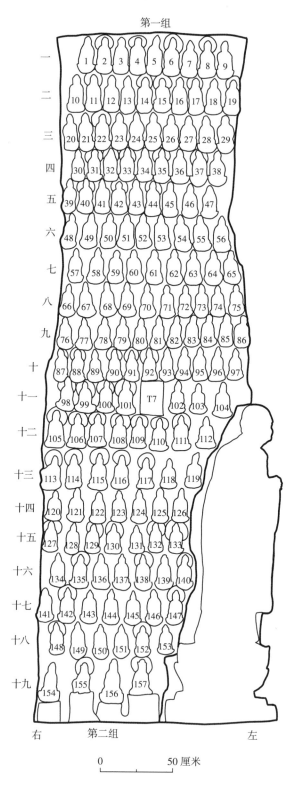

图一一六　第七窟基坛左后柱右面造像、
题记编号与造像分组图

（1）造像

共计 19 排 157 尊，第一至十二排像排列较密，第十三至十九排像间距略大，每排最多 10 尊、最少 4 尊。根据分布、组合等可分为二组，自上而下依次为：

第一组　一百五十三尊小菩萨像　自上而下分布于柱面第一至十八排，自右向左、自上而下依次编为 1 ～ 153 号。保存大体完整，部分头部残损。多数为禅定印，结跏趺坐。35 号、46 号像双手于胸前相合托物，37 号像右手托腮、左手撑座、右腿屈起，54 号、113 号像右手抚膝、左手撑座、右腿屈起，86 号像双手抱膝、右腿屈起。束发髻。穿袈裟，少部分覆头，以圆领通肩式为主，部分为双领下垂式。其中，141 号像双领下垂式袈裟下表现出下层的左衽衣。仰莲座，多数表现一层莲瓣，部分表现两层莲瓣。通高 0.21 ～ 0.26 米。（图版 149）

第二组　单尊自在坐菩萨与三尊跏趺坐菩萨像　位于柱面底部，第十九排，自右向左编为 154 ～ 157 号。保存基本完整。馒头状高发髻，戴冠饰，冠带垂于头后两侧。面部均较圆润。155 号为自在坐菩萨像，右手抚膝，左手撑座；右腿屈起，左腿内屈平置。上身斜披帛带，下身着裙，跣足。方形高台座，前面浅浮雕轮廓简约的弯曲长枝叶纹。三尊跏趺坐菩萨像均禅定印，穿圆领通肩未覆头袈裟。154 号、156 号为仰莲高台座，仰莲部分表现两层莲瓣；157 号仅有高方台座。通高 0.38 ～ 0.41 米，像高 0.18 ～ 0.23 米。（图版 150）

第一组和第二组的差异仅表现在局部造型、整体像高、台座大小与形制上。

该柱面涂色上部以黑彩为主，下部以黄彩为主。造像涂色以红彩、绿彩为主，辅以白彩。

（2）题记

一组。

辛酉岁题记　编号为 K7-T7，位于柱面中部第十一排中间。题记区域未减地，高于周边，略呈纵长方形。自右向左竖刻，共 4 行，字迹多数较清楚。（图一一七；图版 151）

录文如下：

刘恩妆造菩萨／一十五尊与存亡／父母乞合家平安／辛酉岁八月廿六囗

该组题记提到了"妆造"，表明该施主在凿刻造像之后还给所凿之像进行了涂彩，并说明了"乞合家平安"的造像目的。"一十五尊"的具体所指不明。"辛酉岁"不可确考，从造像风格来看，与该窟其他有直接对应纪年题记的金代菩萨像较为相似，应为金代的"辛酉岁"。金代"辛酉岁"共有两个，分别为金熙宗皇统元年（公元 1141 年）和金章宗泰和元年（公元 1201 年），根据窟内其他金代纪年题记的范围，推测此处的"辛酉岁"应为公元 1141 年。

（三）左前柱

1. 后面

该柱面中部有一嵌入的石块，石块后部与右面、左面的

图一一七　第七窟基坛左后柱右面 K7-T7 拓片

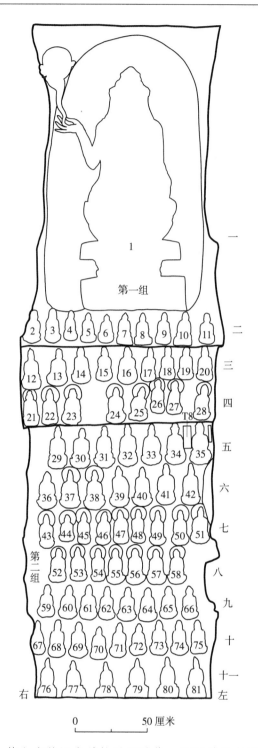

图一一八　第七窟基坛左前柱后面造像、题记编号与造像分组图

柱体斜向裂缝相接，推测为最初凿刻造像之前进行的修补。柱面满凿造像，造像间凿刻题记一组。（图一一八；图版 152）

（1）造像

共计 11 排 81 尊，根据分布、组合等可分为二组，自上而下依次为：

第一组　单尊日（月）光菩萨龛像　位于柱面上部，第一排，编为 1 号。保存基本完整。

圆拱形龛，高 1.83、宽 1.05 米。像左手抚膝，右手于右肩外拈指并执带尾云朵，云朵上托圆形日（月），云头及日（月）系在龛外石面上浅浮雕。结跏趺坐。面部圆润，眼视下方，抿嘴微笑，肩头圆钝，腹部鼓起明显。束发髻，戴花冠，冠沿为曲枝花草纹，冠带垂于两侧肩部，发缕梳披肩后。上身斜披帛带，帛带两端于身侧绕膝下垂，压于双腿下，末端垂于莲座前；下身穿裙，跣足。座为仰莲束腰须弥座。仰莲部分浅浮雕三层莲瓣。束腰须弥座为六边形，下部略厚，中间束腰以如意状矮柱足表现壸门。通高 1.65 米，像高 0.91、膝宽 0.54 米。（图一一九、一二〇；图版 153）

第二组 八十尊小菩萨像 位于柱面中下部，第二至十一排，自右向左、自上而下编为2 ~ 81 号。大多保存完整，6 号、27 号像仅存残痕，67 号像大部残损，部分像头部残损。身体多数较直，25 号、28 号像相向侧身，前者似作侧身倾听或耳语状。多结禅定印，结跏趺坐为主。此外，17 号像右腿屈起、双手合抱右腿，28 号像双手于胸前抱握，33 号像左腿屈起、双手抚膝，39 号像左腿屈起、双手合抱左腿，47 号像右腿屈起、右手抚右膝、左手撑座。穿袈裟，以圆领通肩式为主，少数为双领下垂式，多数不覆头。出露的脚或跣足，或

0   40厘米

图一一九 第七窟基坛左前柱后面第一组日（月）光
菩萨龛像立面、平剖、纵剖视图

图一二〇 第七窟基坛左前柱后面第一组
日（月）光菩萨龛像正射模型图

穿靴。台座以仰莲座为主，表现一至两层莲瓣。通高 0.2 ～ 0.25 米。（图版 154、155）

该柱面下部无涂彩，中上部泛黑或呈黑色。造像涂色亦保留较少，可辨红彩、黄彩、白彩和黑彩。

（2）题记

一组。

纪年不详题记　编号为 K7-T8，两部分，分别位于 34 号像和 35 号像左侧。未见明显边框及涂色区域，两侧字迹紧贴造像身体轮廓，自右向左竖刻，34 号像左侧可辨 3 行，35 号像左侧可辨 1 行，部分字迹不清楚。（图版 155）

录文如下：

□□□年三月□/宁州蕃落八十二指/挥都虞侯张贵/妆造菩萨一尊

该题记对应造像不可确知，或为邻近小菩萨像中的一尊。纪年信息不确定，根据造像及字体特征、内容，推测其时代为金代。

此外，第四排 23 号、24 号像之间为空白石面，未见明显边框及涂色，无可确认的刻字，局部似有白彩线条，但不确定是否为题记文字。

2. 左面

该柱面中部左侧为修补嵌入石块的侧面，下部左侧有一道较宽的斜向裂隙，表面粗糙，略低于两侧石面，应为凿刻造像前开裂，上无造像。其余柱面满凿造像，造像间凿刻题记一组。（图一二一；图版 156）

（1）造像

共计 8 排 28 尊，排列位置较灵活，根据分布、组合等可分为十三组，自上而下依次为：

第一组　六尊佛像　位于柱面上部，第一至二排，自右向左、自上而下编为 1 ～ 6 号。无规整龛缘。像保存大体完整，部分像头部有不同程度的残损。面部圆润，手印有双手禅定印和左手禅定印、右手抚膝两类，结跏趺坐。穿袈裟，有圆领通肩式、双领下垂式和袒右覆肩式三种。台座有仰莲扁平台座和仰莲台座两种，表现两层或三层莲瓣。通高 0.57 ～ 0.64 米，像高 0.37 ～ 0.41 米。（图一二二；图版 157）

第二组　一佛二弟子龛像　位于柱面中部偏上处，第三排右侧，自右向左编为 7 ～ 9 号。拱形龛，上缘略上弧，抵 4 号佛像座下缘，高 0.58、宽 0.61 米。像保存较完整，仅 8 号右手残损。该组造像凿刻时间应略晚于第一组。中间 8 号佛像左手抚膝，右臂屈举于胸前右侧，结跏趺坐。穿双领下垂式袈裟。座为仰莲束腰须弥座。仰莲部分表现两层莲瓣；须弥座平面略呈六边形，上部两层叠涩，下部三层叠涩，中间束腰较低较宽。通高 0.55 米，像高 0.27、膝宽 0.22 米。左侧 9 号老年弟子迦叶像身体斜侧向佛，双腿直立，作拱手状。外穿袈裟，内着交领袍服，脚穿靴。座为仰莲座，表现一层莲瓣。通高 0.35 米，像高 0.29 米。右侧 7 号年轻弟子阿难像略低，面部圆润，其余特征与 9 号像基本相同。通高 0.3 米，像高 0.25 米。（图一二三；图版 158）

第三组　单尊披帽跏趺坐龛像　位于柱面中部偏上处，第三排左侧，编为 10 号。龛上缘抵 6 号佛像座，右侧与第二组龛左缘下部相连，高 0.66、宽 0.59 米。凿刻时间应略晚于第

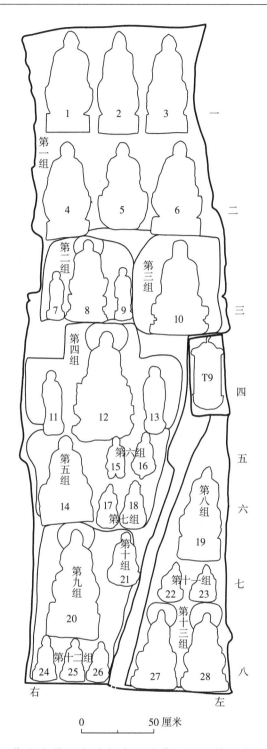

图一二一　第七窟基坛左前柱左面造像、题记编号与造像分组图

一和第二组。像禅定印，结跏趺坐。头戴帽，顶部裹头，两侧及后部长帽檐垂于头两侧至肩部，帽檐正面中部有菱形纹样。外穿双领下垂式袈裟，袈裟下胸腹间露出下层的右衽衣。座为束腰须弥座。通高 0.62 米，像高 0.44、膝宽 0.34 米。（图一二四；图版 159）

第四组　一佛二弟子龛像　位于柱面中部，第四排中部至右侧，编为 11 ~ 13 号。"凸"字形龛，无下缘，上缘抵 8 号佛像座，最宽 1.07 米。该组像凿刻时间应略晚于第二组，特

0   20厘米

图一二二　第七窟基坛左前柱左面第一组佛像立面、平剖、纵剖视图

征与第二组相近。12号佛像双手禅定印，结跏趺坐。穿双领下垂式袈裟。座为仰莲束腰须弥座。仰莲部分表现两层莲瓣；须弥座上、下部扁平且无叠涩，束腰前面和侧面有花边菱形壶门，前面壶门内有菱形装饰。通高0.7米，像高0.36、膝宽0.32米。两侧弟子像均身体微后倾。左侧13号老年弟子迦叶像双手于胸前相合呈拱手状，通高0.42米，像高0.36米；右侧11号年轻弟子阿难像双手合十，通高0.43米，像高0.36米。（图一二五；图版160）

    第五组　单尊佛像　位于柱面中部偏下处，贯穿第五至六排右侧，编为14号。面部短圆，

图一二三　第七窟基坛左前柱左面第二组一佛二弟子龛像立面、平剖、纵剖视图

表现髻珠。禅定印，结跏趺坐。穿双领下垂式袈裟。座为仰莲六边形台座，仰莲部分表现两层莲瓣。通高 0.58 米，像高 0.34、膝宽 0.27 米。（图一二六；图版 161）

　　第六组　单尊弥勒与单尊佛像　位于柱面中部偏下处，第五排中部，自右向左编为 15 号、16 号。15 号弥勒像双手抚膝，倚坐。穿双领下垂式袈裟与裙，跣足。座掩于身后，可能为方形束腰须弥座，双脚踩于座前小仰莲台上，仰莲台表现两层莲瓣。通高 0.26 米，膝宽 0.1 米。（图一二七）16 号佛像禅定印，结跏趺坐。穿圆领通肩式袈裟。座为短粗茎仰莲座，表现三层莲瓣。通高 0.27 米，像高 0.22 米。（图版 162）

　　第七组　二小菩萨像　位于柱面下部中上，第六排中部，自右向左编为 17 号、18 号。结跏趺坐，仰莲座，表现两层莲瓣。17 号菩萨像头部残，双手于胸前相合，似持物。穿双领下垂式袈裟。通高 0.27 米。18 号菩萨像禅定印。束发髻，戴冠饰，穿圆领通肩式袈裟。通高 0.32 米。（图版 163）

　　第八组　单尊跏趺坐像　位于柱面下部左上，贯穿第五至六排左侧，编为 19 号。头部残，特征不明确，题材无法确认。禅定印，结跏趺坐。穿圆领通肩式袈裟，衣摆下缘垂覆台座前

0 ——— 16 厘米

图一二四　第七窟基坛左前柱左面第三组披帽跏趺坐龛像立面、平剖、纵剖视图

面上部。仰莲部分表现两层莲瓣，基座略呈六边形。通高 0.61 米，像高 0.33、膝宽 0.24 米。
（图一二八；图版 164）

　　第九组　单尊阿弥陀佛像　位于柱面下部，第七排右侧，编为 20 号。头部残。双手于腹部结弥陀定印，结跏趺坐。穿袒右袈裟，搭覆右肩。座为仰莲束腰叠涩座。仰莲部分表现两层莲瓣；束腰低平，束腰下两层叠涩，叠涩平面略呈六边形。束腰与叠涩左侧后部略外凸。通高 0.7 米，像高 0.35、膝宽 0.29 米。（图一二九；图版 165）

　　第十组　单尊佛像　位于柱面下部中间，第七排中部，编为 21 号。肉髻较低，表现髻珠。禅定印，结跏趺坐。穿双领下垂式袈裟。座为仰莲座，表现三层莲瓣。通高 0.33 米，像高 0.26、膝宽 0.19 米。（图版 166）

　　第十一组　单尊自在坐菩萨与单尊布袋和尚像　位于柱面下部左侧，第七排左侧，自右向左编为 22 号、23 号。22 号自在坐菩萨像身体向左斜侧。左手撑座，右手抚膝；左腿内屈平置，右腿屈起。束发髻，冠带垂于耳后，穿双领下垂式袈裟，跣足。座为仰莲座，表现两层莲瓣。通高 0.26 米，像高 0.18 米。23 号布袋和尚像头部至胸部残。左手抚膝，右手于右腿外侧持风袋口，袋身位于右臂后；左腿屈起，右腿内屈平置。穿袒右袈裟，胸部有横向宽

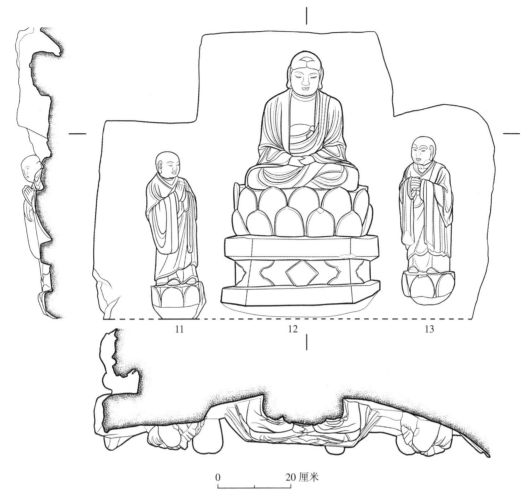

图一二五　第七窟基坛左前柱左面第四组一佛二弟子龛像立面、平剖、纵剖视图

束带。座为扁平方台座。通高 0.24 米，像高 0.18 米。（图一三〇；图版 167）

　　第十二组　一佛二菩萨像　位于柱面下端，第八排右侧，自右向左编为 24 ~ 26 号。禅定印，结跏趺坐。穿圆领通肩式袈裟。座为仰莲座，表现两层莲瓣。24 号像面部残，据面部左侧表现发缕、未表现左耳判断其为菩萨像。通高 0.23 米，像高 0.19、膝宽 0.13 米。25 号像为佛像，表现双耳与肉髻。通高 0.28 米，像高 0.22、膝宽 0.14 米。26 号像面部两侧残存特征不明显，左侧似为下垂发缕边缘，推测可能为菩萨像。通高 0.3 米，像高 0.23、膝宽 0.13 米。（图版 168）

　　第十三组　二跏趺坐像　位于柱面下端，第八排左侧，自右向左编为 27 号、28 号。头部完全残损，题材无法判定。禅定印，结跏趺坐。穿圆领通肩式袈裟。座为仰莲双层叠涩台座。仰莲部分表现两至三层莲瓣；叠涩上小下大，呈六边形。27 号像内层莲瓣间以纵向阴线和小凹窝表现莲蓬细节。27 号像通高 0.52 米，像高 0.29、膝宽 0.19 米；28 号像通高 0.51 米，像高 0.27、膝宽 0.22 米。（图一三一；图版 169）

　　第五至十三组造像的凿刻时间整体略晚于第四组。

　　该柱面和造像涂色整体较淡，柱面以黄彩为主，造像以红彩、黄彩为主，辅以白彩、黑彩。

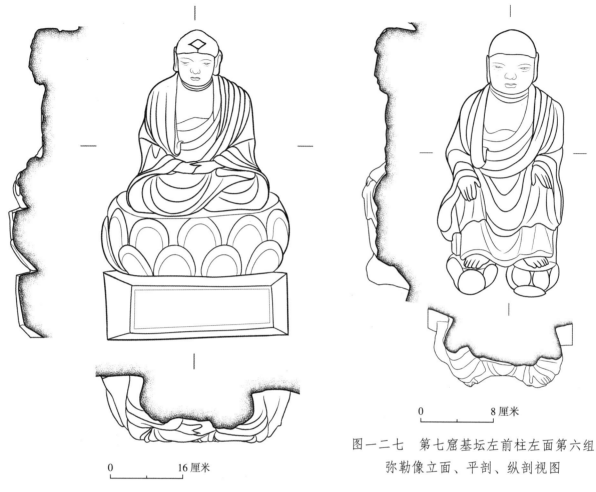

图一二七　第七窟基坛左前柱左面第六组
弥勒像立面、平剖、纵剖视图

图一二六　第七窟基坛左前柱左面第五组佛像
立面、平剖、纵剖视图

（2）题记

·组。

金贞元二年（公元 1154 年）题记　编号为 K7—T9，位于第三组造像下方、第四组造像左侧的嵌入条石上。保存较好。上部为浅浮雕带枝倒荷叶状顶盖，正面边缘翻起；中部呈纵长方形，自右向左竖刻题记，可辨 5 行，字迹保存较好；下部为仰莲，莲瓣呈纵长椭圆形，两层，出尖。（图一三二；图版 170）

录文如下：

燕京北契宁坊住人王信 / 打造南无摩尼枝菩萨一尊 / 愿合家长幼平安亡过者生 / 天见佛每日持念一百遍 / 贞元二年正月初九日　王信记

该组题记中提到的"摩尼枝菩萨"，可能为密教的摩利支天菩萨。至于此处的"贞元二年"，根据该窟造像与题记内容推测，应为金贞元二年。

3. 前面

柱面满凿造像，造像间凿刻两组题记。（图一三三；图版 171）

0　　　　　　16厘米

图一二八　第七窟基坛左前柱左面第八组
跏趺坐像立面、平剖、纵剖视图

0　　　　　　20厘米

图一二九　第七窟基坛左前柱左面第九组
阿弥陀佛像立面、平剖、纵剖视图

（1）造像

共计 10 排 86 尊，根据分布、组合等可分为七组，自上而下依次为：

第一组　五十八尊小菩萨像　位于柱面上部，第一至六排，自右向左、自上而下编为 1 ～ 58 号。多数像面部有不同程度残损，个别身体及台座局部残损。多为禅定印，结跏趺坐。2 号、6 号、9 号像双手于胸前相合，似托物或持物；13 号、24 号、37 号、40 号、49 号像双手于胸前相合托物；16 号像左腿屈起，左手搭于左腿内侧，右腿内屈平置，右手撑座；21 号像身体斜侧，双手相合抱于左膝外，左腿向内屈抬；29 号像左腿屈起，左手搭于左膝，右腿内屈平置，右手于身后撑座；33 号像双手于胸前竖起相合或平掌相合托物；36 号像右臂内屈至腹部右侧，右手残，左手抚膝；43 号像双手于上腹部相合；46 号像双手于胸腹之间相合持；53 号、54 号像双手于胸腹之间相合；55 号像右臂屈至胸腹之间，右手残，左手抚膝。束发髻，穿袈裟。袈裟均为圆领通肩式，个别圆领前部下垂较多。台座以仰莲座为主，第一排全部、第二至五排部分台座表现曲枝卷草纹。通高 0.21 ～ 0.23 米。（图版 172）

第二组　三佛二菩萨像　位于柱面中部偏上处，第七排，自右向左编为 59 ～ 63 号。菩萨像位于两侧，佛像位于中间，保存大体完整，仅 62 号佛像头部表面残损。59 号菩萨像左手于胸腹间持瓶状物，右手搭于右膝，掌心向上，手指弯曲持物；结跏趺坐。束发髻，戴花冠，

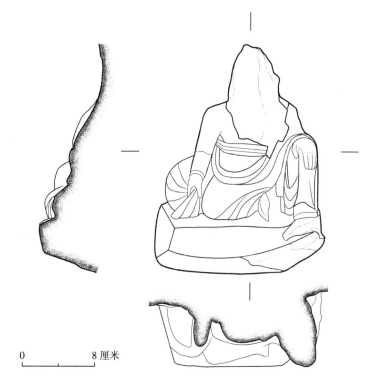

0   8 厘米

图一三〇　第七窟基坛左前柱左面第十一组布袋和尚像立面、平剖、纵剖视图

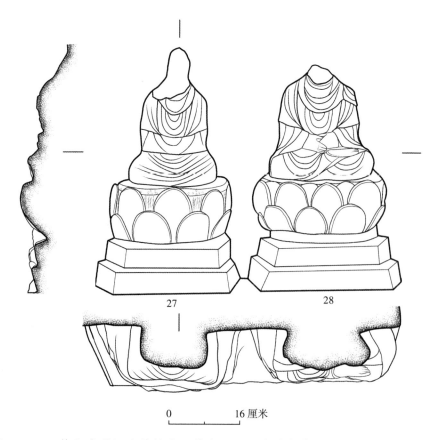

0   16 厘米

图一三一　第七窟基坛左前柱左面第十三组二跏趺坐像立面、平剖、纵剖视图

0　　　　　　　8厘米

图一三二　第七窟基坛左前柱左面 K7-T9 拓片

穿圆领通肩式袈裟。座为仰莲束腰叠涩须弥座。
通高 0.39 米，像高 0.2、膝宽 0.12 米。63 号菩
萨像左手于腹部抬起斜垂，右臂屈举于胸部右
侧，右手残；结跏趺坐。束发髻，戴冠饰，冠
带及发缕垂于肩部及耳后两侧。穿圆领通肩式
袈裟，下摆搭覆莲座前面中上部。座为仰莲双
层叠涩台座。通高 0.41 米，像高 0.26、膝宽 0.17
米。60 ～ 62 号佛像均上身外着袈裟，袈裟下为
覆肩衣，衣下为僧祇支，下身着裙。60 号佛像
双手似于腹部结弥陀定印，结跏趺坐。座为仰

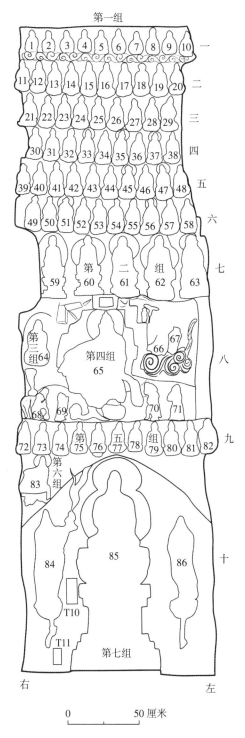

图一三三　第七窟基坛左前柱前面造像、
题记编号与造像分组图

0　　　　　　50厘米

莲束腰叠涩须弥座。通高 0.39 米，像高 0.19、膝宽 0.12 米。61 号佛像左手抚膝，右手禅定印，
结跏趺坐。座为仰莲双层叠涩台座。通高 0.38 米，像高 0.26、膝宽 0.16 米。62 号佛像左手抚膝，
右臂屈抬至胸腹间右侧，右手残。倚坐。裙摆覆至脚面。跣足，双脚踩于座前小莲台上。座
为束腰须弥座。通高 0.41 米，像高 0.32、膝宽 0.14 米。（图一三四；图版 173）

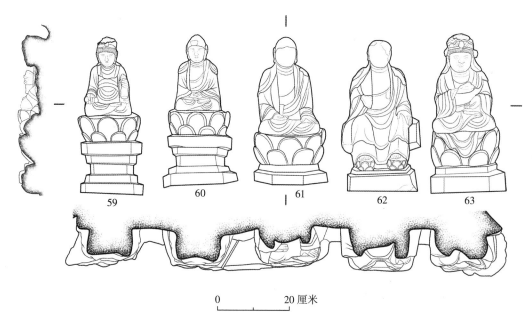

图一三四　第七窟基坛左前柱前面第二组三佛二菩萨像立面、平剖、纵剖视图

第三组　单尊跏趺坐菩萨像　位于柱面中部，第八排右侧上部，编为 64 号。禅定印，结跏趺坐。穿圆领通肩式袈裟。座为仰莲座。通高 0.3 米，像高 0.23、膝宽 0.15 米。（图一三五、一三六；图版 174）

第四组　自在观音菩萨龛像　位于柱面中部，第八排，自右向左、自上而下编为 65 ~ 71 号。外龛整体略呈长方形，最高 0.84、最宽 1.19 米。右侧上部弧形转折内减地略浅，不排除为后凿、打破原来纵直折角龛缘的可能性。65 号自在观音菩萨像位于造像区域中间，身外凿出独立的山石内龛缘。头微低并向左侧，身体左后倾。左手平掌朝下撑座，压于帛带上，左腿下垂，踩于座前大莲台上；右腿屈起，右手搭于右膝外，手执帛带另一端。束发髻，发缕下部扎束，末端分开垂于肩部，戴宝冠，冠前化佛迹象已不是十分清楚，冠带垂于耳后。上身披帛绕颈、肩前和双臂后分垂至身侧臂后，戴花枝状项饰和穿璧璎珞；下身穿裙，下摆覆山石座前部。跣足。山石座前下方有向下分叉的带枝莲台莲蕾。身体部分可见涂金或贴金残迹。通高 0.76 米，座高 0.26 米。观音菩萨像下方一排右侧为 68 号弯腰牵马人像和 69 号僧人像。僧人像头部残，面左朝观音像座一侧，合十拱手，残高 0.21 米。马头部残，面左，作行进状，束带、覆鞍、驮莲座花束状物；牵马人像位于马右侧，仰头，缩脖，弯腰，抬臂，高 0.18 米。观音菩萨像下方一排左侧为面朝右的两个立姿人物像。右侧 70 号人像头部残，左手于腹前持刀，右臂高抬，跣足，残高 0.19 米；左侧 71 号人像头左偏，双手合掌，戴珠状项饰，跣足，高 0.24 米。观音菩萨像身体左侧为两个乘云人物像，均面朝右。66 号像仅残存衣服下摆，残痕高 0.11 米；67 号像头中上部残，双手残损、于胸前合十，穿袍服，残高 0.18 米。此外，观音像头部左上有一小龛，龛内浮雕形象可能为净瓶。瓶上及左侧有一"T"形浮雕图案。（图一三五、一三六；图版 174）

该组图像左上部可能表达了度亡灵的含义，下排则可能与宋金以来陕北地区逐渐开始流

0 _____ 20厘米

图一三五　第七窟基坛左前柱前面第三至第五组造像立面、平剖、纵剖视图
64.第三组跏趺坐菩萨像　65～71.第四组自在观音菩萨龛像　72～82.第五组九佛二菩萨像

行并影响到周边地区的玄奘取经故事题材有关。

　　第五组　九佛二菩萨像　位于柱面中部偏下，第九排，自右向左编为72～82号。通高0.21～0.23米。72号、77号像禅定印，结跏趺坐于仰莲座上。穿袈裟，覆头。虽然发缕和耳朵迹象都不明显，不过根据未见袈裟覆头的佛像和头部轮廓较高的特征看，这两尊像为菩萨像的可能性更大。其余9尊像根据表现双耳的特征来看，应为佛像。82号像刻划出胸部肋骨线条，为佛的苦修像。身体多较正，仅78号像头部和身体向右侧，目视右前方。双手或结禅定印，或一手撑座、一手抚膝，或双手抚膝。坐姿以结跏趺坐为主，74号、76号像一腿屈起、一腿内屈平置。着装或为圆领袈裟，或为双领下垂式袈裟。座为仰莲座，表现两层莲瓣。（图一三五；图版174、175）

图一三六　第七窟基坛左前柱前面第三组和第四组造像正射模型图

第六组　单尊自在坐菩萨像　位于柱面下部，第十排上部右侧，编为83号。山石座下部与第七组龛缘相连，无明显边框，不排除被第七组龛局部打破的可能性。头部残，身体左倾。左手撑座边缘并压于帛带上，右手垂于右膝外，执帛带；左腿内屈平置于向内屈起的右腿前。上身通肩披帛，下身穿裙，跣足。通高0.24米，像高0.11米。（图一三七；图版176）

第七组　一佛二菩萨龛像　位于柱面下部，第十排，自右向左编为84～86号。龛整体略呈弧尖拱形，高1.45、最宽1.32米。85号佛像面部至颈部残，双手于腹部结弥陀定印，拇指残。结跏趺坐。穿袒右覆肩袈裟。座为仰莲束腰须弥座。仰莲部分表现三层莲瓣；须弥座整体呈六边形，上部两层叠涩，下部三层叠涩，束腰前面表现菱形瓣状边缘壸门。通高1.33米，像高0.5、膝宽0.37米。84号、86号菩萨像头部至颈部均残，身体斜侧向佛。直立，双脚微分开外撇，跣足。座为长茎仰莲台。84号菩萨像右臂至右手残；左臂外撇向上内屈，左手平掌端一扁平台状托盘，盘内盛物，下部为串状，上部飘出弯曲的波浪状气纹。右肩可见扎束及下垂的发缕，戴项饰和穿璧璎珞；上身斜披帛带，带端垂于身侧和身后；下身穿裙。通高0.95米，像高0.61米。86号菩萨像双手于胸腹之间相合，似执物。左手腕可见手镯，外穿圆领通肩袈裟，下身穿裙，袈裟下面的裙表面露出连珠璎珞。通高0.88米，像高0.57米。（图一三八；图版177）

该柱面涂色为黑彩。造像涂色以红彩为主，辅以白彩、绿彩。

（2）题记

两组，均位于第七组造像龛内右侧，上下排列，间距较大。

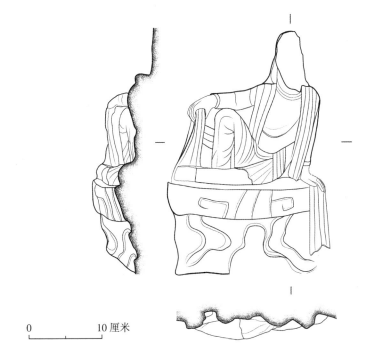

0　　　　　　　10厘米

图一三七　第七窟基坛左前柱前面第六组自在坐菩萨像立面、平剖、纵剖视图

0　　　　　　　32厘米

图一三八　第七窟基坛左前柱前面第七组一佛二菩萨龛像立面、平剖、纵剖视图

0 _____ 6厘米　　　　　　　　　　　0 _____ 6厘米

图一三九　第七窟基坛左前柱前面 K7-T10 拓片　　　图一四〇　第七窟基坛左前柱前面 K7-T11 拓片

第一组　金大定九年（公元 1169 年）题记　编号为 K7-T10，位于 84 号菩萨像小腿至莲座左侧。刻痕较细，部分文字线条不规范，自右向左竖刻，可辨 2 行。（图一三九；图版 178）

录文如下：

> 大定九年四月廿九日□□/鄜畤□郭小二男□□

该组题记纪年较明确，记事中未明确提及造像，而提到了"畤"，可能与勘验划分田产有关，这表明金大定年间再次于石泓寺附近进行了田产的整饬或划分工作，反映了该区域在金代仍被作为重要农业区。题刻出现在此处且凿刻不规范，可能与执行该项工作的人拜谒石窟、直接凿刻有关。

第二组　金大定十二年（公元 1172 年）题记　编号为 K7-T11，位于 84 号菩萨像莲枝下方左侧、85 号佛像座右侧。自右向左竖刻，刻痕较浅，保存较差，可辨 2 行，左侧 1 行字迹不可辨识。（图一四〇）

录文如下：

> 大定十二年五月廿三日/……

该组题记仅可知年代，具体内容无法辨识，刻字线条很细，与 K7-T10 风格相同，应非造像题记，可能与具体活动或事件有关。

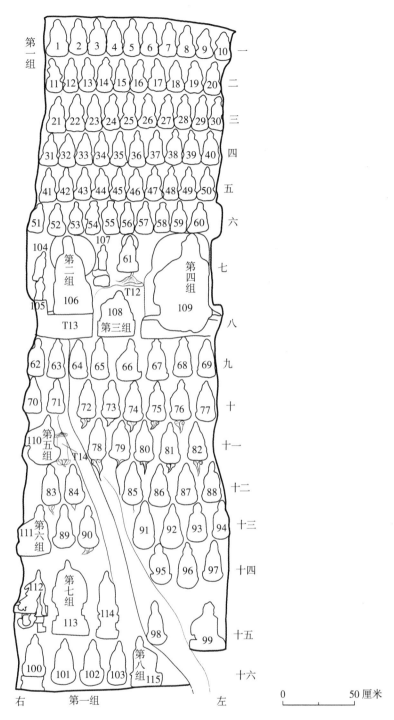

图一四一　第七窟基坛左前柱右面造像、题记编号与造像分组图

4. 右面

左下端向上内折，与下端中部和右部之间以贯穿柱面中下部的斜向宽裂隙相隔。裂隙用水泥填补，上端与该柱后面嵌入的石块缝隙相接。柱面满凿造像，造像间有题记三组。（图一四一；图版179）

（1）造像

共计16排115尊，第九至十六排造像被斜向裂隙分隔为左、右两部分，第十四排仅左

侧有造像，每排最多 10 尊、最少 1 尊。根据分布、组合等可分为八组，自上而下依次为：

第一组　一百〇三尊小坐像　分布于整个柱面，贯穿第一至七排、第九至十六排，自右向左、自上而下编为 1 ～ 103 号。通高 0.19 ～ 0.27 米。其中，第一至六排应为同时雕凿，其余是否同时雕凿无法确定。多为菩萨像，仅 59 号似为跏趺坐带须老者、60 号为跏趺坐披帽人物。老者双手、披帽人物右手于胸前托珠状物，均穿交领袍服，坐于方形低台座上（图版 180）。菩萨像头部残损者较多，较完整的可见发髻、发缕或冠饰。双手或禅定印，或于胸部合十托物，或撑座抚膝，或相合抱膝。双腿多为结跏趺坐，部分一腿屈起、一腿内屈平置。穿袈裟，圆领通肩式为主，个别袒右式。座以仰莲座为主，部分仰莲座下带莲茎或莲叶（图版 181），少数为卷枝座。此外，还有方台座 2 个，须弥座和山石座（图版 182）各 1 个。

第二组　一老者与三胁侍龛像　位于柱面中部偏上处，贯穿第七至八排右侧，自右向左、自上而下编为 104 ～ 107 号。龛边缘不是十分规整，减地整体较浅。106 号老者像身体微侧，头向右斜。双手相合，搭于右腿上，掩于袖内。倚坐，双腿自然下垂，脚踩座下低台。戴帽，长襜披肩，长须下垂。穿右衽袍服，腰束带。脚穿靴。座为方台座。通高 0.52 米，像高 0.46 米。右侧两侍者像上下排列，身体微侧向老者像，均穿圆领袍服，脚穿靴，立于方台座上。104 号像头顶略拱起，双手于腹前相合、托扁平状物体。通高 0.2 米，像高 0.17 米。105 号像头顶整体较平，双手于胸前相合。通高 0.18 米，像高 0.16 米。左侧侍者为 107 号，斜侧身朝向老者。双手于胸腹间相合，立于扁平方台座上。座下为一斜侧作趴伏状的动物，头朝外侧，头部表面磨损较严重，可能为狮子，通高 0.2 米，像高 0.17 米。该组像龛左下部被第三组打破。（图一四二；图版 183）

第三组　单尊布袋和尚龛像　位于柱面中部偏上处，第八排中间，编为 108 号。龛上缘较清楚，减地较深，打破左上部倒垂荷叶、第二组左下部龛缘和第四组右下部。身体左倾。左手平搭于圆台状物体上，右手抚膝；左腿内屈平置，右腿内屈抬起。面部圆润，双耳垂肩，抿嘴微笑。穿袒右袈裟，跣足。座为双层平台座。通高 0.31 米，像高 0.2 米。（图一四三；图版 184）

第四组　单尊自在观音菩萨龛像　位于柱面中部偏上处，贯穿第七至八排左侧，编为 109 号。龛边缘轮廓不是十分规整。头顶发髻和花冠接龛上缘。头微低垂。左手撑座，右手搭于右膝外；左腿内屈平置，右腿内屈抬起。束发髻，戴花冠，冠正面有化佛，冠带垂于耳后。戴大串项饰。上身着双领下垂式袈裟，右肩至臂部袈裟外似有帛带垂下，右手执帛带前端，下身着裙，跣足。座为扁平方台座，裙摆搭覆台座前面中上部。通高 0.71 米，像高 0.56 米。（图一四四；图版 185）

第五组　单尊自在坐菩萨龛像　位于柱面中部右下，第十一排右侧，编为 110 号。龛呈不规则拱形，像居于龛内中部偏右处，左下部与像座相接处为题记区域。像面部和颈部、左肩部残损。身体向左斜侧。左手撑座，右手搭于右膝外；左腿内屈平置，右腿内屈抬起。穿双领下垂式袈裟，右肩至臂部袈裟外似有帛带垂下，右手执帛带前端，跣足。台座为立面略呈梯形的山石座，裙摆搭覆台座前面左上部和左侧中上部。通高 0.31 米，像高 0.23 米。（图一四五；图版 186）

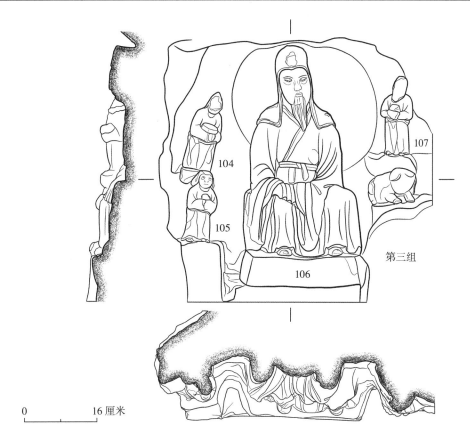

0　　　　16厘米

图一四二　第七窟基坛左前柱右面第二组—老者与三胁侍龛像立面、平剖、纵剖视图

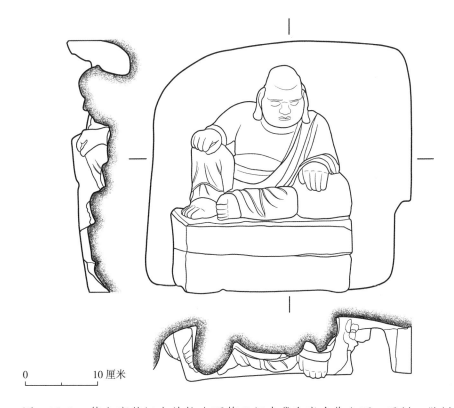

0　　　　10厘米

图一四三　第七窟基坛左前柱右面第三组布袋和尚龛像立面、平剖、纵剖视图

0　　　　16厘米

图一四四　第七窟基坛左前柱右面第四组自在观音菩萨龛像立面、平剖、纵剖视图

　　第六组　单尊自在坐菩萨像　位于柱面下部右上，第十三排右侧，编为 111 号。发髻和面部大部残损。身体向左斜侧。左手于左腿外撑座，右手搭于右膝外；左腿内屈平置，右腿向内屈起。着双领下垂式袈裟，右手执袈裟衣角，下身着裙，跣足。扁平台座。通高 0.33 米，像高 0.26 米。（图版 187）

　　第七组　一布袋和尚与二菩萨龛像　位于柱面下部，第十五排右侧，自右向左编为 112 ～ 114 号。面部至颈部、臂及手、腿局部残损。113 号布袋和尚像宽身大肚。右手执袋口；左腿内屈抬起，右腿内屈平置。右臂可见臂钏，穿袒右袈裟，下身着裙，跣足。束腰双层叠涩须弥高台座，平面略呈六边形。通高 0.48 米，座高 0.23 米。112 号菩萨像身体向左斜侧。左手撑座压下垂帛带，右手应搭于右膝上；左腿垂于座前，踩"Y"形莲台的左台，右腿内屈抬起。戴臂钏、项饰与璎珞。上身披帛，自肩后向前绕，下身着裙，跣足。台座应为束腰山石座。通高 0.41 米，座高 0.18 米。114 号菩萨像身体正坐，上身较瘦长。左腿内屈抬起。戴项饰，似通肩披帛，下身着裙，跣足。座为仰莲束腰双层叠涩高台座。通高 0.42 米，座高 0.2 米。（图一四六；图版 189）

　　第八组　单尊自在坐菩萨像　位于柱面下端中部，第十六排左侧，编为 115 号。发髻表面残损。整体向右斜侧，面部方圆。右手于右腿外撑座，戴臂钏和手镯；左手抚膝。左腿向

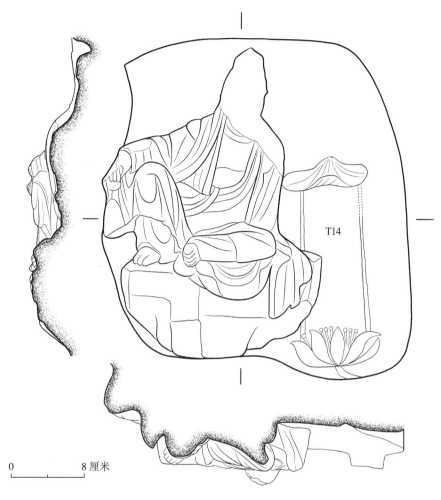

0　　　　8厘米

图一四五　第七窟基坛左前柱右面第五组自在坐菩萨龛像立面、平剖、纵剖视图

内屈起，右腿内屈平置。上身着袒右袈裟，下身着裙，跣足。扁平台座。通高 0.33 米，座高 0.08 米。（图版 188）

该柱面涂色为黑彩。造像涂色以绿彩、红彩为主，辅以黑彩、黄彩。

（2）题记

三组，位于柱面中部。

第一组　内容不详题记　编号为 K7-T12，位于第三组布袋和尚像龛左上方。仅可见浅浮雕倒垂荷叶状顶盖区域，未见字迹。（图版 190）

第二组　纪年不详题记　编号为 K7-T13，位于第二组 106 号老者像台座下部。石面减地很浅，整体较平，自右向左用墨竖书，可辨 5 行。（图版 191）

录文如下：

　　黑水村李秀室人 / 贺氏妆🔲 / 菩萨二尊愿保一宅家 / 眷大小平安🔲🔲🔲 / 🔲🔲🔲🔲🔲🔲

该组题记中提到"李秀室人贺氏"夫妻共同施功德祈愿，字体及内容特征均与榆林绥德圪针湾佛窟 4 号窟东壁墨书题记（图版 192）[1] 相近，时代可能为明代中晚期。"妆鋆"表

---

[1] 陕西省考古研究院：《陕西首次发掘明代土洞式佛窟遗址》，《中国文物报》2018 年 8 月 24 日第 8 版。

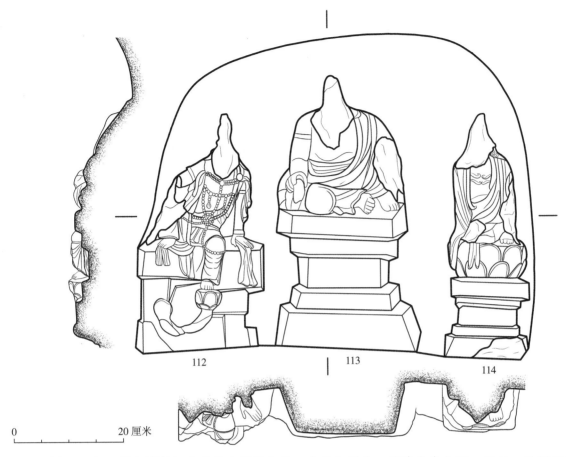

0 _____ 20 厘米

图一四六　第七窟基坛左前柱右面第七组—布袋和尚与二菩萨龛像立面、平剖、纵剖视图

明只是给两尊菩萨像妆彩，具体菩萨不可确知，从位置来看，不排
除为 61 号和 109 号菩萨像的可能。

第三组　纪年不详题记　编号为 K7-T14，位于第五组龛内左
侧中下部。阴线刻的倒垂荷叶状顶盖与瘦长仰莲基座碑形，右侧局
部嵌入第五组菩萨像台座及身体的左侧。自右向左竖刻，可辨 3 行。
（图一四七；图版 193）

录文如下：

　　马有妻常氏施菩 / 萨五尊伏愿亡过父 / 母早生天　　界

该组题记无纪年，亦为夫妻共同施功德祈愿。其中提到的"五
尊菩萨"所指不可确知。根据其碑形嵌入、字迹无损的现象推测，
其应题刻于第五组造像凿刻之后。"施"的含义可能为凿刻或妆彩，
推测前者的可能性略大。从题记字体风格和内容来看，应与造像相
近，可能为金代。

（四）右前柱

1. 后面

中部偏上处有一道横向微斜裂隙。减地层次较多，整体不平整。

0 _____ 6 厘米

图一四七　第七窟基坛
左前柱右面 K7-T14 拓片

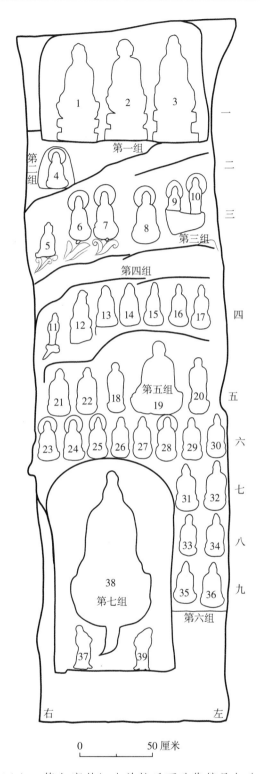

图一四八　第七窟基坛右前柱后面造像编号与分组图

除底部外，其余柱面满凿造像。未见题记。（图一四八；图版 194）

造像共计 9 排 39 尊，根据分布、组合等可分为七组，自上而下依次为：

第一组　一佛二菩萨龛像　位于柱面上部，第一排，自右向左编为 1 ~ 3 号。龛略呈斜弧拱形，最高 0.7、宽 1.13 米。1 号菩萨像头顶岩面起鼓酥化，3 号菩萨像发髻及冠顶表面残。

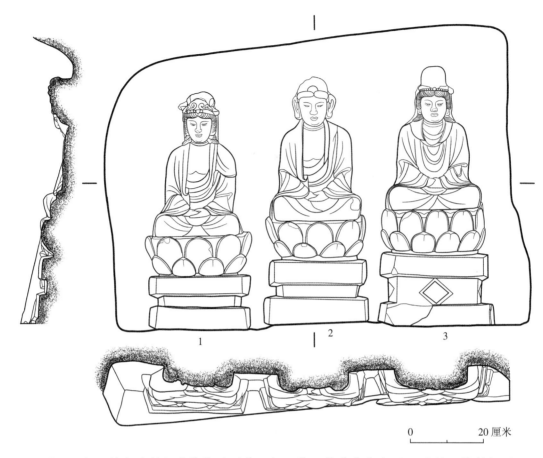

图一四九　第七窟基坛右前柱后面第一组一佛二菩萨龛像立面、平剖、纵剖视图

禅定印，结跏趺坐。2 号佛像大耳略外翻，表现髻珠。穿双领下垂式袈裟。座为仰莲束腰高台座。
通高 0.66 米，座高 0.27 米，膝宽 0.25 米。1 号菩萨像冠带及发缕垂于肩后，穿双领下垂式袈裟。
座为仰莲束腰台座。通高 0.64 米，座高 0.23 米，膝宽 0.25 米。3 号菩萨像冠带和发缕垂于肩后，
穿圆领通肩式袈裟。座为仰莲束腰台座，束腰正面减地表现菱形壸门。通高 0.69 米，座高 0.31
米，膝宽 0.25 米。（图一四九、一五〇；图版 195）

　　第二组　单尊小菩萨龛像　位于柱面上部，第二排右侧，编为 4 号。弧拱形龛，自外而
内斜向减地，左下角被第三组上部斜向减地局部打破。高 0.28、宽 0.23 米。像禅定印，结跏
趺坐。束发髻，戴冠饰。穿圆领通肩式袈裟。座为扁平仰莲座。通高 0.25 米，座高 0.05 米。
（图版 196）

　　第三组　六尊小菩萨龛像　位于柱面上部，第三排，自右向左编为 5 ~ 10 号。上部斜
向减地，龛边缘不规整。造像高低略有参差，大小不尽相同，通高 0.27 ~ 0.35 米，像高
0.17 ~ 0.27 米。6 号至 10 号像可见凿刻的椭圆形或圆形头光迹象。束发髻，戴冠饰，穿圆
领通肩式袈裟。除 10 号像为立姿、跣足、拱手之外，其余五尊像为禅定印，结跏趺坐。台
座为仰莲座，下部有弯曲的莲茎莲枝。9 号和 10 号像共用一较大曲枝高台座，曲枝下端与
柱面裂缝相接。（图版 197）

　　第四组　七尊小菩萨龛像　位于柱面中部偏上处，第四排，自右向左编为 11 ~ 17 号。

图一五〇　第七窟基坛右前柱后面第一组一佛二菩萨龛像正射模型图

龛主体略呈不规则长方形，右侧整体转折靠下，与第五、六组龛缘相接，减地较深，宽1.19、最高0.47米。像均束发髻，戴冠饰，穿圆领通肩式袈裟。11号像较小，双手于胸腹间相合，站立。下身穿裙，双腿间似有璎珞痕迹，跣足。座为曲枝承托的扁平台座。通高0.3米，像高0.21米。其余六尊像稍大，通高0.28～0.34米，像高0.2～0.22米。禅定印，结跏趺坐。座为仰莲座，12号、13号像仰莲座下有方形台座。（图版198）

　　第五组　一佛二弟子龛像　位于柱面中部，第五排中部和左侧，自右向左编为18～20号。龛原可能为拱形，上龛缘相对完整、微上弧，左侧龛缘外侧残损，右侧和下部龛缘被第六组减地打破。19号佛像肉髻整体较低，表现髻珠，面部圆润。左手禅定印，右手抚膝，结跏趺坐。穿双领下垂式袈裟。座为仰莲台座，表现三层莲瓣。通高0.49米，像高0.36、膝宽0.29米。二弟子像分立于佛像两侧，一于胸前双手合十，一于胸前拱手，外着袒右袈裟，内着交领袍服，脚穿靴。座为仰莲座。20号老年弟子迦叶像通高0.38米，像高0.3米；18号年轻弟子阿难像通高0.33米，像高0.27米。（图一五一；图版199）

　　第六组　十六尊小菩萨龛像　位于柱面中部及下部上方，第五至九排局部或全部，自右向左、自上而下编为21～36号。右侧上部减地龛缘明显，其余部分减地龛缘不明显，像多数保存完整，个别头部残损。禅定印，结跏趺坐。束发髻，戴冠饰。穿袈裟，多为圆领通肩式，个别为垂至腹部的交领左衽式。座为仰莲座。通高0.26～0.31米。（图版200）

　　第七组　一菩萨二胁侍龛像　位于柱面下部，第七至九排中部和右侧，自右向左编为37～39号。圆拱形龛，整体瘦高，高1.39、宽0.83米。38号菩萨像头部至面部残损。双手于腹部结禅定印，结跏趺坐。束高发髻，残存轮廓边缘可见发缕分垂肩部。穿圆领通肩式袈裟。座为仰莲高台座，仰莲瓣较瘦长，尖部外翘，台下部接粗莲茎。通高1.23米，像高0.71、

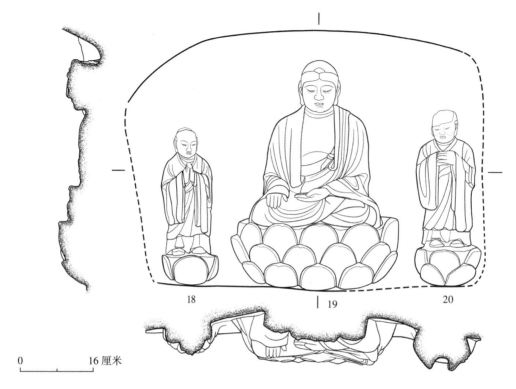

0 _____ 16 厘米

图一五一　第七窟基坛右前柱后面第五组一佛二弟子龛像立面、平剖、纵剖视图

膝宽 0.44 米。37 号和 39 号胁侍像头部均残，侧身朝向菩萨像，双手于胸前相合托物或持物，立姿。通肩披帛垂于脚后，下身穿裙，跣足。通高 0.28 米。（图一五二；图版 201）

该柱面仅局部可见黑彩、白彩涂色。造像涂色以白彩、黄彩为主，辅以绿彩、红彩、黑彩。各组之间的非像间打破关系应反映了凿刻先后顺序，部分造像特征显示出一定的区别，但整体风格较为相似。

2. 左面

柱面中下部有两道斜向长裂隙，裂隙右侧下端为嵌入的长方形条石侧面。左缘上部有纵向长裂隙，下端与斜向裂隙左端相接，中下部有两处残损内凹。杜面满凿造像，造像间凿刻题记四组。（图一五三；图版 202）

（1）造像

共计 19 排 152 尊，每排最多 11 尊、最少 5 尊。根据分布、组合等可分为六组，自上而下依次为：

第一组　一百四十七尊小菩萨像　整个柱面均有分布，贯穿第一至十九排，自右向左、自上而下编为 1～147 号。多数保存较完整，部分头部和身体有不同程度残损。通高 0.19～0.23 米。身体多数较正，部分头部或身体斜侧。35 号和 36 号、50 号和 51 号像头部和身体两两相对斜侧，造型生动活泼。多为禅定印，部分双手抱膝、抚膝、胸前相合托物，或单手禅定、抚膝、撑头、举于胸侧持物、撑座。结跏趺坐为主，部分一腿内屈抬起。均束发髻，部分可见发髻外的冠饰。穿袈裟，有圆领通肩式和双领下垂式两种，部分袈裟覆头。台座多为仰莲座，少数为曲枝座。（图版 203）

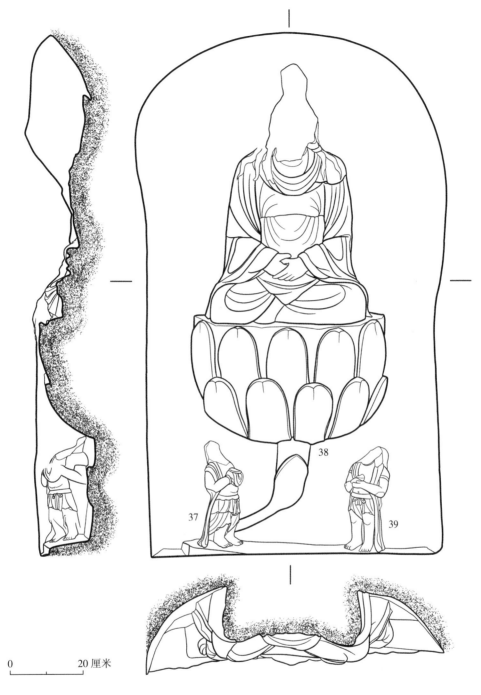

0　　　　20 厘米

图一五二　第七窟基坛右前柱后面第七组一菩萨二胁侍龛像立面、平剖、纵剖视图

　　第二组　单尊自在坐菩萨像　位于柱面中部偏下，第十一排右侧，编为 148 号。身体向左斜侧。左手撑座，压下垂帛带；右手搭于右膝外，执帛带另一端。左腿下垂，左脚踩于"Y"形莲台左台上；右腿内屈抬起，右脚踩台座。束发髻，戴冠饰，冠带及发缕垂于肩部。戴项饰、璎珞和手镯。上身斜披帛带，下身穿裙，跣足。山石座。通高 0.34 米，座高 0.1 米。（图一五四；图版 204）

　　第三组　单尊罗汉像　位于柱面中部偏下，第十二排中部，编为 149 号。面部残损。

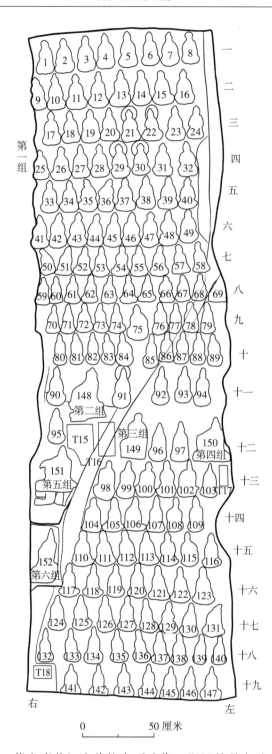

图一五三　第七窟基坛右前柱左面造像、题记编号与造像分组图

身体微左斜侧，颈部粗短。左手抚膝，右手撑座。左腿内屈抬起，右腿下垂。外穿袒右袈裟，内着双层左衽袍服，脚穿靴。座为山石座，下部外凸。通高 0.29 米。（图一五五；图版 205）

第四组　单尊自在坐菩萨像　位于柱面中部偏下，第十二排左侧，编为 150 号。头顶至额头、右手残损。面部略呈倒梯形，稍长。身体向左斜侧。左手撑座，右手搭于右膝外。左

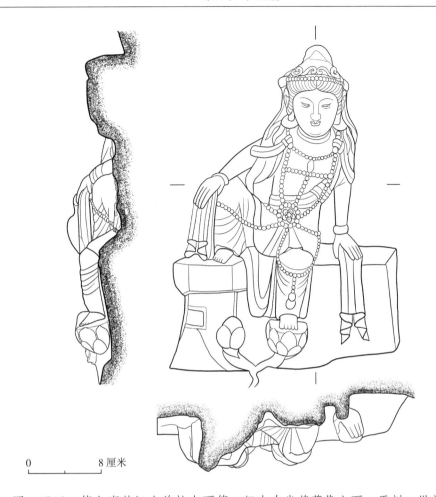

0　　　　　8厘米

图一五四　第七窟基坛右前柱左面第二组自在坐菩萨像立面、平剖、纵剖视图

腿内屈平置；右腿内屈抬起，右脚踩于台座上。束发髻，戴冠饰，冠带及发缕垂于肩部。穿双领下垂式袈裟，下身着裙，跣足。低平山石座，下部纹样似被下排菩萨像打破，不完整。通高 0.28 米，像高 0.22 米。（图一五六；图版 206）

　　第五组　单尊自在坐菩萨像　位于柱面下部右上侧，第十三至十四排最右侧，编为 151 号。头顶至鼻以上残损。面部短圆，束发髻。右手搭于右膝外，掌心向下，手指较粗较圆润。其余姿态及装束与第四组像相近。通高 0.39 米，像高 0.24 米。（图一五七；图版 207）

　　第六组　单尊自在坐菩萨像　位于柱面下部嵌入石条正面，第十五至十六排最右侧，编为 152 号。面部至头顶、右手残。身体向左斜侧，整体瘦长，左腿内屈置于右腿后，其余姿态与第五组像相近。穿圆领通肩式袈裟。山石座。该造像表面涂色大多剥落，露出红色砂岩表面。通高 0.34 米，像高 0.23 米。（图版 208）

　　该柱面以黑彩涂色。造像涂色以红彩、绿彩为主，辅以白彩、黄彩和涂金。其中，第十四至十九排小菩萨像表面涂金及红彩、绿彩较为鲜明，可能为一次性妆彩，部分台座流金迹象明显。

　　（2）题记

　　四组，编号为 K7-T15 ～ K7-T18，柱面中部偏下处三组、下部右侧一组。

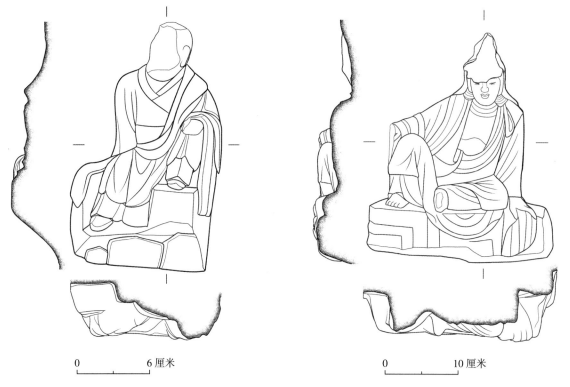

0　　　　6厘米　　　　　　　　　　　　　0　　　　10厘米

图一五五　第七窟基坛右前柱左面第三组罗汉像　　图一五六　第七窟基坛右前柱左面第四组自在坐
　　　　　立面、平剖、纵剖视图　　　　　　　　　　　　　菩萨像立面、平剖、纵剖视图

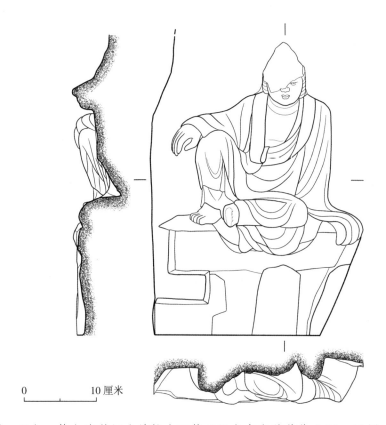

0　　　　10厘米

图一五七　第七窟基坛右前柱左面第五组自在坐菩萨像立面、平剖、纵剖视图

第一组　金皇统八年（公元 1148 年）题记　编号为 K7-T15，位于第二组造像下方。石面未减地，自右向左竖刻，可辨 5 行。（图一五八；图版 209）

录文如下：

晋宁军番落一 / 百九指挥使马德因 / 送宁州同知妆造菩 / 萨一尊合家平安 / 皇统八年五月初二

该组题记中提到的"晋宁军"为北宋元符二年（公元 1099 年）以葭芦寨置，治所在今陕西省佳县，属河东路，辖境约当今陕西省佳县、吴堡县和山西省临县等地，是北宋防御西夏的重镇。金大定二十二年（公元 1182 年），"晋宁军"改为晋宁州。该组题记反映了造像功德主的身份为军队中的一位指挥使，造像缘由为"送宁州同知"，造像时间为皇统八年。"妆造"表明凿刻菩萨一尊并进行了妆彩，具体所指不明确，可能为其近旁的某一尊菩萨像。

第二组　金皇统八年（公元 1148 年）题记　编号为 K7-T16，位于 K7-T15 右侧相邻石面、第三组造像右侧。自左向右竖刻，可辨 4 行，部分字迹较难辨识。（图一五八；图版 209）

录文如下：

晋宁军二十三指挥团 / 圝□罗仲妆造□ / 萨一尊合□□善皇 / 统八年□月初二日

该组题记为金皇统八年"晋宁军"另一番落指挥使妆造菩萨像，表明军队官员是金代该窟功德主的重要组成部分。造像具体所指不明确，可能为其近旁的某一尊菩萨像。

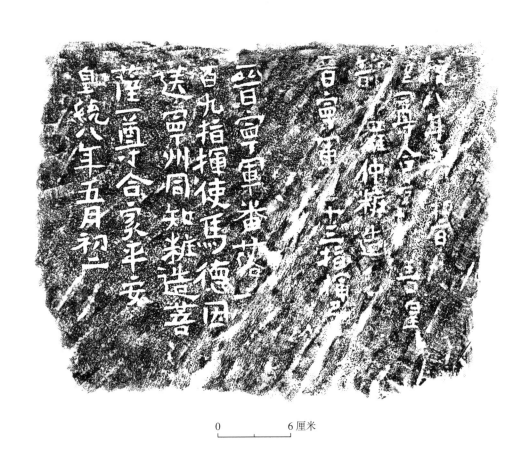

0　　　　　　6厘米

图一五八　第七窟基坛右前柱左面 K7-T15、K7-T16 拓片

0 —————— 4厘米

图一五九　第七窟基坛右前柱左面 K7-T18 拓片

第三组　内容不详题记　编号为 K7-T17，位于第四组造像左侧下方。石面减地，与 103 号造像身旁石面相平，仅残存少量墨书残迹，竖书，原可能有 2 或 3 行，具体内容不可辨。（图版 210）

第四组　年代不详题记　编号为 K7-T18，位于 140 号菩萨像左侧、131 号菩萨像下方。石面未减地，仅可辨 2 行 4 字，刻写方向不明，内容为"杜植／王二"，字迹刻划较随意。（图一五九）

3. 前面

柱面下部嵌入一块长方形红色砂岩条石，表面平整光滑，嵌缝规整，应系修整后嵌入。该条石及其上的长方形石面均较平整，无造像，其余柱面满凿造像。造像间有题记五组。（图一六〇；图版 211）

（1）造像

共计 12 排 89 尊，每排最多 11 尊、最少 2 尊。根据分布、组合等可分为三组，自上而下依次为：

第一组　八十尊小菩萨像　第一至七排全部、九至十一排部分，自右向左、自上而下编为 1 ～ 80 号。多数保存较完整，部分头部或身体有不同程度残损。通高 0.19 ～ 0.23 米。身体多较直，部分斜侧。双手禅定印为主，部分双手抱膝或内屈相合托物，或单手禅定、抚膝、举于胸腹间持物、搭于膝内侧、撑座、托腮。双腿多为结跏趺坐，部分一腿屈抬。束发髻，发髻外多数可见冠饰。穿袈裟，或圆领通肩式，或双领下垂式，少数覆头。52 号像整体向左斜，通肩披帛，帛带下部压于手下或执于手中；65 号像袈裟外穿短衫，两袖外翻后飘。双脚多数未出露，少数双脚或单脚露出，跣足。台座多为仰莲座或曲枝座，52 号像为山石座，下有"Y"形小莲台。（图一六一、一六二；图版 212、213）

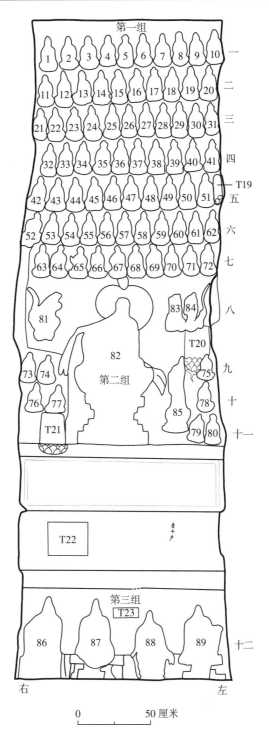

图一六〇 第七窟基坛右前柱前面造像、题记编号与造像分组图

第二组 自在观音菩萨龛像 位于柱面中部，贯穿第八至十一排，自右向左、自上而下编为 81 ～ 85 号。龛呈不规则弧拱形，上缘与第七排菩萨像台座相接，第一组 67 号菩萨像台座下垂出的浮雕覆莲蕾接于本组 82 号菩萨像头光上缘；侧缘沿造像或题记框形成转折，局部不是十分明显。最高 1.12 米，最宽 1.3 米。82 号自在观音菩萨像身体向左斜侧。眉间有白毫窝，头微低。左手撑座，右手搭于右膝外，执帛带一端。左腿内屈平置，左脚侧竖；

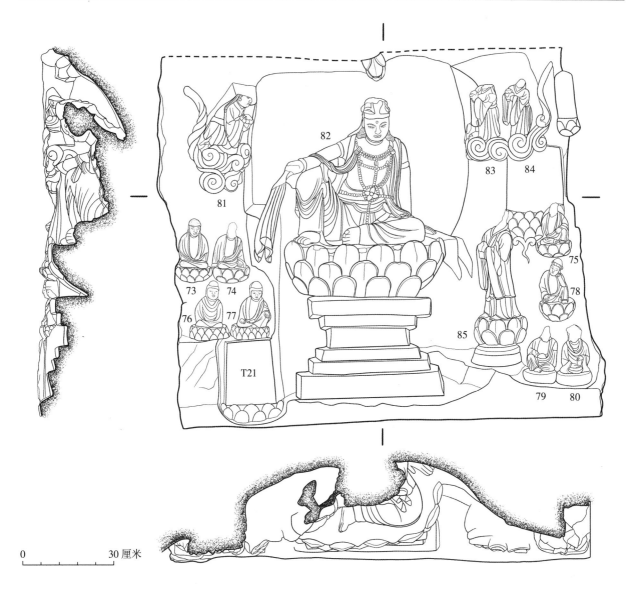

图一六一　第七窟基坛右前柱前面第一组造像局部和第二组造像立面、平剖、纵剖视图
73～80.第一组小菩萨像　81～85.第二组自在观音菩萨龛像

右腿内屈抬起，右脚踩于座上。发髻顶部较平，戴冠饰，冠带垂于耳后，发缕垂于肩部。面部、颈部、双臂、胸腹、双脚暴露部位可见涂金或贴金残迹，戴臂钏、手镯、项饰和璎珞。通肩披帛，下身穿裙，跣足。仰莲束腰须弥高台座，仰莲部分表现四层仰莲瓣，束腰较低，叠涩两至三层。通高 0.96 米，像高 0.48 米。81 号乘云跪姿供养天人像头顶部残，朝向菩萨像，双手于胸前相合托物。穿袍服，系腰带。像高 0.32 米。83 号和 84 号像为两个前后站立的乘云人物像，头部残，面朝菩萨像。弯腰明显，穿交领袍服，腰束带，双手于胸前相合，可能为亡者像。像残高 0.18 米。85 号像亦朝向菩萨像，头部残损。双手于胸前相合。穿袈裟与裙，跣足。座为仰莲扁平圆台座。该像可能为胁侍菩萨像。通高 0.5 米，座高 0.15 米。（图一六一、一六二；图版 213）

　　第三组　一罗汉与三菩萨龛像　位于柱面下部，第十二排，自右向左编为 86～89 号。

图一六二　第七窟基坛右前柱前面第一组造像局部和第二组造像正射模型图

龛略呈横长方形，右侧边缘略残，高0.6、宽1.4米。88号为罗汉像，头至颈部残，正身倚坐。左手抚膝，右手于右腹处抬起，手掌覆于袍服袖内或巾下。外穿袒右袈裟，内着右衽袍服，腰束带，脚穿靴。座为方台座，双脚踩座前低平束腰座。通高0.45米，座高0.16米。86号、87号和89号为菩萨像，头部至颈部残。86号和89号像均身体微侧。一手撑座，一手搭膝垂掌或屈指握拳；一腿内屈平置，一腿屈抬。跣足。87号像双手左下右上共同托持一板状物，结跏趺坐。86号像着双领下垂式袈裟，戴璎珞，跣足；87号像穿圆领通肩式袈裟；89号像穿圆领通肩式袈裟，腹部鼓起无衣纹。三尊菩萨像台座均为山石方台座。通高0.48～0.54米，座高0.15～0.16米。（图一六三、一六四；图版214）

　　该柱面以黑彩涂色。造像涂色以绿彩、红彩为主，辅以黑彩、白彩，局部涂金。

　　（2）题记

　　五组，编号为K7-T19～K7-T23，柱面中部三组、下部两组。

　　第一组　纪年不详题记　编号为K7-T19，位于第五排最左端。纵长带状，石面未减地，上部圆拱形顶，下部有曲枝卷草纹基座。中间自右向左竖刻2行，保存较好。（图版215）

　　录文如下：

　　　施主王肇妆／菩萨六十尊

　　该组题记无纪年和发愿文，功德主为"施主"，可能为一般信众，未提"造"，仅有"妆"，

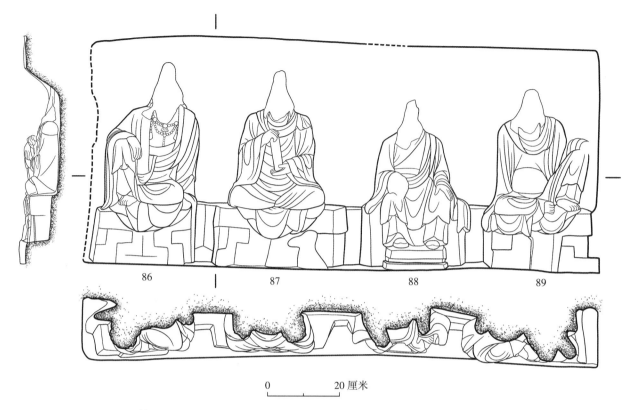

0　　　　　20厘米

图一六三　第七窟基坛右前柱前面第三组—罗汉与三菩萨龛像立面、平剖、纵剖视图

图一六四　第七窟基坛右前柱前面第三组—罗汉与三菩萨龛像正射模型图

表明仅进行了施彩。具体对应造像可能为其近旁的 60 尊小菩萨坐像，第一至六排的可能性较大。从造像风格和题记字体、内容特征来看，时代应为金代。

　　第二组　纪年不详题记　编号为 K7-T20，位于第八排与第九排造像之间的柱面左侧。上部被 83 号和 84 号乘云人物像的云朵遮挡；下部为曲枝三层仰莲基座，左下与 75 号小菩萨坐像相接；中间石面较平，上部和左侧有墨线外框痕迹。字迹较为模糊，可辨6行，右侧2行似为墨书，左侧4行字迹发白，刻痕不明显，不排除白彩书写的可能性。字迹多不可辨。（图版216）

录文如下：

……/……/……年□□/二十一日□/……/□□

该组题记因字迹过于模糊，纪年、造像、功德主等信息均无法确定，对应造像可能为近旁的小菩萨造像。从造像特征来看，题记时代应为金代。

第三组 纪年不详题记 编号为K7-T21，位于第十排右侧77号菩萨像下方。右侧石面有斜向凿痕，题记区域略呈长方形，底部有仰莲基座。自右向左竖刻，4行，字迹保存较好。（图一六五；图版217）

图一六五 第七窟基坛右前柱前面 K7-T21拓片

录文如下：

施主王迁妻胡氏/妆造菩萨一十五/尊为亡过父母生/天

该组题记无纪年，功德主为"施主"，可能为一般信众。具体对应造像可能为其近旁的15尊小菩萨坐像，为第七至十排小菩萨像的可能性较大。从造像及题记特征来看，时代应为金代。

第四组 纪年不详题记 编号为K7-T22，位于嵌入条石正面右侧。红色砂岩，石面较平。字体刻划不规范，约略可辨6行，自右向左竖刻。（图一六六；图版218、219）

录文如下：

乾圀叶/□虚空□灵□圀/丈香风送□无□堂/僧又西□启镜千/年古迹□功□/圣景石佛□

该组题记非造像题记，根据"古迹"二字推测其为晚期题刻，时代应不早于清代。其右侧可见刻划规范、近楷体的 "秦州二城客人妙师/王二胡大立"题刻以及难以辨识的细线随意刻划字迹、不规范粗刻痕"李千户"字迹等。

第五组 纪年不详题记 编号为K7-T23，位于柱面下部第三组87号和88号像之间上部。竖刻，可辨2行，保存较差，为"魏……/团圀……"字迹模糊难辨。（图版220）

该组题记无纪年，对应造像无法确知。从字体和内容特征来看，时代应为金代。

4. 右面

柱面中部有一道斜向裂隙，裂隙下端位于石面左侧，接前面嵌入石条上缘。柱面满凿造像，未见题记。（图一六七；图版221）

造像共计7排26尊，每排最多6尊、最少1尊。根据分布、组合等可分为四组，第二至四组位于一个大的纵长方形浅龛内，左侧嵌入条石处龛缘不明显。自上而下依次为：

第一组 单尊月（日）光菩萨龛像 位于柱面上部，第一排，编为1号。减地较深，龛

图一六六　第七窟基坛右前柱前面 K7-T22 拓片

0 ⊢―――⊣ 12厘米

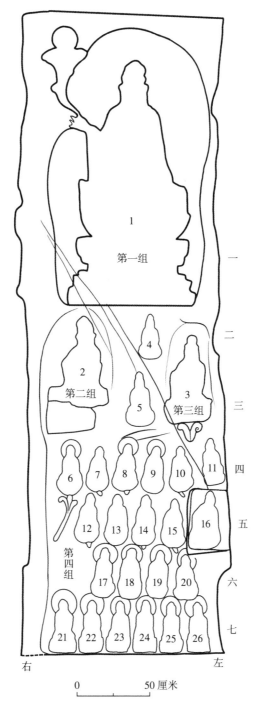

图一六七　第七窟基坛右前柱右面造像编号与分组图

缘较清楚，整体为弧拱形，右侧为头光和身光相接的样式，左侧较直，高 1.85、最宽 1.1 米。
像保存完整。头整体微低，身体较直。眉间有白毫窝，眼眉低垂，抿嘴，颈部蚕节纹。左手抚膝；
右手于右侧龛缘内凹处拈指执云尾，云头伸向头部右侧，略高于头顶，上托圆形月（日）。
结跏趺坐。束高发髻，戴花冠，冠正面中下部似有坐姿化佛，冠带垂于耳后，发缕束起，垂
于肩部。穿圆领通肩式袈裟与裙，跣足。座为仰莲束腰须弥座，束腰较低较平，仰莲瓣三层，
瘦长椭圆状。通高 1.65 米，像高 0.84、膝宽 0.55 米。（图一六八；图版 222）

图一六八　第七窟基坛右前柱右面第一组月（日）光菩萨龛像立面、平剖、纵剖视图

　　该菩萨与位于左前柱后面的日（月）光菩萨对应，若以左（东）为日、右（西）为月，则左前柱可能表现的是日光菩萨、右前柱可能表现的是月光菩萨。

　　第二组　单尊自在观音菩萨龛像　位于柱面中部，贯穿第二至三排右侧，编为 2 号。龛仅上部和右侧可辨。像保存大体完整，座中下部残损。整体向左斜侧。左手撑座，右手抚膝。左腿下垂，左脚踩座前小台；右腿内屈抬起，右脚踩座。束高发髻，戴花冠，冠前中部有坐姿化佛，冠带垂于耳后，发缕束起，披于肩后。上身通肩披帛，帛带两端于胸部左侧打结系起，戴臂钏和手镯；下身穿裙，跣足。山石台座。通高 0.74 米，像高 0.64 米。（图一六九；图版 223）

第三组 单尊自在坐菩萨龛像 位于柱面中部，贯穿第二至三排左侧，编为 3 号。龛右缘不明显，上缘上弧，左缘自上而下外斜。像保存基本完整。身体微向左斜侧。左手撑座，右手屈指抚膝。左腿内屈平置于右腿后，右腿内屈抬起，右脚踩座。束高发髻，戴冠饰，冠带及束起的发缕均垂于肩后。上身穿双领下垂式袈裟，下身着裙，跣足。曲枝仰莲台座。通高 0.7 米，像高 0.44 米。（图一七○；图版 224）

第四组 二十三尊小菩萨像 位于柱面中下部，第二、三排中部和第四至七排全部，自

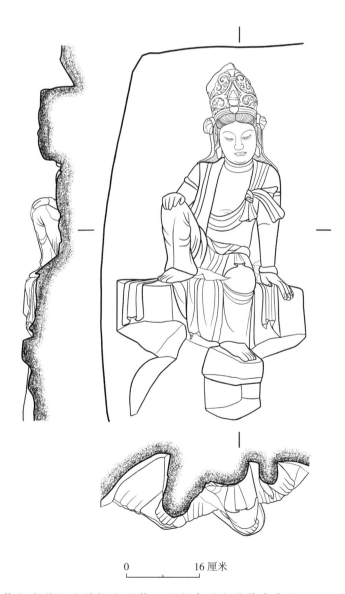

0　　　　16 厘米

图一六九　第七窟基坛右前柱右面第二组自在观音菩萨龛像立面、平剖、纵剖视图

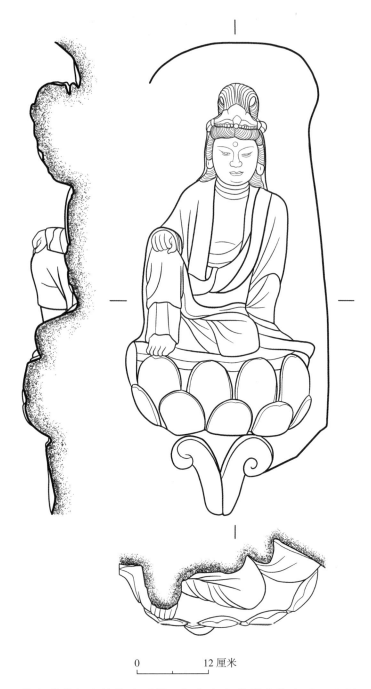

0　　　　　12 厘米

图一七〇　第七窟基坛右前柱右面第三组自在坐菩萨龛像立面、平剖、纵剖视图

右向左、自上而下编为 4 ~ 26 号。保存基本完整，仅个别头部残损。高 0.31 ~ 0.35 米。身体多较正，个别斜侧。禅定印，结跏趺坐为主。部分造像双手于胸前相合或一下一上，无持物或共同托执串珠状物；单手抚膝、撑座或举于胸腹前，无持物或托板状物或持环状物；一腿屈抬，一腿内屈平置。束发髻，戴冠饰。穿袈裟，圆领通肩式为主，部分圆领下垂明显；少数为双领下垂式。个别自在坐姿者露出单足，跣足。仰莲座，部分莲座下带有短莲枝莲茎，6 号像莲座下为长枝莲茎。（图版 225）

　　该柱面局部可见黄彩。造像涂色以黄彩、红彩为主，辅以白彩、黑彩。

第三节　壁面

四壁底部无造像与题记，其余壁面满凿造像，共计 2047 尊。造像间可见题记，凿刻为主，部分书写。

一、后壁

壁面中部偏右处有三道纵向微斜的细裂隙。底部向上 0.75 ~ 1 米的范围内无造像，其余壁面满凿造像 662 尊。造像间有题记五组。（图一七一；图版 226）

（一）造像

共 19 排，根据分布、组合等可分为二十一组，自右向左、自上而下依次为：

第一组　六百一十一尊小菩萨像　整个壁面均有分布，贯穿第一至十九排，中部最集中、像间距较小，两侧数量较少、分布较零散、像间距稍大，自右向左、自上而下编为 1 ~ 611 号。大多数像保存基本完整，第一排部分菩萨像头部被石缝析出的结晶体覆盖或腐蚀，第十六至十九排菩萨像面部残损者较多。中部像体量较小，周边像体量略大，高 0.19 ~ 0.42 米。姿态以正身，禅定印，结跏趺坐为主。少数像身体有不同程度的斜侧；双手于胸前相合或抱膝，托物或不托物；单手撑座、抚膝或于胸侧执念珠；单腿屈抬或平置。束发髻，高低、样式略有不同，部分发髻外可见冠饰，个别冠饰两侧可见垂于肩部的冠带。穿袈裟，以圆领通肩式为主，少数圆领下垂较多，个别为双领下垂式或覆头左衽式。双脚大多未出露，个别出露的单脚或双脚为跣足。台座以仰莲座为主，少数为独立曲枝座或山石座，7 ~ 18 号小菩萨像为连通的扁平缠枝卷草座。（图版 227）

第二组　倚坐弥勒与二胁侍龛像　位于壁面右侧上部，贯穿第一至十排右侧，自右向左编为 612 ~ 614 号。保存基本完整。龛呈"亞"拱形，最宽 2.15、最高 2.09 米。中间 613 号弥勒像左手抚膝，右手于胸前托物，可能为须弥山。倚坐，脚外撇，踩座下"Y"形分枝莲台。束发髻，戴冠饰，冠正面有花枝承托的坐姿化佛，冠带及发缕垂于肩后。上身穿双领下垂式袈裟和僧祇支，下身穿裙，跣足。座为方台座。通高 1.97 米，像高 1.66 米。两侧胁侍像均身体斜侧向弥勒像，立于短茎仰莲台上。左侧 614 号胁侍像呈文官状，戴平顶帽，帽带系于颈下。双手于胸前竖掌相合。着双层袍服，外层左衽，脚穿靴。通高 1 米，像高 0.73 米。右侧 612 号胁侍像呈菩萨状，束发髻，髻外戴小冠，头发披垂背部。双手于胸前相合托物。最外层穿坎肩或短衫，下穿袍服，脚穿云头履。通高 0.9 米，像高 0.66 米。（图一七二、一七三；图版 228）

第三组　僧伽与二胁侍龛像　位于壁面右上部、第二组左侧，贯穿第一至七排右侧，自右向左编为 615 ~ 617 号。保存基本完整。龛整体呈圆拱形，左下角内折，最高 1.54、最宽 1.61 米。中间 616 号僧伽像禅定印，结跏趺坐。面部圆润，鼻头圆钝，抿嘴微笑。戴帽，帽顶较平，正面有菱形装饰，后面帽檐搭垂肩部、胸侧、颈后至背上部。外穿袒右袈裟，内穿左衽袍服。身前有狮头三足凭几。座为仰莲束腰叠涩须弥座，仰莲部分表现三层莲瓣，须弥

0   40 厘米

图一七二　第七窟后壁第二组倚坐弥勒与二胁侍龛像立面、平剖、纵剖视图

座六边形，叠涩上有墨绘云雷纹。通高 1.34 米，像高 0.63、膝宽 0.56 米。二胁侍像均身体斜侧向僧伽像。左侧 617 号胁侍像左手执一较大的长颈带盖平底净瓶，右手于胸侧执巾，立姿。束发髻，右肩搭垂宽巾，巾下为圆领袍服，腰束带，袍服下可见交领袍服，脚穿靴。座为扁平台座，局部被凿破。通高 0.68 米，像高 0.59 米（图版 229）。该胁侍像应为俗家弟子木叉。右侧 615 号胁侍像僧人状，双手于胸前竖掌相合，立姿。外穿右袒袍服，下身穿裙，脚穿靴，踩于短茎仰莲座上。通高 0.85 米，像高 0.56 米。该胁侍像应为出家弟子慧俨。（图一七四、一七五；图版 230）

第四组　三佛四菩萨像　位于壁面最左上部，贯穿第一至二排左侧，自右向左编为 618 ～ 624 号。保存基本完整。单排并坐，通高 0.39 ～ 0.46 米，像高 0.29 ～ 0.34 米。622 ～ 624 号为坐佛像，位于左侧，表现髻珠和大耳，穿双领下垂式袈裟，结跏趺坐于仰莲座上。624 号像左手禅定印，右手抚膝；622 号和 623 号像双手均结禅定印。618 ～ 621 号为菩萨像，位于右侧，束发髻，戴冠饰，穿圆领通肩式袈裟。620 号像左手撑座，右手抚膝；左腿内屈

图一七三　第七窟后壁第二组倚坐弥勒与二胁侍龛像正射模型图

平置，右腿屈抬；跣足。618号、619号、621号像禅定印，结跏趺坐。620号和621号像袈裟覆头。（图版231）

第五组　单尊自在坐菩萨龛像　位于壁面中部偏右处，贯穿第七至十一排，编为625号。不规则纵椭圆形龛，左上缘被第三组龛左下缘打破，最高0.82、最宽0.6米。身体整体微向左斜侧。左手撑座压帛带，右手垂于右膝外并执帛带。左腿下垂，左脚踩于座前小莲台上；右腿内屈抬起，右脚踩座。束发髻，戴冠饰，冠正面中部有坐姿化佛，冠带垂于肩前并绕臂。戴项饰，臂钏，手镯。上身斜披帛带，带端垂下；下身穿裙，裙边外翻，露出系带。跣足。山石座。通高0.75米，座高0.24米。（图一七六；图版232）

第六组　单尊文殊菩萨龛像　位于壁面中部偏右、第五组左侧，贯穿第七至九排，编为626号。龛两侧缘及下缘较明显，上缘与第一组小菩萨像台座减地相连。像左手禅定印，右手于胸前掌心向外施无畏印。结跏趺坐。戴高宝冠，冠正面中部有坐姿化佛，化佛两侧有似为胁侍的形象。戴串珠项饰。上身斜披帛带，帛带下为圆领衣，两袖外翻后飘，串饰下露出凸棱状衣领，领中间翻出垂带，垂带与披帛相接，略有错位，可能伸入帛带下；下身应着裙，双脚未外露。座为仰莲束腰叠涩方形须弥座（图版233）。仰莲部分表现三层莲瓣，束腰正面壶门内雕刻侧身卧狮，狮头朝前（图版234）。通高0.61米，像高0.32、膝宽0.18米。（图一七七、一七八；图版235）

第七组　自在观音菩萨与二胁侍像　位于壁面中部偏左处，贯穿第七至九排，自右向左编为627~629号。保存基本完整。中间628号观音菩萨像身体向左斜侧。左手撑座，右手

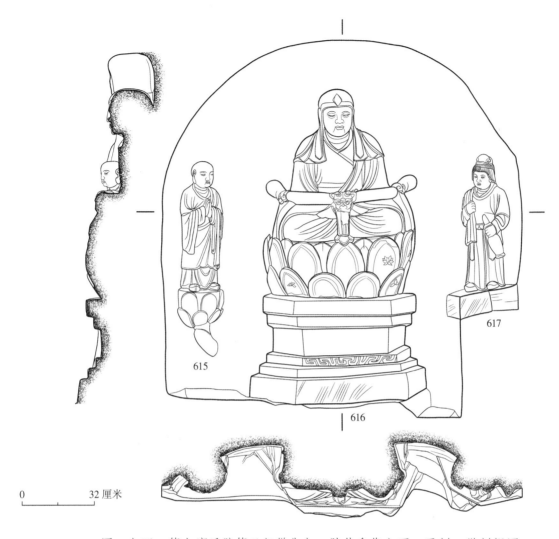

0   32 厘米

图一七四　第七窟后壁第三组僧伽与二胁侍龛像立面、平剖、纵剖视图

图一七五　第七窟后壁第三组僧伽与二胁侍龛像正射模型图

0 ____ 16 厘米

图一七六 第七窟后壁第五组自在坐菩萨龛像立面、平剖、纵剖视图

搭于右膝外下垂，执一串念珠。左腿下垂，左脚踩座前莲台；右腿内屈抬起，右脚踩座。戴冠饰、项饰、臂钏和手镯，冠正面有坐姿化佛，冠带绕臂垂于肩前，发缕垂于肩部。（图版236）上身斜披帛带，带端外翻垂下，下身穿裙，跣足。山石座，座前有"Y"形双莲台。通高0.73米，座高0.22米。菩萨像左上方小台上放置插有柳枝的细长净瓶。二胁侍像体量较小，位于山石座两侧。脚穿靴，立于扁平台座上。左侧629号胁侍像头右斜侧，僧人状，双手于胸前相合托物。外穿袈裟，内穿袍服。通高0.27米，像高0.24米。右侧627号胁侍像束发髻，双手于胸前相合托物，膝部微屈。外穿圆领袍服，正面腰部袍服表现为下垂方巾状；下身穿裤。通高0.2米，像高0.17米。（图一七九；图版237）

    第八组　一佛二胁侍龛像　位于壁面右侧偏下处，贯穿第九至十五排，自右向左编为630～632号。保存基本完整。龛略呈"凸"拱形，下缘被第十二、十三组龛上缘局部打破，最高1.5、最宽1.76米。631号佛像结跏趺坐。左手搭于左脚掌前部，右手执长方形板状物。肉髻较低，表现髻珠。着袈裟，衣角搭覆双肩，露出内层僧祇支。座为仰莲束腰须弥座。通

图一七八　第七窟后壁第六组
文殊菩萨龛像正射模型图

图一七七　第七窟后壁第六组文殊菩萨龛像立面、平剖、纵剖视图

0 　　　　　　12 厘米

高 1.3 米，像高 0.59、膝宽 0.4 米。两侧胁侍像侧身朝向佛像，双手于胸前左内右外斜叉相叠，均为文吏形象。戴帽，帽带系于颈下，后檐披垂于肩后。穿两层袍服，外层袍服左衽。脚穿靴，踩于方形台座上。右侧 630 号胁侍像通高 0.88 米，像高 0.76 米；左侧 632 号胁侍像通高 0.8 米，像高 0.68 米。（图一八〇；图版 238、239）

　　第九组　单尊跏趺坐菩萨龛像　位于壁面右侧中部偏下处，贯穿第十一至十三排，编为 633 号。龛略呈圆拱形，右侧和下部龛缘较清楚，左侧和左下部龛缘被第一组 413 号和 454 号小菩萨像右侧减地打破，最高 0.44、最宽 0.32 米。像面部略残，双手于腹前相合托物，结跏趺坐。束发髻，穿圆领通肩式袈裟，覆头部分呈弧尖三角形。座为山石座。通高 0.41 米，像高 0.29、膝宽 0.18 米。（图一八一；图版 240）

　　第十组　地藏菩萨与道明和尚、金毛狮龛像　位于壁面左侧中部偏下处，贯穿第八至十四排，自右向左编为 634 ~ 636 号。保存基本完整。龛略呈"凸"拱形，下缘被下部造像局部打破，最高 1.59、最宽 2.22 米。中间 635 号地藏菩萨像正身倚坐，双脚踩座前扁平台面。左手抚膝内侧；右手举于胸侧，手指弯曲，原应有持物。披帽，帽檐覆肩。外穿袒右袈裟，

图一七九　第七窟后壁第七组自在观音菩萨与二胁侍像立面、平剖、纵剖视图

内穿双层袍服，外层袍服右衽、束腰带。脚穿靴。座为方台座。通高 1.44 米，座高 0.56 米。
左侧 636 号道明和尚像侧身朝向地藏菩萨，双手于胸前握拳相合。外穿袈裟，内穿右衽衣。
脚穿靴，踩于短枝仰莲座上。通高 0.98 米，像高 0.68 米。右侧 634 号金毛狮像侧身趴卧于
山石台座上，头朝后斜侧，嘴微张，长尾绕右后腿内侧翻出。通高 0.66 米，身长 0.34、高 0.27
米。（图一八二；图版 241、242）

　　第十一组　宝冠佛与二胁侍龛像　位于壁面造像区域右下角，贯穿第十六至十九排，
自右向左编为 637 ～ 639 号。保存基本完整。龛介于"凸"拱形和弧尖拱形之间，左缘被第
十二组造像减地打破，最高 1.15、最大残宽 0.93 米。中间 638 号佛像左手禅定印，右手抚膝，
结跏趺坐。头戴高宝冠，冠正面中部有化佛，冠带和发缕垂于肩后。穿圆领通肩式袈裟。座

630

632

631

0　　　　　32 厘米

图一八〇　第七窟后壁第八组一佛二胁侍龛像立面、平剖、纵剖视图

为仰莲束腰叠涩须弥座。通高 1.02 米，像高 0.55、膝宽 0.32 米。该像应表现的是释迦牟尼成佛之前作为菩萨降魔成道的形象[1]。两侧胁侍像头部至颈部残，身体整体较瘦长，微侧朝向宝冠佛，右侧胁侍像斜侧身较多。穿内外两层袍服，脚穿靴，踩于曲枝短茎仰莲座上。左侧 639 号胁侍像双手于胸前相合托物，通高 0.59 米，像高 0.37 米；右侧 637 号胁侍像双手于胸前叠掌相合，通高 0.56 米，像高 0.34 米。（图一八三；图版 243）

　　第十二组　单尊跏趺坐龛像　位于壁面造像区域右下部，第十一组左侧，贯穿第十六至十九排，编为 640 号。弧尖拱形龛，右侧打破第十一组左龛缘，最高 1.05 米。像头部残损，题材无法确定。禅定印，结跏趺坐。穿圆领通肩式袈裟。座为仰莲束腰叠涩须弥座，仰莲部分表现三层莲瓣，束腰低平。通高 0.93 米，像高 0.48、膝宽 0.27 米。（图一八四；图版 244）

　　第十三组　阿弥陀佛与二胁侍龛像　位于壁面造像区域右侧下部，第十二组左侧，贯穿第十六至十九排，自右向左编为 641 ～ 643 号。龛略呈"凸"拱形，最高 1.05、最宽 1.25 米。

［1］张小刚：《莫高窟第 220 窟甬道南壁宝冠佛像浅析》，载陕西师范大学历史文化学院、陕西历史博物馆编《丝绸之路研究集刊》（第一辑），商务印书馆，2017 年，第 240 ～ 252 页。

0   12 厘米

图一八一　第七窟后壁第九组跏趺坐菩萨龛像立面、平剖、纵剖视图

634　　　　　635　　　　636

0   40 厘米

图一八二　第七窟后壁第十组地藏菩萨与道明和尚、金毛狮龛像立面、平剖、纵剖视图

0 ———— 20厘米

图一八三　第七窟后壁第十一组宝冠佛与二胁侍龛像立面、平剖、纵剖视图

造像头部至颈部残损。中间 642 号阿弥陀佛像双手结弥陀定印，结跏趺坐。穿袒右袈裟，搭覆双肩，袈裟下露出内层僧祇支。座为仰莲束腰须弥座。须弥座整体较低，束腰转角浅浮雕云纹，中间表现壸门；仰莲台与须弥座之间有扁平圆台相隔。通高 0.9 米，像高 0.46、膝宽 0.35 米。二胁侍像身体微斜侧向阿弥陀佛。左侧 643 号胁侍像可能为弟子像，双手于胸前相合。外穿圆领通肩式袈裟，内穿双层右衽袍服，跣足，立于仰莲双层叠涩圆台座上。通高 0.63 米，像高 0.51 米。右侧 641 号胁侍像双手于胸腹之间相合托物，物品已残。穿双层右衽袍服，脚穿靴，踩于仰莲双层叠涩圆台座上。通高 0.66 米，像高 0.51 米。（图一八五；图版 245）

　　第十四组　僧伽与二胁侍龛像　位于壁面中部偏右处造像区域下部，第十三组左侧，贯

图一八四　第七窟后壁第十二组跏趺坐龛像立面、平剖、纵剖视图

穿第十六至十九排，自右向左编为644～646号。造像头部至颈部残损，凭几中部至左侧残损。
龛呈"凸"拱形，最高1、最宽1.2米。645号僧伽像禅定印，结跏趺坐。戴帽，帽檐覆肩。
身前有凭几，足自兽嘴吐出。外穿袒右袈裟，内着右衽袍服。座为仰莲双叠涩六边形台座。
通高0.83米，像残高0.39、膝宽0.36米。两侧胁侍像均为立姿，斜侧身朝向僧伽。左侧646
号胁侍像体态威武，双手于胸前相合。穿圆领窄袖袍服，前面腰下向上卷起，露出两条束带。
袍服下摆下露出长靴和裤腿。座为较低的粗平束腰台座。通高0.51米，像高0.46米。该胁
侍像应为俗家弟子木叉。右侧644号胁侍像双手于胸前握拳合十。外披袈裟，内穿双层右衽
袍服。脚穿靴，踩于仰云台座上，云朵以莲瓣形式排列。通高0.54米，像高0.46米。该胁
侍像可能为出家弟子慧俨。644号胁侍像上部龛外与龛缘相接处有一圆拱形小龛，龛内造像
残损，残迹下部可见浅浮雕山石。（图一八六；图版246~250）

　　第十五组　单尊跏趺坐菩萨像　位于壁面造像区域中部右下，贯穿第十七至十九排，编
为647号。该组打破第十四组和十六组龛缘。头部至颈部以及发髻残损。禅定印，结跏趺坐。
发髻现仅可见左侧扎束下垂的头发和疑似冠带的迹象。穿圆领通肩式袈裟，跣足。粗茎仰莲

641　　　　　　642　　　　　　643

0　　　　　　20厘米

图一八五　第七窟后壁第十三组阿弥陀佛与二胁侍龛像立面、平剖、纵剖视图

座。通高 0.53 米，像高 0.29、膝宽 0.17 米。（图一八七；图版 251）

　　第十六组　三佛龛像　位于壁面造像区域中部下端，贯穿第十七至十九排，自右向左编为 648～650 号。保存基本完整。龛略呈横长方形，上、下缘较清楚，右侧被第十五组造像打破，左侧被第一组 592 号和 598 号小菩萨像减地打破，高 0.63、宽约 1.44 米。佛像均肉髻较低，表现髻珠。右侧 648 号佛像禅定印，结跏趺坐。穿圆领通肩式袈裟。座为仰莲双层叠涩座。通高 0.59 米，像高 0.37、膝宽 0.32 米。中间 649 号佛像左手禅定印，右手抚膝，结跏趺坐。穿双领下垂式袈裟。座为仰莲单层台座。通高 0.62 米，像高 0.4、膝宽 0.29 米。左侧 650 号佛像双手抚膝，倚坐。穿袈裟，衣角搭覆双肩，下身穿裙，跣足，双脚踩于方台座前的独立小莲台上，小莲台下还有一层扁平台座。通高 0.62 米，座高 0.27 米。（图一八八；图版 252、253）

图一八六　第七窟后壁第十四组僧伽与二胁侍龛像立面、平剖、纵剖视图

　　第十七组　单尊罗汉龛像　位于壁面造像区域中部下端偏左处，贯穿第十七至十八排，编为651号。头部残损。龛略呈不规则长方形，高0.36、宽0.29米。倚坐，双手抚膝，右手舒掌，左手屈指。外穿袒右袈裟，内穿右衽袍服，脚穿靴。束腰台座，束腰较粗，双脚踩于台座前下部的窄台上。通高0.39米，座高0.16米。（图一八九；图版254）

　　第十八组　单尊跏趺坐像　位于壁面造像区域中部下端左侧，贯穿第十七至十九排，编为652号。头部残损，题材无法确定。禅定印，结跏趺坐。穿圆领通肩式袈裟，跣足。座为短粗茎仰莲座。通高0.52米，像高0.34、膝宽0.22米。（图一九〇；图版255）

　　第十九组　一佛二弟子龛像　位于壁面造像区域左侧下部，贯穿第十五至十七排，自右向左编为653～655号。"凸"拱形龛，上缘局部打破第十组右下龛缘，两侧及下部龛缘被第一组591号、608～611号小菩萨像减地和第二十一组龛缘打破。像头部至颈部、佛像右手残损。中间654号佛像左手抚膝，右臂内屈举起，结跏趺坐。上身外穿袈裟，衣角搭覆双肩，内穿僧祇支；下身穿裙，跣足。座为仰莲束腰叠涩须弥座。仰莲部分表现三层莲瓣，叠涩前面中部内凹呈尖拱状。通高0.69米，像高0.35、膝宽0.27米。二弟子像立姿，身体微

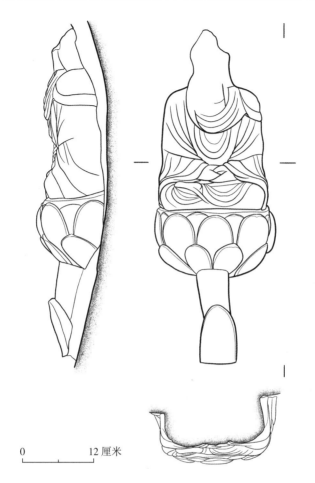

0 ____ 12 厘米

图一八七　第七窟后壁第十五组跏趺坐菩萨像立面、平剖、纵剖视图

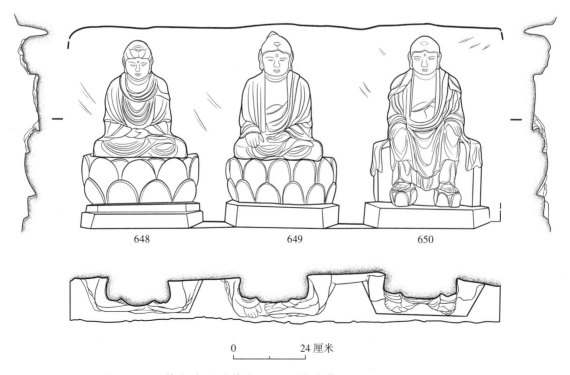

648　　　　　　649　　　　　　650

0 ____ 24 厘米

图一八八　第七窟后壁第十六组三佛龛像立面、平剖、纵剖视图

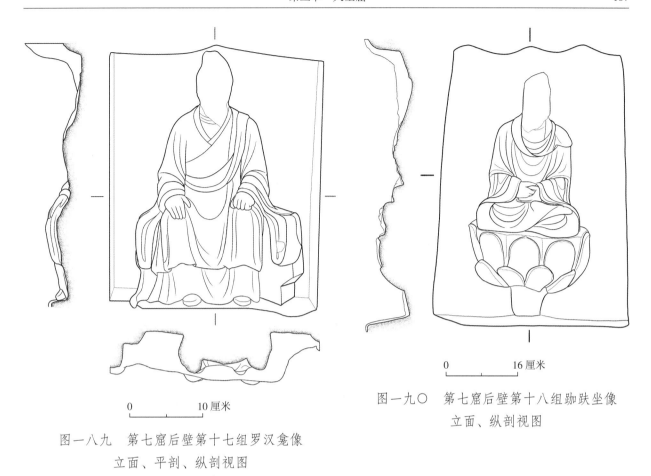

图一八九　第七窟后壁第十七组罗汉龛像
立面、平剖、纵剖视图

图一九〇　第七窟后壁第十八组跏趺坐像
立面、纵剖视图

斜侧向佛像，双手于胸前舒掌合十或横掌相叠。外穿袈裟，似为袒右式，袈裟下为交领袍服。脚穿靴，踩于仰莲座上。通高 0.39 米，655 号弟子像高 0.29 米，653 号弟子像高 0.32 米。（图一九一；图版 256）

第二十组　单尊披帽跏趺坐像　位于壁面造像区域左侧下部，第十九组下方，贯穿第十八至十九排，编为 656 号。保存完整。禅定印，结跏趺坐。披帽，帽檐覆肩，穿右衽袍服。座为方形台座，台座前面的下弧纹样可能表现衣服搭覆。通高 0.32 米，像高 0.22、膝宽 0.15 米。（图版 257）

第二十一组　六佛龛像　位于壁面造像区域左侧下端，贯穿第十五至十九排，自右向左、自上而下编为 657 ~ 662 号。龛略呈方形，打破第十组与第十九组龛缘局部，无左缘，上缘左侧不明显。像上下两排，均为三尊并坐，上排整体偏右，下排整体偏左。通高 0.52 ~ 0.56 米，像高 0.29 ~ 0.34、膝宽 0.21 ~ 0.32 米。657 ~ 659 号佛像面部至颈部有不同程度残损，660 ~ 662 号佛像保存较为完整。结跏趺坐于仰莲双层台座上，上层台座前面内凹呈尖拱形。除 660 号佛像为弥陀定印外，其余均为禅定印。穿袈裟，660 号像为袒右袈裟覆搭双肩，其余均为圆领通肩式。（图版 258）

该壁面及造像涂色以黄彩、红彩、黑彩为主，绿彩、白彩为辅，颜色多已不是十分鲜明。

（二）题记

五组，编号为 K7-T24 ~ K7-T28，壁面上部一组、中部四组。

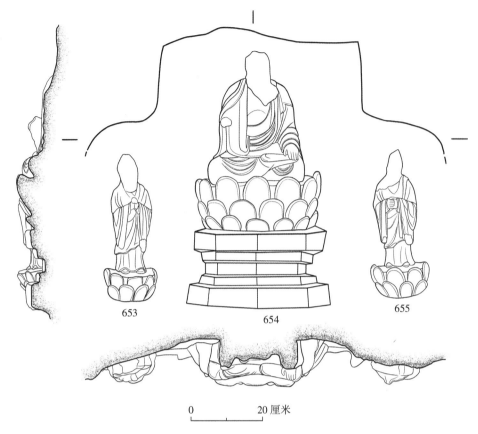

0 ____ 20 厘米

图一九一　第七窟后壁第十九组一佛二弟子龛像立面、平剖、纵剖视图

第一组　内容不详题记　编号为 K7-T24，位于壁面上部偏左处，第一组 54 号和 55 号小菩萨像之间。题记区域略呈方形，未减地，表面涂白，有粗墨线迹象，似为大字或符号，不可确知。（图版 259）

第二组　内容不详题记　编号为 K7-T25，位于壁面中部右侧，第六组 626 号文殊菩萨像下方、第一组 342 号和 343 号小菩萨像之间。题记区域略呈纵长方形，未减地，表面似涂黑，墨线勾勒纵长方形框，框内隐约可辨竖行墨书迹象，但无法确认内容。（图版 260）

第三组　纪年不详题记　编号为 K7-T26，位于壁面中部左侧，第七组 628 号自在观音菩萨像下方、第一组 365 号和 366 号小菩萨像之间。题记区域呈纵长方形，未减地，自右向左竖刻，可辨 4 行。（图一九二；图版 261）

录文如下：

黑水乡赵氏 / 观音一尊小 / 万菩萨七十 / 尊男刘十一

0 ____ 6 厘米

图一九二　第七窟后壁 K7-T26 拓片

该组题记无纪年，但指明了造像对象，"观音一尊"应为第七组的自在观音菩萨像，"小万菩萨七十尊"所指可能为近旁的七十尊小菩萨像。尤其重要的是，题记对小菩萨像的题材进行了指示，即"万菩萨"，最初可能源于五台山万菩萨。从造像特征及题记内容特征来看，时代应为金代。

第四组　内容不详题记　编号为 K7-T27，位于壁面中部右下，第一组 498 号和 499 号小菩萨像之间。题记区域呈纵长方形，表面有斜向凿痕，墨线勾画纵长方形框。框内未见可确认的墨书或刻字迹象。（图版 262）

第五组　内容不详题记　编号为 K7-T28，位于壁面中部右下，第十四组造像龛外右上的浅龛内左侧。无明显题记框，墨书，可辨 3 行，但文字难以辨识。（图版 263）

二、左壁

壁面中部有两道较宽的纵斜裂隙，左端中下部与第六窟后壁左侧现存部分边缘相接。底部向上 0.73 ~ 1.05 米的范围内无造像，其余壁面满凿造像 468 尊。造像间凿刻题记两组。（图一九三；图版 264）

（一）造像

共 20 排，根据分布、组合等可分为七组，上部自左向右、下部自右向左、整体自上而下依次为：

第一组　四百四十三尊小菩萨像　位于壁面造像区域左半侧，贯穿第一至二十排，自右向左、自上而下编为 1 ~ 443 号。第一至三排保存基本完整，头部特征较明显，第四排以下部分造像面部残损，多数造像面部特征较模糊。大小、疏密略有差异，像高 0.17 ~ 0.22 米。姿态以禅定印，正身，结跏趺坐为主。部分造像身体斜侧；或双手于胸前相合、抱膝，或单手抚膝、搭膝下垂、举于胸侧、撑座或托腮；单腿屈抬踩座。340 号像似为立姿抱拳状。束发髻，部分发髻外可见冠饰。穿袈裟，以圆领通肩式为主，部分为双领下垂式或交衽式，个别袈裟衣角覆肩，少数袈裟覆头。双脚多未外露，个别造像露出的单脚或双脚均为跣足。台座可辨特征者均为较低平的仰莲座。（图版 265）

第二组　十一尊佛像　位于壁面造像区域右侧上部，贯穿第一至七排，10 尊于上部横排并坐，1 尊位于最右侧一尊下方，自右向左、自上而下编为 444 ~ 454 号。保存基本完整。禅定印，双手或掩于袈裟内或出露；结跏趺坐。馒头状肉髻，表现髻珠。穿袈裟，双领下垂式或圆领通肩式，447 号和 454 号佛像袈裟衣角覆肩。座为仰莲台座，表现一至两层莲瓣。通高 0.48 ~ 0.61 米，像高 0.35 ~ 0.48 米。（图版 266）

第三组　六尊菩萨像　位于壁面造像区域最右侧，贯穿第八至二十排，纵向单列排布，自上而下编为 455 ~ 460 号。460 号像头部残损，其余保存基本完整。台座左侧局部与第四组龛缘相接或连通。像均禅定印，结跏趺坐。束发髻，戴冠饰，穿袈裟。袈裟多为圆领通肩式，仅 459 号像为双领下垂式。台座或为扁平方台座，或为仰莲扁平方台座。通高 0.38 ~ 0.58 米，像高 0.26 ~ 0.48 米。（图版 267）

第四组　大日如来与弥勒、文殊龛像　位于壁面造像区域中部和右侧，贯穿第四至二十

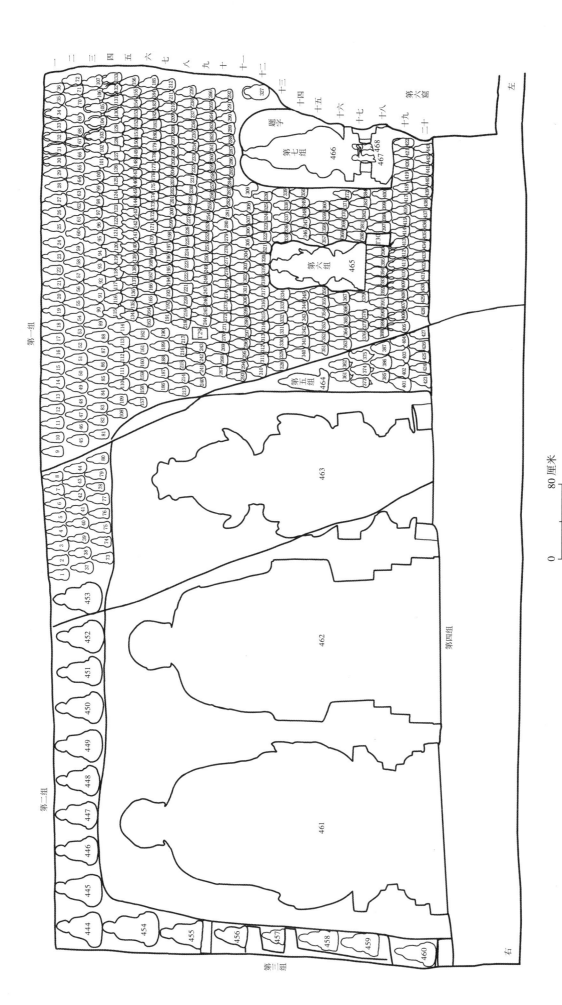

图一九三 第七窟左壁造像、题记编号与造像分组图

排，自右向左编为461～463号。龛略呈横长方形，边缘减地轮廓较明显，局部打破了第一、二、三、五组台座或龛缘局部，最高3.77、最宽5.8米。像保存基本完整，仅文殊菩萨像右手残损。造像表面沥粉涂彩起皮脱落较为严重，涂金仅存局部残迹。右侧461号大日如来像双手结智拳印，结跏趺坐。肉髻较低，表现髻珠，面部短圆。穿袈裟，衣角覆肩，内穿僧祇支。座为仰莲束腰叠涩须弥座。仰莲部分莲瓣呈瘦长圆拱形，四层，除最右侧一列外，均浅浮雕结禅定印、跏趺坐佛像一尊，共39尊，穿圆领通肩式或双领下垂式袈裟，短茎仰莲座（图版269）。束腰须弥座平面呈六边形。上部两层叠涩，下层叠涩前面及侧面表现横椭圆形壶门四组；束腰前面及侧面减地出窄长侧边出尖状壶门；下部三层叠涩。袈裟及须弥座各层前面可见沥粉堆砌并绘彩的云纹、花草纹等纹样。通高3.47米，像高1.78、膝宽1.43米。中间462号弥勒像背光左侧边缘线及云纹均已不清晰。左手抚膝，右手说法印。倚坐，双脚踩于座前独立小莲台上。肉髻较低，表现髻珠。外穿袈裟，衣角搭覆双肩，内着僧祇支。跣足。束腰须弥座上部一层较厚较高，两个小莲台中间位置彩绘云纹；下部三层叠涩表面可见沥粉堆砌并彩绘的对称折线纹、团花纹、云纹等。通高3.43米，像高2.45米，座高1.77米。左侧463号文殊菩萨像左手于腹前舒掌托板状物，右臂屈抬，右手原应位于胸部右侧。身体较长，双腿低平，结跏趺坐。束高发髻，戴高宝冠，冠前有化佛一尊，冠带及发缕垂于肩后。左手腕处露出手镯。项饰和璎珞均为串珠状，于腹部穿璧交叉。上身最外层斜披帛带，带两端垂覆莲座两侧；帛带下穿覆肩衣，覆肩衣下着衣的衣袖于双肘处外翻后飘，胸下可见横向束带；最内层似还有一层衣服，袖口裹至手腕部。下身穿裙，跣足。座为仰莲束腰须弥座，未雕刻卧狮。仰莲部分表现三层瘦长莲瓣。须弥座上部两层叠涩，上层前面中部内凹，下层表现四组横长壶门；束腰较低，减地表现侧边出尖壶门三组；下部三层叠涩，上层前面中部内凹出尖，中层与下层之间有矮脚窄长壶门相隔，中层和上层前面中部均内凹。通高3.13米，像高1.43、膝宽0.94米。（图一九四；图版268）

第五组　单尊立姿龛像　位于壁面造像区域中部偏左处，贯穿第十三至十五排，编为464号。龛不完整，被第四组龛像减地打破。像头部残损严重，其余部分保存基本完整，题材不确定。龛内壁面有阴线刻长尾云纹。像正身而立，双脚跟部相接、前部外撇。双手于腹前相合，左手握右腕，均掌心向内，屈指。上身穿圆领通肩式袈裟，覆头，下身穿裙，跣足。座为云纹座。通高0.58米，像高0.5米。（图一九五；图版270）

第六组　单尊文殊菩萨龛像　位于壁面造像区域左下部，贯穿第十三至十七排，编为465号。保存基本完整。龛略呈纵长方形，边缘随两侧造像走向，略有转折。像头冠和右手比例较大，左手表面残损。左手于腹部持帛带，右手位于胸腹之间右侧，轮廓不明。结跏趺坐。宝冠高而宽，冠带垂于肩后，发缕垂肩。戴项饰和璎珞，腹部以下掩于衣内。穿圆领衣，胸下可见横向束带，袖口外翻后飘。外披帛，似为通肩披覆，右侧一端垂覆右侧腿部及莲座，左侧一端执于左手内（图版271）。下身穿裙，跣足。座为仰莲束腰须弥座。仰莲部分表现四层莲瓣，均圆润饱满。须弥座上窄下宽，均两层叠涩；束腰前面梯形壶门内雕刻侧身趴卧、头向前、两前足抓绣球彩带的狮子像。通高1.03米，像高0.55、膝宽0.34米。（图一九六；图版272）

461 462 463

60厘米

0

图一九四 第七窟左壁第四组大日如来与弥勒、文殊龛像立面、平剖、纵剖视图

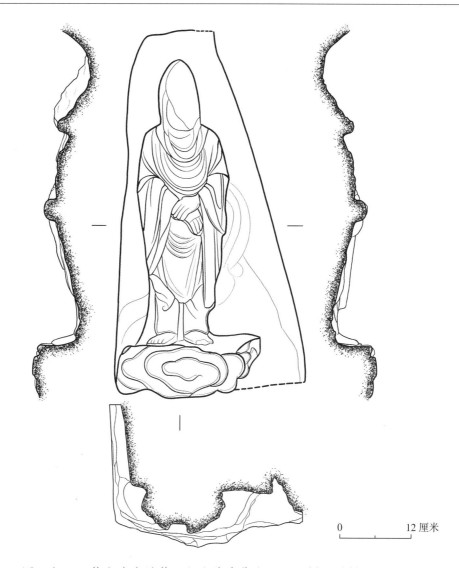

图一九五　第七窟左壁第五组立姿龛像立面、平剖、纵剖视图

第七组　施甘露观音菩萨龛像　位于壁面造像区域最左侧下部，贯穿第十一至十八排，自上而下、自右向左编为 466 ~ 468 号。纵长圆拱形龛，左侧边缘中下部被第六窟后壁现存造像减地打破，表明该组造像凿刻时间相对较早，第六窟后壁造像凿刻时间略晚，最高 1.71、最宽 0.92 米。龛内左上部有一纵长方形涂墨范围，上部似有白彩题字迹象。保存大体完整，观音像左手指前部、争甘露饿鬼像表面有残损。466 号观音像左手于左膝处屈指抚膝，执帛带一端；右手掌心朝外屈指执倒置净瓶，臂下压下垂帛带另一端，净瓶细颈向下流出甘露，流至须弥座上部。结跏趺坐。束高发髻，顶部与龛顶间留一棱柱。戴冠饰，冠带垂于肩后，发缕垂肩。戴项饰和穿璧璎珞、臂钏、手镯。上身斜披帛带，下身穿裙。座为仰莲束腰须弥座。仰莲部分表现三层莲瓣。须弥座上部两层叠涩、下部三层叠涩，束腰较宽较高。通高 1.7 米，像高 0.81、膝宽 0.45 米。467 号、468 号饿鬼像侧身相对而立，双臂前伸，互相推搡对方颈部及头部，大肚，裸体，作争抢状。像高 0.32 米。（图一九七；图版 273、274）

该壁面及造像涂色以黑彩、红彩、黄彩、绿彩为主，辅以白彩、橙彩。壁面左侧下部造

图一九六　第七窟左壁第六组文殊菩萨龛像立面、平剖、纵剖视图

像及石面涂色保留较少，露出红色砂岩。

（二）题记

两组，编号为 K7-T29、K7-T30，分别位于壁面中部偏左侧的中部和下部。

第一组　金皇统元年（公元 1141 年）题记　编号为 K7-T29，位于第一组 243 号和 244 号小菩萨像之间。石面未减地，略呈纵长方形，底部有曲枝基座承托。整体涂黑，自右向左竖刻，线条较粗较深，保存较好，共 5 行。（图版 275）

录文如下：

施主郭乂占菩萨二 / 百尊妻元氏亡父郭千 / 妻徐氏女夫郑八儿妻郭 / 氏外生永留妻父元温王 / 氏 皇统元年六月廿三日

该组题记纪年明确，为"皇统元年"。其中提到了"菩萨二百尊"，所指可能为该题记近旁的二百尊小菩萨像，但具体为哪二百尊不可确知。功德主涉及人物及关系较复杂，包括了施主本人、妻子、亡父、女婿、外甥、妻父等，在同类题记中较为特殊。

第二组　清嘉庆十年（公元 1805 年）题记　编号为 K7-T30，位于第六组左下方、第一

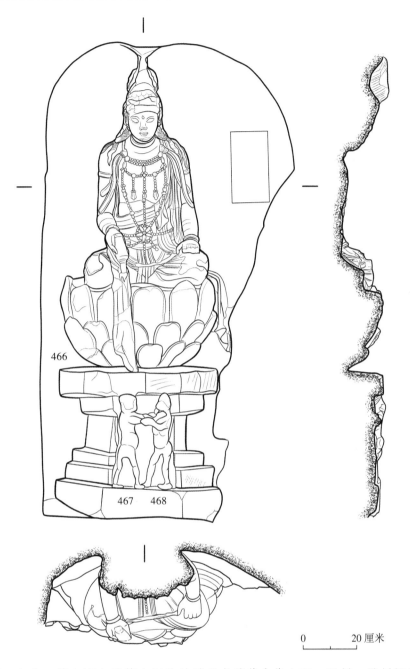

图一九七　第七窟左壁第七组施甘露观音菩萨龛像立面、平剖、纵剖视图

组第十八排 396 号和 397 号小菩萨像之间。石面未减地，题记区域呈纵长方形，自右向左竖刻，部分字迹不甚清楚，可辨 5 行。（图一九八；图版 276）

录文如下：

大清国嘉庆十年季秋 / 月吉日喜施绘修 / 观音菩萨金容一尊 / 信女江南余门林氏喜 / 施

该题记纪年明确，为清"嘉庆十年"。造像内容为"绘修观音菩萨金容"，即为观音菩萨涂金或黄色，其所指应为近旁的第六组文殊菩萨坐像，题记中记为"观音"不排除绘修施主将文殊误判为观音的可能性。令人疑惑之处在于，该组题记出现在此处一未减地造像的石面上，不排除早期该处石面留空，未刻或书写，后人在此题刻的可能性。

0 —————— 6厘米

图一九八　第七窟左壁 K7-T30 拓片

三、前壁

该壁中上部黑色和白色附着物较多，上部颜色泛黑，中部颜色泛白、夹杂黑色；中下部石面斜向纹理明显，颜色斑驳，可能与渗水析盐后剥落有关。造像表面特征多不清楚，左侧下部造像表面脱落或磨损尤其严重，右侧下部为第七窟打破第六窟的范围。现有壁面除下部高0.7 ~ 1米的范围内无造像外，其余壁面满凿造像686尊。造像间凿刻题记四组。（图一九九、二〇〇；图版277）

（一）造像

共 17 排，根据分布、组合等可分为四组，自右向左、自上而下依次为：

第一组　六百六十九尊小菩萨像　壁面造像区域内均有分布，第一至二排全部、第三至十七排大部，自右向左、自上而下编为 1 ~ 669 号。多数保存状况不佳，或全部残损、仅存轮廓痕迹，或表面磨损严重、细节不清，或头部及身体局部有残损，或被石面斑驳迹象覆盖。造像疏密、大小大体相同，略有差异，高 0.19 ~ 0.25 米。姿态以正身，禅定印，结跏趺坐为主。部分侧身，少数侧身幅度较大，望向旁边造像，似作耳语或私语状，姿态生动；双手抱膝或于胸前、腹部相合，手中有托持物或无，一手或撑座、托腮、抚膝、于胸侧持物或搭垂于膝侧；一腿屈抬踩座，或双腿内屈抬起交叉。可辨识者均束发髻，穿袈裟。袈裟以圆领通肩式为主，部分双领下垂式，少数为交领式，部分覆头。个别像颈部可见项饰。少数像出露的单脚或双脚均为跣足。其中，274 号像左侧身望向 275 号像，双手于胸腹前左下右上斜向持棍状物，上衣衣袖外翻后飘；275 号像上身外衣衣袖外翻后飘，内穿窄袖衣，右手于胸前持环状物，头右侧望向 274 号像。台座以仰莲座为主，少数为曲枝座。（图版 278）

第二组　一佛六菩萨二飞天像　位于壁面左上部，贯穿第三至六排，自右向左、自上而下编为 670 ~ 678 号。侧旁减地石面与周边的第一组小菩萨像减地石面连通，无明显龛缘迹象。除左上 671 号飞天像外，其余造像面部全部或部分残损。672 号佛像禅定印，结跏趺坐。穿袒右袈裟，搭覆右肩。座为仰莲方台座。像较小，台座较大。通高 0.4 米，像高 0.23、膝宽 0.15 米。佛像肘部以上两侧各有一侧身朝向佛像、曲腿跪于云上、通肩披帛、戴臂钏和项饰的飞天像，高 0.23 米。670 号飞天像双手于腹前持物相合；671 号飞天像束发髻，双手于胸前交叉相合。六菩萨像位于佛像台座下部，后排 2 尊，前排 4 尊。前排 675 ~ 678 号像高 0.3 ~ 0.32 米，两两相向微侧身，左右对称分布，双手于胸前相合，束发髻，穿袈裟和裙，跣足立于仰莲台上。后排 673 号和 674 号两菩萨像间距较大，上身通肩披帛，下身穿裙，被前排菩萨像遮挡。（图二〇一、二〇二；图版 279）

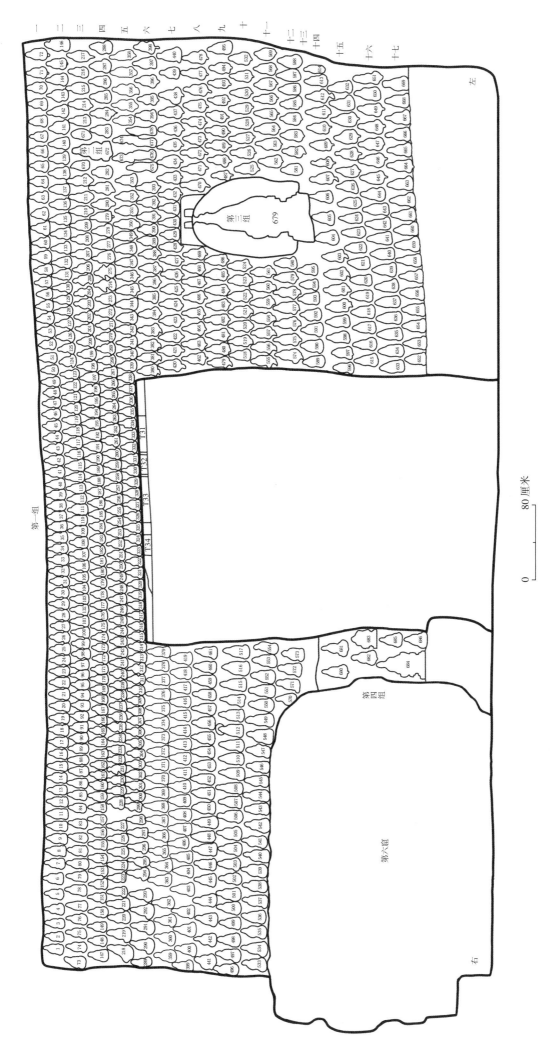

图一九九　第七窟前壁造像、题记编号与造像分组图

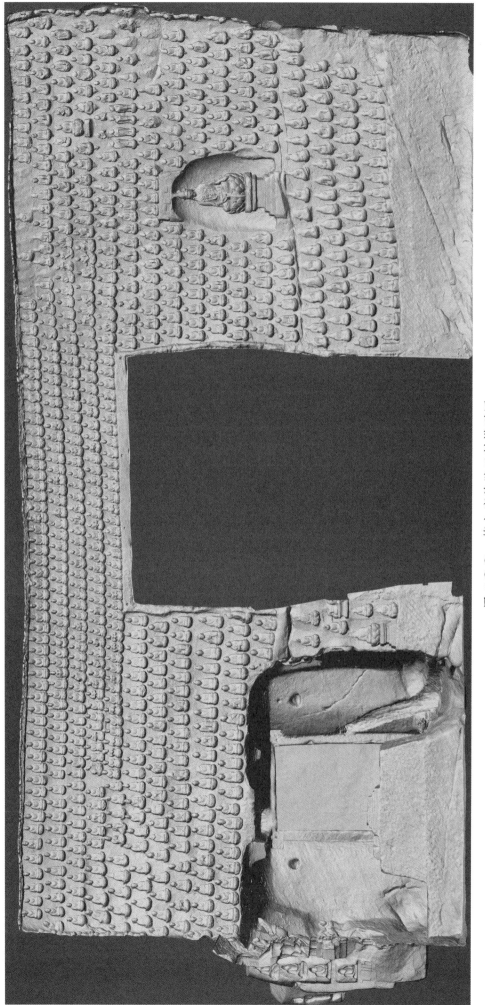

图二〇〇 第七窟前壁正射模型图

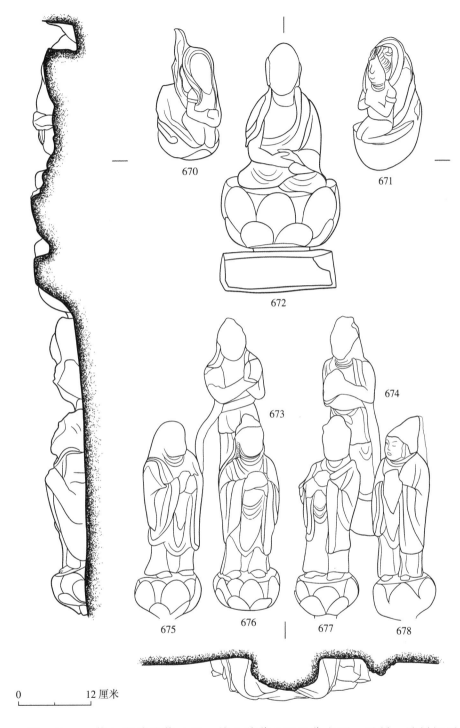

0　　　　12 厘米

图二〇一　第七窟前壁第二组一佛六菩萨二飞天像立面、平剖、纵剖视图

　　第三组　单尊施甘露观音菩萨龛像　位于壁面左侧中部，贯穿第八至十三排，编为 679 号。龛整体呈纵长拱形，顶部未减地石面上刻划山石装饰纹样，最高 1.38、最宽 0.86 米。观音像正身，结跏趺坐。左手于左膝处持净瓶颈部，瓶身搭于左膝外；右手于右膝内侧执下垂的杨柳枝。发髻及冠顶部与龛顶相连通，未凿透，冠前面化佛已不清楚。冠带垂于肩后，发缕垂于肩部。戴臂钏、手镯及对称卷草纹项饰，串珠璎珞于腹部穿璧交叉。上身斜披帛带，

图二〇二　第七窟前壁第一组造像局部和第二组造像
正射模型图

下身穿裙，跣足。座为仰莲束腰叠涩须弥座。仰莲瓣圆润；须弥座上部两层叠涩，下部三层叠涩。通高1.23米，像高0.72、膝宽0.34米。（图二〇三、二〇四；图版280）

第四组　四菩萨一坐像一佛一布袋和尚龛像　位于壁面中部右下、第七窟甬道与第六窟右壁后端之间，贯穿第十三至十七排，自右向左、自上而下编为680～686号。仅上、下龛缘较清楚，左、右两侧减地凿通。造像面部局部或全部残损。根据头部残痕中的发缕残迹，可知680～682、686号像为菩萨像。正身，680号和681号两尊菩萨像身体窄长。禅定印，双手外露或掩于袈裟内；结跏趺坐。穿袈裟，圆领通肩式或双领下垂式，681号和686号菩萨像袈裟下垂双领间露出内层僧祇支。座为仰莲座，莲瓣圆润。通高0.26～0.28米，座高0.06～0.07米，膝宽0.12～0.13米。（图版281、282）685号像头部残痕无明显发缕或耳部迹象，题材不确定。正身，禅定印，结跏趺坐。穿圆领通肩式袈裟。座为仰莲座，莲瓣圆润饱满。通高0.25米，座高0.07米，膝宽0.8米。683号布袋和尚像身体较正，宽而健硕。左腿内屈抬起，左手残，应位于左膝部；右腿内屈平置，右手于右膝外执袋口，臂后的袋圆鼓。穿袒右袈裟，胸下有横向束带，下身应穿裙，跣足。方形束腰须弥座，上、下部各两层叠涩，束腰宽短。通高约0.29米，座高0.11米。（图二〇五）684号佛像左、右两侧有减地龛缘，左侧减地较浅。正身，双手结弥陀定印，结跏趺坐。穿圆领通肩式袈裟，跣足。座整体较大，为仰莲六边形束腰叠涩须弥座，仰莲瓣圆润。通高约0.52米，座高0.27米，膝宽0.2米。（图二〇六）

该壁中上部壁面及造像表面被烟炱及析盐覆盖，整体颜色发黑，原始涂色多已不可辨；下部壁面及造像未涂色或涂色脱落严重，仅可辨左侧施甘露观音龛像残存的少量红彩、绿彩、黑彩。

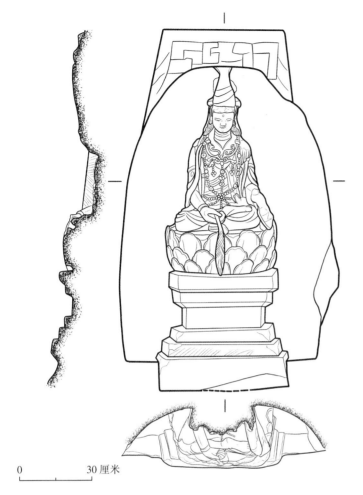

图二〇四　第七窟前壁第三组施甘露
观音菩萨龛像正射模型图

0　　　　30厘米

图二〇三　第七窟前壁第三组施甘露观音菩萨龛像立面、
平剖、纵剖视图

（二）题记

四组，编号为 K7-T31 ~ K7-T34，均位于该壁甬道口上部内侧中间，自左向右分布，横向排列。

第一组　内容不详题记　编号为 K7-T31，位于最左侧。左端为与左侧凿痕区域相接的纵直阴线，阴线以内阴线刻题记。刻痕大部漫漶不清，约略可辨 6 行，每行约 3 字，第 6 行个别笔画刻线较清楚，其余 5 行刻痕模糊。（图版 283）

该组题记内容无法确定，年代不详。

第二组　纪年不详题记　编号为 K7-T32，位于 K7-T31 右侧，略有间距。最左端和最右端有两道纵向平行阴线边框，自右向左竖刻，笔画刻线保存相对较好，可辨 6 行，每行 3 ~ 4 字。（图版 284）

录文如下：

党信母 / 亲柴氏 / □菩萨一 / 百尊求乞 / 平善同□ / □□

该组题记提到了"菩萨一百尊"，对应的可能是该壁面某一区域的小菩萨像，造像目的为祈求平安。年代不详，从其内容与特征来看，推测为金代。

图二〇五　第七窟前壁第四组 683 号布袋和尚像立面、平剖、纵剖视图

第三组　纪年不详题记　编号为 K7-T33，位于 K7-T32 右侧，两题记间以纵向平行双阴线隔开。自右向左竖刻，可辨 12 行，每行 2 ~ 4 字，笔画刻线大多较清楚，第 2 行上部为小方槽。（图版 285）

录文如下：

耿亿□／□□立／占菩萨／五十尊／男七儿／十三耿如／侄秀□／刘氏李氏／□□／李方占／菩萨三／十尊求／乞平善

该组题记内容与 K7-T32 相近，写明功德主及所凿菩萨数量，所指应为该壁面某一区域的小菩萨像。造像目的亦为祈求平安。年代不详，从其内容特征来看，推测为金代。

第四组　纪年不详题记　编号为 K7-T34，位于 K7-T33 右侧，略有间距。两侧无纵向阴线边框，自右向左竖刻，可辨 5 行，每行 1 ~ 3 字，第 3、4 行之间间距稍大。笔画刻线保存较差，大部不清楚。（图版 286）

录文如下：

□□□／卫□二／尊／孙小六／□□□

该组题记亦为造像施主及数量题刻，但可辨字迹较少。年代不详，从其内容与特征来看，推测为金代。

总体来看，该壁面集中分布的四组题记，内容大体相同，均为施主与造像题材、数量，详略不一，凿刻时间应相去不远。

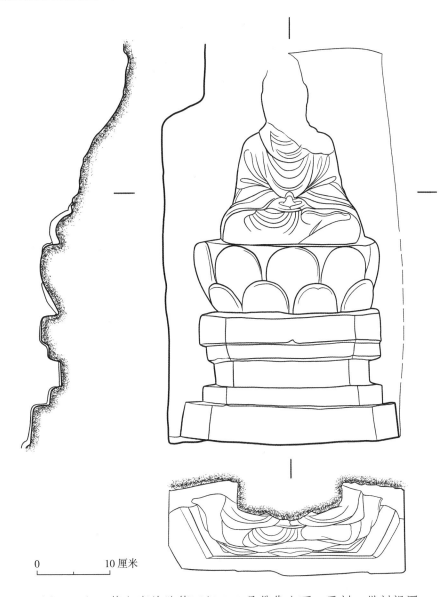

图二〇六　第七窟前壁第四组 684 号佛像立面、平剖、纵剖视图

四、右壁

该壁面右侧大部可见黑色和白色附着物，斑驳较严重，与前壁及第六窟内渗水析盐斑驳相近。壁面中部和左侧石面斜向纹理较明显，中部偏左处上部、右部有四道长短不一的纵斜向裂隙。现有壁面除下部高 0.68 ~ 0.85 米的范围内无造像外，其余壁面满凿造像 231 尊。龛像较多，小像主要位于上部和右侧中下部龛像之间。造像间凿刻题记一组。（图二〇七；图版 287）

（一）造像

共 13 排，根据分布、组合等可分为十三组，自右向左、自上而下依次为：

第一组　一百七十七尊小菩萨像　壁面造像区域均有分布，贯穿第一至九、十一至十三排，以第一至三排数量居多，自右向左、自上而下编为 1 ~ 177 号。右侧保存较差，全部或

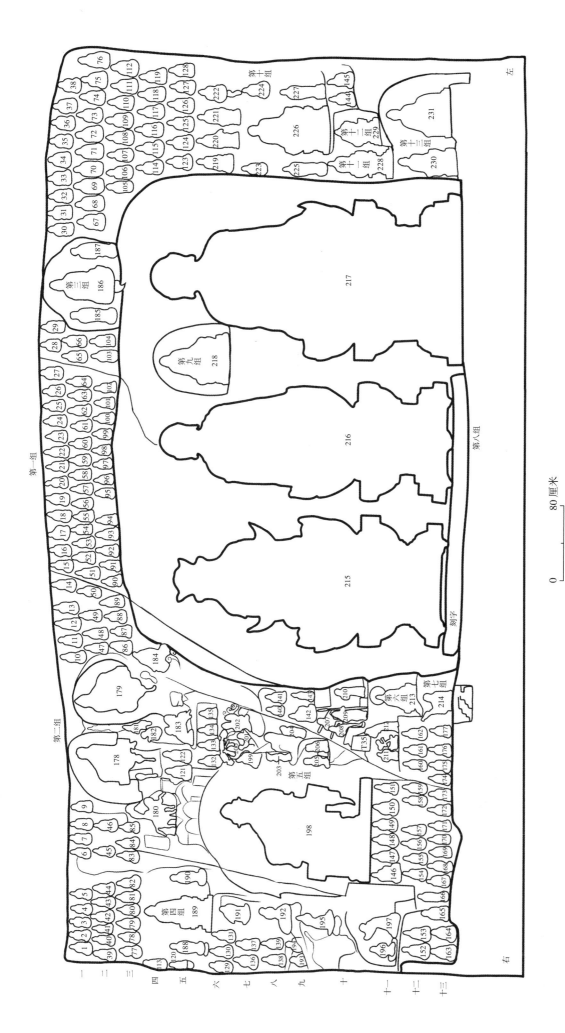

图二○七　第七窟右壁造像、题记编号与造像分组图

0 ⎯⎯⎯ 80厘米

局部残损，面部特征多已不清晰；中部和左侧保存基本完整。
左侧小菩萨像略大于中部和右侧小菩萨像，排列亦稍稀疏。像
高 0.18 ～ 0.32 米，风格相近，应为同一时期内多次凿刻而成。
可辨识者多正身，禅定印，结跏趺坐。少数身体微斜侧或斜侧
较多。部分像一手抚膝、垂于双腿间外侧、于膝上持物、撑座、
屈举胸侧或双手于胸前合掌持物；一腿屈抬，一腿内屈平置。
此外，105 号像似为倚坐姿态，143 号像为跪姿，166 号像为
立姿（图二〇八；图版 288）。束发髻，个别头顶可见束发带
垂覆头顶或髻外冠饰。穿袈裟，多为圆领通肩式，部分衣角覆肩，
个别为双领下垂式。曲腿或倚坐、站立的像露出的单脚或双脚
均为跣足。台座均为仰莲座。（图二〇九；图版 289）

0 　　　　　6 厘米

图二〇八　第七窟右壁第一组
166 号立姿菩萨像立面图

　　第二组　二自在观音菩萨龛像　位于壁面造像区域右侧上
部，贯穿第一至五排，自右向左、自上而下编为 178 ～ 184 号。
造像范围边缘不规整，最高 1.4、最宽 2.08 米。主体部分为双
连拱形龛，178 号观音像龛上部上弧明显，下缘不规则、不连贯，
局部龛缘未凿刻。两龛之间以未减地的纵向凸起和净瓶相隔。
造像表面局部脱落或被析盐覆盖，保存基本完整。侧身而坐。
一手撑座，一手垂于膝外；一腿搭垂、脚踩座前莲台，一腿内
屈抬起、脚踩台座上面。束高发髻，髻外戴高花冠，冠前有化佛，
发缕垂于肩部。跣足。座为较高的山石座。

　　178 号观音菩萨像戴项饰、璎珞、臂钏、手镯，通肩披帛，
带端下垂。通高 1 米，座高 0.46 米。右下方有一头朝左侧身、
抬腿作行进或攀爬状的马，背驮物。身长 0.46 米，最高 0.35 米。马头前有小方台，可能为
箱类物体。180 号牵马人像较低，似仰头，位于马右侧，左手执缰绳、右手曲臂至右胸，穿
圆领袍服和长筒靴。高 0.26 米。左下方有两人物像。181 号人物像弯腰抱拳，似为裸体小鬼，
高 0.3 米；182 号人物像面向观音菩萨跪拜，高 0.24 米。

　　179 号观音菩萨像穿圆领通肩式袈裟，袈裟外通肩披帛。通高 0.97 米，座高 0.46 米。右
下方低处亦有马和牵马人的组合。马头朝左侧身，背驮物，低头，前腿抬起作攀爬状，腿下
表现山石地面。身长 0.36 米，高 0.3 米。马头前有小方台，可能为箱类物体。183 号牵马人
像身体后仰用力拉马，穿长靴，高 0.24 米。左下方 184 号为一乘云、戴帽、穿阔袖袍服、弯腰、
双手于胸前相合托物、作礼拜状的人物像，通高 0.51、人高 0.3 米。这两组画面表现的可能
为取经或送葬度亡灵内容。（图二〇九、二一〇；图版 290）

　　第三组　一佛二弟子龛像　位于壁面造像区域左侧上部，贯穿第一至三排，自右向左编
为 185 ～ 187 号。保存基本完整。龛呈"凸"拱形，下缘被第八组像龛上缘打破，最高约 0.86、
最宽 1 米。186 号佛像左手似为弥陀定印，竖指较粗，似有持物；右手抚膝。结跏趺坐。穿
袈裟，衣角搭覆双肩，袈裟内露出僧祇支领边。座为仰莲座。通高 0.82 米，像高 0.51、膝

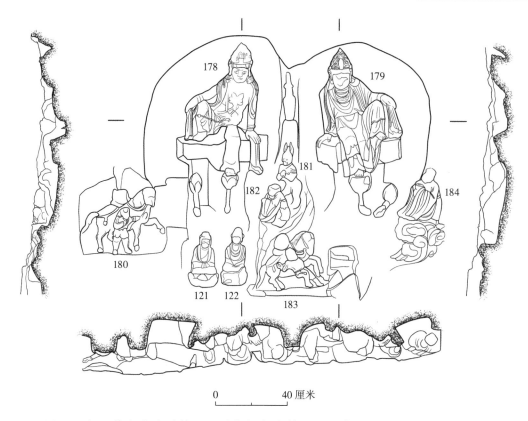

0　　　40 厘米

图二〇九　第七窟右壁第一组造像局部和第二组造像立面、平剖、纵剖视图
121、122.第一组小菩萨像　178～184.第二组二自在观音菩萨龛像

图二一〇　第七窟右壁第一组造像局部和第二组造像正射模型图

宽 0.35 米。二弟子像侧身立于两侧，均穿袒右袈裟和右衽袍服，脚穿靴。座为仰莲座。187号老年弟子迦叶像双手横掌相叠，185 号年轻弟子阿难像双手舒掌合十。通高 0.51 米，187号弟子像高 0.43 米，185 号弟子像高 0.41 米。（图二一一；图版 291）

第四组　一佛二弟子龛像　位于壁面造像区域右侧偏上处，贯穿第四至五排，自右向左编为 188 ~ 190 号。龛略呈方拱形，高 0.77、宽 0.97 米。189 号佛像双手大部或全部残损，左手抚膝，右手原应位于胸部右侧。结跏趺坐。穿袈裟，衣角覆肩，袈裟内露出僧祇支。座为仰莲束腰须弥座。通高 0.74 米，像高 0.39、膝宽 0.26 米。188 号和 190 号弟子像身体斜侧立于佛像两侧，面部及手臂等有不同程度残损，双手于胸前相合，外穿袒右袈裟，内穿右衽袍服，脚穿靴。188 号弟子像座由仰莲和低台两部分组成，通高 0.42 米，像高 0.31 米；190 号弟子像台座表面残损，莲瓣迹象不明显，无低台，通高 0.38 米，像高 0.31 米。（图二一二；图版 292）

第五组　救八难观音菩萨龛像　位于壁面造像区域右侧中部，贯穿第五至十一排，自右向左、自上而下编为 191 ~ 212 号。造像范围纵长布局，最高 2.21、最宽 3.1 米。观音菩萨像龛呈纵长拱形，中下部两侧根据八难场景需要呈不规则外凸，龛缘整体表现山石特征。像左手撑座压下垂帛带，右手于右膝外执帛带一端。左腿下垂，左脚踩座前莲台；右腿内屈抬起，右脚踩台座上面。束发髻，戴卷草纹宝冠，冠前有化佛，冠带及发缕垂于肩后，戴项饰、

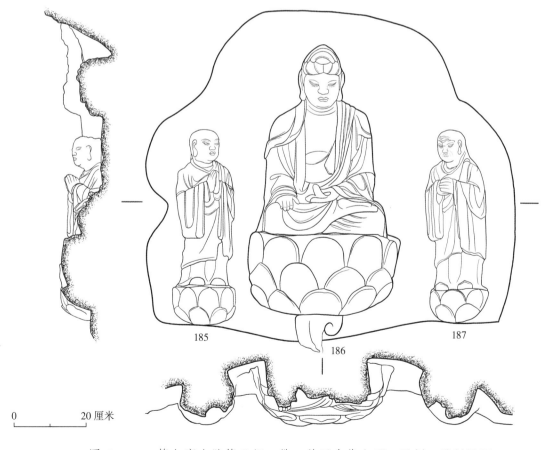

图二一一　第七窟右壁第三组一佛二弟子龛像立面、平剖、纵剖视图

图二一二　第七窟右壁第四组一佛二弟子龛像立面、平剖、纵剖视图

璎珞、臂钏、手镯。上身斜披帛带，下身穿裙，跣足。山石座，上、下较平整，中间表现为山石状束腰。通高 1.68 米，座高 0.7 米。（图版 293）观音菩萨像两侧表现救八难场景。（图二一三、二一四；图版 294）

　　左侧自上而下有四个场景。第一个场景由乘云的雷公、电母、风伯、雨司四神（图版 295）和两位俗世众生人像组成，造像范围最高 0.92、最宽 0.62 米。四神焰发或束发戴帽，穿袍服。200 号雷公像持锤击连鼓，201 号电母像持钹击出弯曲条束状电流，202 号翻袖风伯像手持风袋向下鼓风，199 号雨司像手持雨囊倾雨。四神像之下为与云朵相连的柱状山崖及两侧俗世众生。204 号众生人像抬头仰望（图版 296），203 号众生人像右肩搭伞向前行进（图版 297）。该场景整体表现了众生遭遇风雨雷电的场景，依据《观世音菩萨普门品》重说偈表现。203 号众生人像未撑伞，可能表示已雨过天晴。第二个场景表现二人盘坐，造像范围最高 0.35、最宽 0.32 米。206 号人像口吐物，205 号人像双手合十，中间桌上放置器物（图版 298）。该场景可能为众生为毒药所害而念诵观音、解除毒物的场景，亦依据《观世音菩萨普门品》重说偈表现。第三个场景由四位人物组成，造像范围最高 0.57、最宽 0.68 米。210 号人像弯腰拱手而立，脚前有一框状物；209 号人像戴头盔，穿甲衣，持长矛；207 号和 208 号人像肩扛刀（图版 299）。该场景表现的应为商人遭遇拦路抢劫而念诵观音、受到天将保护的场景，依据《观世音菩萨普门品》正文及重说偈表现。第四个场景由两位人物

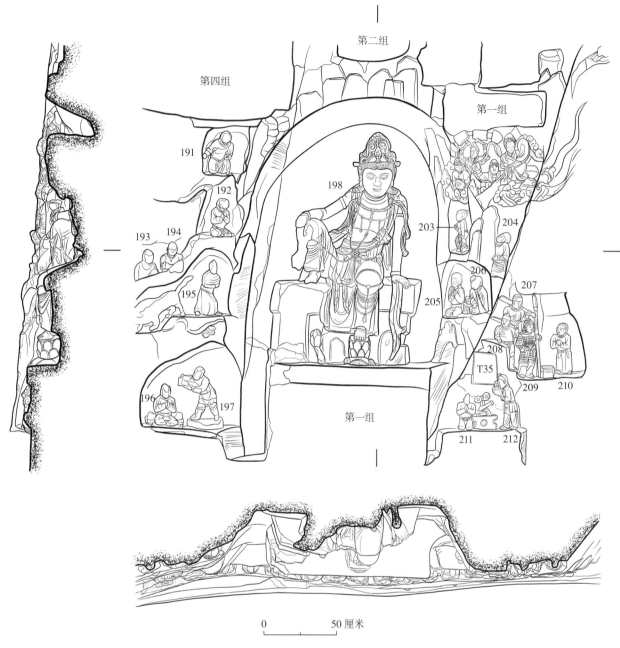

图二一三 第七窟右壁第五组救八难观音菩萨龛像立面、平剖、纵剖视图

组成，造像范围最高 0.51、最宽 0.57 米。212 号人像躬身低头而立，右手握拳抵额；211 号
人像头部残损，跪地合掌，裸体；中间为枷锁、刀和缚带，刀似折断。该场景可能为枷锁难
和刀杖难的组合（图版 300）。依据《观世音菩萨普门品》正文与重说偈表现。

右侧自上而下亦有四个场景。第一个场景造像范围高 0.32、宽 0.3 米。仅 191 号一位人
像，侧身朝向观音像，低头，右腿跪地，左腿屈起，身体前倾（图版 301），该场景所属救
难情节不明。第二个场景造像范围最高 0.38、最宽 0.3 米。仅有 192 号一位人像，盘坐合掌，
侧身望向观音（图版 302）。该场景所属救难情节亦不明。第三个场景由三位人像和两只动
物组成，造像范围最高 0.54、最宽 0.73 米。动物为一头野兽和一条毒蛇。动物左侧 195 号人

像身体表面局部残损，作侧转身反向观音菩萨像一侧逃离状；动物上方有 193 号和 194 号两个躲难的半身人像，头部有不同程度残损，侧身朝向观音菩萨像一侧，合掌作祈祷状（图版 303）。该场景表现的可能为毒蛇难与恶兽难，依据《观世音菩萨普门品》重说偈表现。第四个场景由两个人像组成，造像范围最高、最宽均为 0.62 米。197 号人像身体前倾，双臂前伸；196 号人像盘腿而坐，双手合十，面部残损（图版 304）。该场景可能为众生被恶人推落山崖的表现，与《观世音菩萨普门品》重说偈相应，被推者念诵"观音力"后可"如日住虚空"。

第六组　单尊跏趺坐龛像　位于壁面造像区域中部右下，第五组左下，贯穿第十一至十二排，编为 213 号。龛缘右侧上部与第五组左下部间凿通，下部台座中间似被第七组龛上缘打破，整体略呈不规则长方形，最高 0.6、最宽 0.46 米。像头部残损，题材不确定。禅定印，结跏趺坐。穿圆领通肩式袈裟，从头部残痕和颈部袈裟边缘走向来看，原应覆头，因此其身份为菩萨像的可能性较大。座为束腰须弥座，前面中下部表现为山石座样式，与第七组龛上缘相接，可能系被打破加凿所致。残通高 0.45 米，像高 0.32、膝宽 0.24 米。（图二一四、

图二一四　第七窟右壁第一组造像局部和第五至第七组造像正射模型图

第七组

0　　　　12厘米

图二一五　第七窟右壁第六组跏趺坐龛像立面、平剖、纵剖视图

二一五；图版 305）

　　第七组　单尊僧伽飞雨龛像　位于壁面造像区域中部右下端，第六组下部，贯穿第十二排下部至十三排，编为 214 号。龛整体呈弧拱形，上部打破第六组，龛缘外表现山石，右侧龛缘被第一组造像减地打破。僧伽头部向右斜侧，微仰视净瓶。左手于腹前掌心向下，手指内屈；右手右侧举，执长颈净瓶，瓶口似有液体飘出。结跏趺坐。外穿祖右袈裟，内穿双层右衽袍服。座为束腰须弥座与山石座结合的样式。通高 0.52 米，像高 0.32、膝宽 0.21 米。（图二一四、二一六；图版 306）

　　第八组　普贤菩萨与阿弥陀佛、释迦牟尼佛龛像　位于壁面造像区域中部及左侧中下部，贯穿第四至十三排，自右向左编为 215 ~ 217 号。龛略呈长方拱形，最高 3.8、最宽 5.2 米。龛右侧边缘似局部打破第二、五至七组龛缘局部，龛内又被第九组打破。三尊像并排，均结跏趺坐，215 号为普贤菩萨像，216 号为释迦牟尼佛像，217 号为阿弥陀佛像。普贤菩萨像左手举于胸侧持铃，右臂前屈平置，右手残损。束发髻，戴五佛冠，冠带垂于肩后，发缕垂于

图二一六　第七窟右壁第七组僧伽飞雨龛像正射模型图

肩部。上身外穿短衫，领边自胸腹两侧垂下，衣袖于肘部外翻后飘；衫下斜披帛带，带端垂
覆于仰莲座前面两侧，卷草纹项饰和串珠璎珞垂于帛带外；帛带下还有一层圆领袍服，胸下
束带，领部衣纹表现出外翻下垂的迹象；下身可能穿裙，跣足。座为仰莲束腰须弥座。仰莲
部分表现三层莲瓣。须弥座束腰部分菱形壶门内浮雕正面朝前的卧象，双耳、长鼻、双眼均
较清楚（图版307）；叠涩上、下各两层，前面中间内凹出尖；束腰上、下部平面近圆盆状。
上、下两层扁平叠涩平面呈六边形，下层叠涩下带云纹矮足，与最下层基础叠涩相接，基础
叠涩平面亦呈六边形。通高3.18米，像高1.49、膝宽0.97米。释迦牟尼佛像肉髻表现髻珠，
左手抚膝，右手说法印，手指局部残。外穿袈裟，衣角搭覆双肩；中层穿覆肩衣，搭覆双肩
垂下；内层穿僧祇支。座为仰莲束腰须弥座。仰莲台较窄较高，表现三层莲瓣；须弥座形制
与普贤菩萨像座基本相同，束腰部分莲花柱状柱脚之间高浮雕一撑座力士，仰面而躺，双脚
蹬座，裸上身，戴臂钏和手镯（图版308）。仰莲台与须弥座之间还有一层扁平圆形的缠枝
卷草层。通高3.38米，像高1.54、膝宽0.95米。阿弥陀佛像双手结弥陀定印。高肉髻，表
现髻珠。外穿袈裟，衣角搭覆双肩；中层为覆肩衣，覆盖双肩垂下；内着僧祇支。座为仰莲
束腰须弥座。仰莲部分表现三层莲瓣；束腰须弥座呈六边形，束腰前面两侧转角处浅浮雕云
头状柱脚。通高3.46米，像高1.76、膝宽1.3米。（图二一七、二一八；图版309）

　　该组菩萨像与佛像衣服、台座莲瓣等部位可见沥粉堆砌并施以彩绘的花卉、云朵等装饰
纹样。普贤菩萨像左袖口边缘可见涂金残迹。

　　第九组　单尊佛龛像　位于壁面造像区域中部偏左上处，贯穿第五至六排，第八组释迦

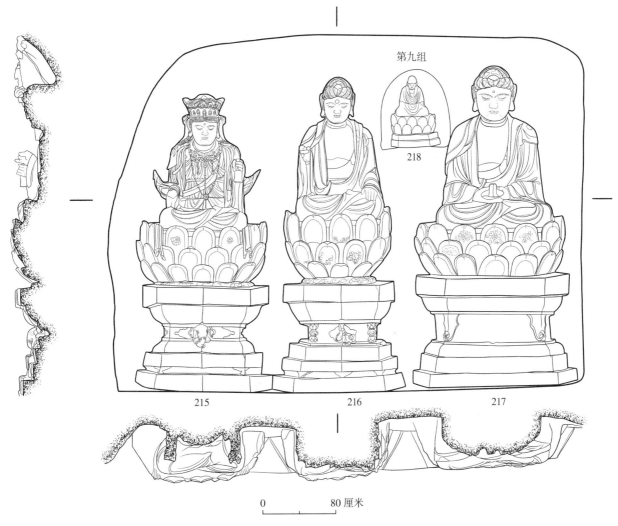

图二一七　第七窟右壁第八组和第九组造像立面、平剖、纵剖视图

215~217.第八组普贤菩萨与阿弥陀佛、释迦牟尼佛龛像　218.第九组佛龛像

牟尼佛像与阿弥陀佛像之间肩部至头部位置，打破第八组，编为218号。保存基本完整。弧拱形龛，最高0.84、最宽0.73米。像头微低下，禅定印，结跏趺坐。穿圆领通肩式袈裟。座为仰莲双层叠涩台座。像略小，台座略大。通高0.77米，像高0.43、膝宽0.38米。（图二一七、二一八；图版309、310）

　　第十组　一佛二弟子五菩萨一小佛龛像　位于壁面造像区域左侧中部偏下处，贯穿第六至九排，自右向左、自上而下编为219～227号。龛略呈纵长方形，边缘不是十分连续和完整。造像区域最高1.57、最宽1.24米。219～222号菩萨像通高0.41～0.49米，像高0.2～0.24米。保存完整，均束发髻，戴冠饰。219号像禅定印，结跏趺坐。穿圆领通肩式袈裟。座为仰莲双叠涩花瓣状边缘台座。220号像左手抚膝，右手抚膝持环；左腿内屈置于右腿后，右腿内屈抬起，右脚踩座。穿圆领通肩式袈裟，跣足。座为仰莲束腰须弥座，束腰低而宽平。221号像身体向右微斜侧。左手抚膝，右手于身侧撑座；左腿内屈抬起，左膝处衣外似有装饰，右腿内屈平置于左腿内侧。戴项饰，外穿袈裟，左肩处凸起可能为衣角，跣足。台座样

图二一八　第七窟右壁第八组和第九组造像正射模型图

式与 220 号相同。222 号像禅定印，结跏趺坐。穿圆领通肩式袈裟。座为缠枝仰莲座。223
号和 224 号像保存基本完整，禅定印，结跏趺坐。穿圆领通肩式袈裟，仰莲座，莲瓣较大。
223 号像为小菩萨像，束发髻，戴冠饰，通高 0.3 米，像高 0.22 米。224 号像为小佛像，表
现髻珠，通高 0.31 米，像高 0.24 米。225 ~ 227 号为一佛二弟子像。226 号佛像馒头状肉髻
较低，表现髻珠，左手禅定印、右手抚膝，结跏趺坐。上身外穿袈裟，内穿僧祇支，下身穿裙。
座为仰莲束腰须弥座，束腰较宽较低。通高 0.91 米，像高 0.43、膝宽 0.32 米。二弟子像头
部至颈部残损。正身立于佛像两侧，双手或于胸前竖掌相合，或上下弯曲叠掌相合。外穿袒
右袈裟，内穿双层左衽袍服，脚穿靴。座为圆形仰莲座。225 号弟子像通高 0.5 米，像高 0.41
米；227 号弟子像通高 0.51 米，像高 0.42 米。（图二一九；图版 311 ~ 314）

　　第十一组　单尊跏趺坐像　位于壁面造像区域左下部近边缘处，贯穿第十至十一排，编
为 228 号。周边减地较平，未见明显龛缘。头部至颈部残损，题材不确定。禅定印，结跏趺坐。
穿圆领通肩式袈裟。座为仰莲束腰须弥座，束腰前面有菱形壶门，上、下叠涩前面中部内凹。

图二一九　第七窟右壁第十组一佛二弟子五菩萨一小佛龛像局部正射模型图

通高 0.7 米，像高 0.3、膝宽 0.22 米。（图版 315）

　　第十二组　单尊布袋和尚龛像　位于壁面造像区域左下部近边缘处，第十一组左侧，编为 229 号。龛略呈纵长方形，右侧边缘减地与第十一组相通。像保存基本完整，体态健硕。左手屈指抚膝，右手于右膝外执袋口。左腿内屈抬起，右腿内屈平置。戴项圈、臂钏、手镯。外穿袒右袈裟，下穿裤，裤腿下部扎束，跣足。座为束腰叠涩须弥座。通高 0.49 米，像高 0.26 米。（图二二〇；图版 316）

　　第十三组　一佛一罗汉龛像　位于壁面造像区域左下端，贯穿第十二至十三排，自右向左编为 230、231 号。龛略呈不规则弧拱形，右侧减地较平，无明显龛缘，下部仅左侧龛缘较清楚，其余部分台座外立面与下部石面相连。230 号佛像位于右侧，面部残。禅定印，结跏趺坐。穿圆领通肩式袈裟。座为仰莲方台座。通高 0.65 米，像高 0.38 米。231 号罗汉像位于左侧，身体微侧。左手搭于身侧山石几形台座上，台座边缘减地不规整，左侧似被减地凿掉；右手搭于右膝上。倚坐。外穿袒右袈裟，袈裟下着双层左衽袍服，脚穿靴。座为方台座，

0　　　　12厘米

图二二〇　第七窟右壁第十二组布袋和尚龛像立面、平剖、纵剖视图

双脚分别踩于座前小石台上。通高 0.73 米，像高 0.59 米。（图二二一；图版 3176、318）

该壁面及造像涂色残留较少，可辨有绿、红、黑、黄彩等，颜色多已不鲜艳。

（二）题记

一组。

皇统四年（公元 1144 年）题记　编号为 K7-T35，位于第五组龛像左侧第三个与第四个场景之间，198 号观音菩萨像台座左下方。题记区域减地略呈纵长方形，边缘线槽较深，轮廓清晰，自右向左竖刻，可辨 5 行，字迹保存较好。（图二二二；图版 319）

录文如下：

　　青信男弟子胡介 / 妻李氏打造八难 / 观音一仆从伏 / 亡祖早生天界 / 皇统四年三月日

该组题记言明造像时间为皇统四年，题材为"八难观音"，明确对应右壁第五组造像。造像目的是为亡祖祈福，功德主为夫妻二人。

此外，该壁第八组造像普贤菩萨像座底层前面右侧有一组刻字，较为随意，2 行，部分字迹不可辨，可辨内容为"德顺州永□城 / 李□因□□"（图版 320），纪年和具体造像或事件内容均不详，应与第八组造像无关，具体所指不可知。

0   20 厘米

图二二一　第七窟右壁第十三组罗汉像立面、平剖、纵剖视图

0   6 厘米

图二二二　第七窟右壁 K7-T35 拓片

第四节　顶部与底部

一、顶部

整体较平，后部和左、右两侧略高。中部为基坛四柱的顶端，左后柱与右后柱顶端之间为藻井。藻井的后部及两侧、四柱顶端之间区域为装饰图案与题记，外围及图案之间的壁面有由长短、方向不一的成组细阴线凿痕构成的方形、"X"形、波浪状与三角形组合图案和平行线图案。中部偏前处有一道横向裂隙，左后部有二道平行裂隙。后部中间、中前部壁面大部可见黑色、灰色或白色附着物痕迹。（图二二三、二二四；图版 321）

（一）藻井

与基坛中后部圆雕主尊佛像头顶对应，减地内凹，主体为八边形，各边均内弧。八角外接一同心圆，窄带状边缘。直径 1.94、边长 0.67、最深 0.34 米。外圆与八边形之间的八块区域未减地，整体呈两端尖的窄长椭圆形，内部分别雕饰不同样式的对花图案。八边形内壁斜面自外而内分为造像与题记层以及缠枝花卉层，中心为向下凸出的八瓣莲花，其上未见悬钩。（图版 322）

1. 造像

位于藻井内壁外层，共五组十尊，均为小佛像，自前向后顺时针依次编为第一组至第五组，各组下有卷草纹。其中，三尊并坐两组，分别为第一组（图版 323）和第四组（图版 324），相对分布；二尊并坐一组，为第二组（图版 325）；单尊两组，分别为第三组（图版 326）和第五组（图版 327）。

造像大小、特征基本相同，高约 0.25 米。肉髻低平，面部圆润，颈部表现蚕节纹，肩头圆钝，结跏趺坐于仰莲台上，莲瓣浅浮雕。除第四组中间佛像左手降魔印，右手略残、应于胸侧举起外，其余九尊小佛像均为禅定印，双手于腹部相叠，似掩于袖内。穿圆领通肩式袈裟，下身应着裙，双脚掩于袈裟和裙摆内。

2. 题记

四组，均位于藻井内造像旁或造像之间。

第一组　纪年不详题记　编号为 K7-T36，位于第二组和第三组小佛像之间，距第三组相对较近。梯形区域中部凿刻尖拱形龛，龛与方形区域间装饰花草纹，龛下为对称外卷呈倒"V"形的卷草枝叶纹，龛内自右向左竖刻 2 行，录文为："李□李 / 氏佛二尊"。（图版 328）

第二组　纪年不详题记　编号为 K7-T37，位于第三组与第四组小佛像之间，距第三组略近。题记区域为拱形碑状，自右向左竖刻 2 行，录文为："施主李仲占 / 佛一尊"。（图版 329）

第三组　纪年不详题记　编号为 K7-T38，位于第四组小佛像右侧。题记区域近方形，自右向左竖刻 2 行，录文为："施主□□占 / 十方佛一尊"。（图版 330）

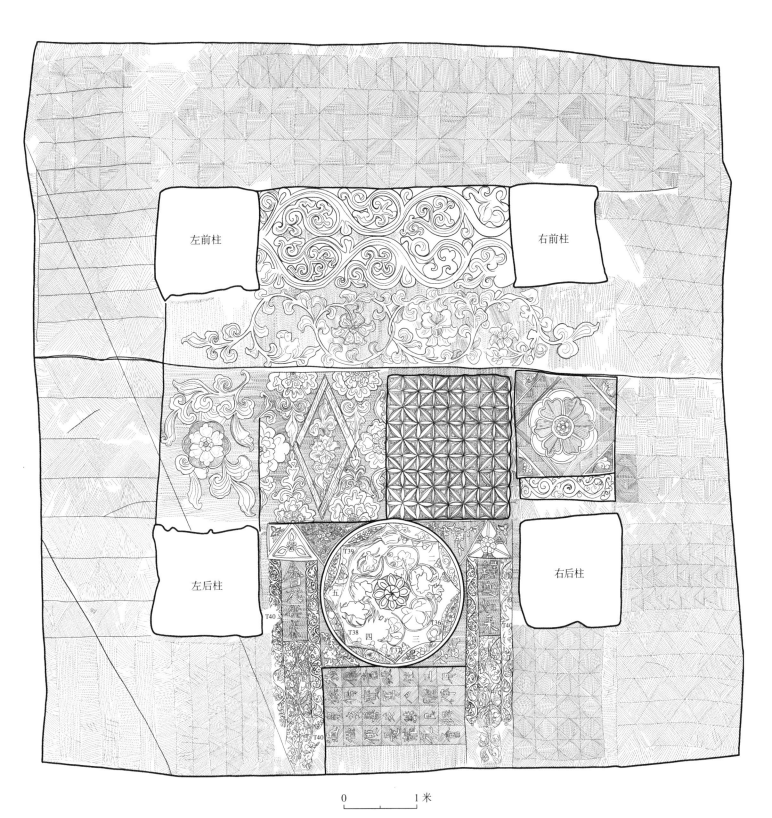

图二二三　第七窟窟顶藻井、装饰纹样、题记编号与造像分组图

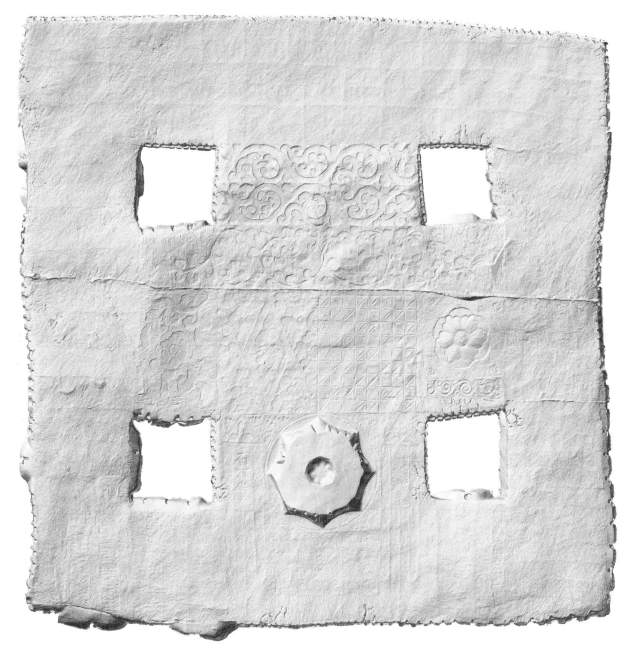

图二二四　第七窟窟顶正射模型图

第四组　纪年不详题记　编号为 K7–T39，位于第五组小佛像右侧紧邻处。题记区域为拱形碑状，自右向左竖刻 2 行，录文为："李▢佛一／尊"。（图版 331）

上述四组题记共提及佛 5 尊，从位置关系来看，对应的应为第三至五组的 5 尊小佛像。通过观察，第一组和第二组小佛像旁边壁面亦有外凸部分，但未观察到题记，由于壁面看不到明确的剥落残损迹象，因此可能未进行题刻。K7–T38 题记中提到的"十方佛"应为藻井内 10 尊小佛像的题材。从内容与特征来看，题记年代应为金代，系第七窟基坛本体造像的重要组成部分。

（二）藻井外装饰与题记

1. 装饰

根据纹样的不同，藻井外装饰自前向后、自左向右大体可分为七组，题材主要有花卉纹和几何纹两类，分别为：

第一组　卷枝花草纹。枝较粗，两侧对称。（图版 332）

第二组　缠枝花卉纹。枝较细，中间交叉缠绕。（图版 332）

第三组　枝叶花朵纹。花朵六瓣。（图版 333）

第四组　菱形花朵纹。菱形窄带状边缘刻划"回"字形云雷纹，内为枝叶花朵纹。菱形外、四角及两侧各有相对分布的枝叶花朵，共六朵。（图版 333）

第五组　连续方格纹。由外方内"米"字纹与外方中菱内"十"字纹构成，构成纹样的最小图案单元均为两端尖的窄长椭圆形。（图版 333）

第六组　外方中八边形内花朵纹。四角各有一个直角三角形，内刻带尾云朵，不相连，斜边朝内。中心为六瓣大花朵。花朵与三角形之间填充规律分布的横向或斜向凿痕图案。方形图案区后侧为一组较小的卷枝花草纹。（图版 333）

第七组　平行带状缠枝花草纹。前端两侧各有三个大小不一的横排三角形，内刻花叶花枝纹。最内侧三角形内边依藻井圆边内弧；中间三角形之下为平行垂带 4 条，带内对称刻划连续卷枝花草纹，中间两带与中间三角形下缘间为题记带。藻井后部及两侧垂带区域之间为题记区域。题记区域与藻井及垂带间为内弧边直角三角形，内刻花枝纹。（图版 334）

2. 题记

一组。

纪年不详题记　编号为 K7-T40，位于藻井外左、右、后三侧。（图版 334）字体大，竖刻。左、右两侧题记单行，右侧为"释迦如来"，左侧为"香花供养"。（图版 335）后部自前向后 4 行，为"我佛当殿住三界／镇得魔军心胆碎／众多善友结良缘／过世便是龙花会"。（图版 336）

该组题记为佛坛主尊佛像的供养与祈愿题记。

二、底部

与甬道底平齐，整体较平，但表面较粗糙，仅局部残留少量原始凿痕，未见凿刻的装饰图案迹象。

综上可知，该窟现存造像 3293 尊，题记 40 组。11 组题记带有纪年，最早纪年为金皇统元年（公元 1114 年）。据此，该窟为一座开凿时间不晚于金皇统元年的礼拜窟。

第四章　其他遗存

除 11 座窟龛及其造像与题记外，石泓寺内还发现有石刻造像残块、石碑、础石、石香炉等遗存。

第一节　石刻造像残块

零散放置，主要位于第二窟和第五窟（图版 337）以及院内。部分残块仅有少量似衣纹的刻划，可辨造像部位的残块共计 8 件，其中本体残块 7 件、座残块 1 件，分别编为 1 号至 8 号。依次介绍如下：

一、造像本体残块

（一）头部残块

1 件。

1 号残块　推测为道教造像。头顶、鼻、耳、下颌残损。圆雕。双眼较小，眼珠大而圆，向外凸出。嘴较大，抿起，唇较厚，两侧刻划胡须。头后阴线刻发丝。最大残高 0.52 米，最厚 0.55 米，最宽 0.57 米。（图版 338）

（二）身体残块

6 件。

2 号残块　腹部至台座残块，推测为菩萨像。左腹、右膝残损。背屏式高浮雕，背屏背面见粗糙痕。右手掌心向下搭于右膝上；结跏趺坐，右脚翻掌搭于左腿上。右臂较粗壮，戴手镯。身体宽短，腹部圆鼓。上身可能斜披帛带，腰部束带，带端下垂；下身穿裙，跣足。仰莲座圆雕，莲瓣圆润。最大残高 1.15 米，最宽 1.42 米，最厚 1.31 米。（图二二五；图版 339）

3 号残块　胸部至台座残块，推测为佛像。左侧胸部、左膝外侧、右手残损。圆雕。结跏趺坐；左手掌心向下搭于右脚前端，右臂内屈上举，右手位于胸部。着衣宽大，可能为袈裟，衣纹厚重，于左小臂处两层相叠。背面残存少量斜弧衣纹，右侧纵直凸起，向下延伸至台座底。扁平台座，局部残留凿痕。最大残高 1.35 米，最宽 1.32 米，最厚 1.06 米。（图二二六；图版 340）

4 号残块　肩部至腹部残块，推测为天王像。腹部前面、右臂前面、左小臂残损。圆雕。整体较直，无弯曲。胸部外凸，双臂下垂内屈，有相合趋势，右臂残损面上有一近圆形浅槽。

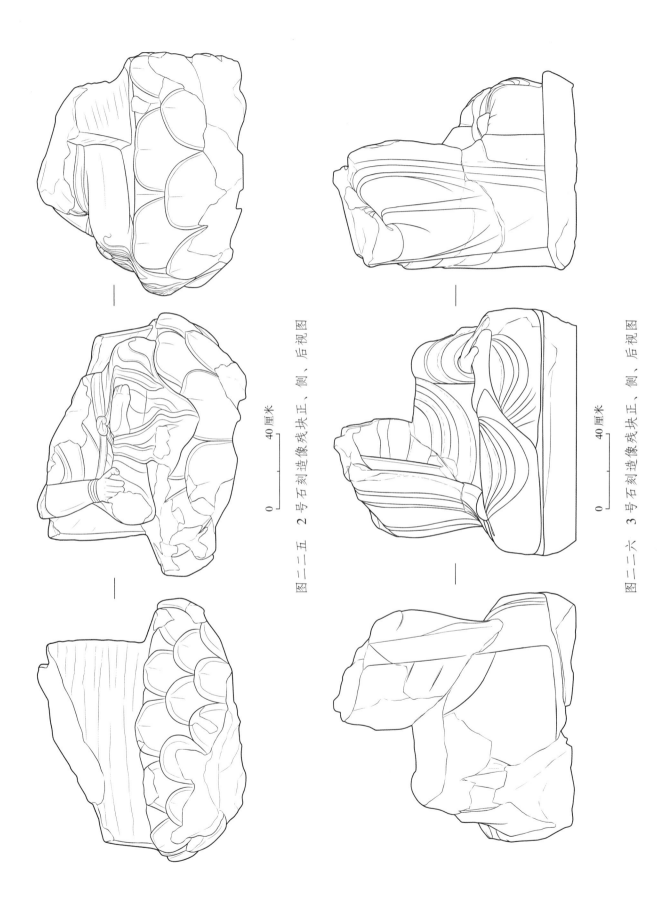

图二二五　2 号石刻造像残块正、侧、后视图

0　　　　40厘米

图二二六　3 号石刻造像残块正、侧、后视图

0　　　　40厘米

穿护肩和甲衣，以"工"字形带绕身相系。双臂上部露出兽面护膊，兽张嘴擒臂，双眼圆睁，双目外凸，粗眉末端弯曲翘起。双肘部甲衣微外翻，边缘翘起。最大残高 0.69 米，最宽 0.87 米，最厚 0.42 米。（图二二七；图版 341）

5 号残块　下腹部至台座残块，推测为罗汉像或道教造像。左手表面局部、台座局部残损。圆雕。正身，左手抚膝下垂；双腿分开，倚坐，双脚微外撇。穿阔袖袍服，腰部束宽带，前面双腿间袍服上可见两道下垂的宽带，脚穿靴。座为"工"字形束腰高台座。最大残高 0.5 米，最宽 0.36 米，最厚 0.3 米。（图二二八；图版 342）

6 号残块　胸腹部残块，推测为菩萨像。表面磨损较严重，局部有残损。背屏式高浮雕，背屏较宽。双臂内屈上举，双手原应于胸部相合。腹部微鼓。双臂可见斜向衣纹，较密，腹部可见下弧衣纹。最大残高 0.41 米，最宽 0.36 米，最厚 0.27 米。（图二二九）

7 号残块　左侧小臂至手部残块，推测为佛像。背屏式高浮雕。小臂下垂后内屈，左手出露，舒掌持物。小臂部衣服厚重，近手腕处有自右侧斜搭过来的一层衣服，推测为袈裟，左手可能执袈裟衣角。最大残高 0.8 米，最宽 0.68 米。（图版 343）

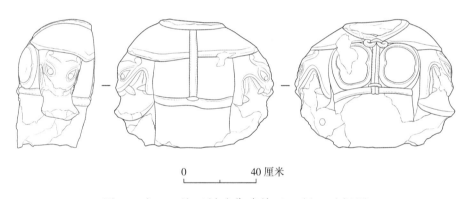

0　　　　　40 厘米

图二二七　4 号石刻造像残块正、侧、后视图

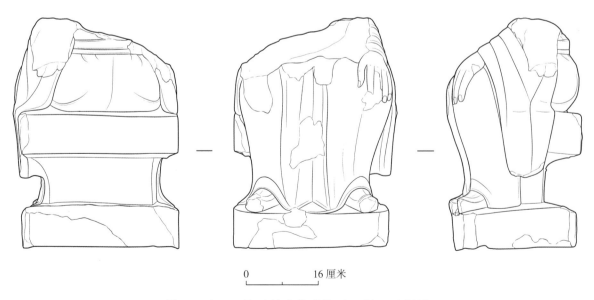

0　　　　　16 厘米

图二二八　5 号石刻造像残块正、侧、后视图

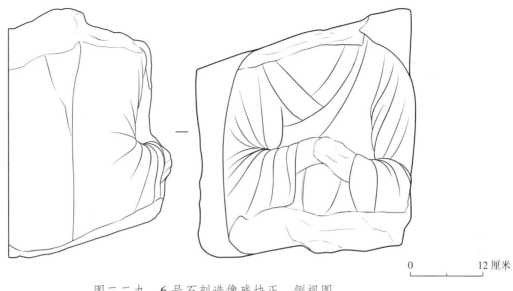

0　　　　　　　　12厘米

图二二九　6号石刻造像残块正、侧视图

二、像座残块

1件。

8号残块　现存两层，一体雕凿，推测为金代圆雕造像座的一部分。表面局部残损。平面呈六边形。上层六边形每面减地阴线刻横长近菱形壶门，菱形长端两侧凿出圆形减地浅槽。下层六边形每面中间有弧尖形内凹。总高0.34米，下层边长0.71、上层边长0.57米。（图二三〇；图版344）

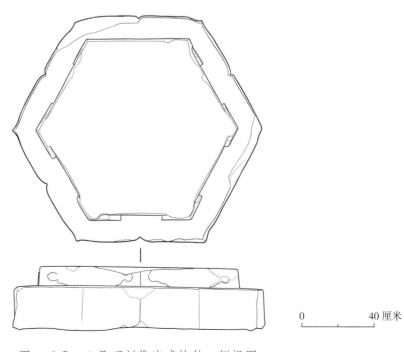

0　　　　　　　40厘米

图二三〇　8号石刻像座残块俯、侧视图

第二节　石碑

共 5 通。第二窟外左侧崖壁前 1 通，编为一号碑；第八窟和第九窟窟前 3 通，自左向右依次编为二号碑至四号碑；第九窟右前方 1 通，编为五号碑。其中，清代晚期碑 2 通、民国时期碑 1 通、现代碑 2 通。按立碑时间早晚依次介绍如下：

一、四号碑（清道光五年，公元 1825 年）

圆拱形，保存基本完整。碑体表面有苔藓，局部苔藓较多。碑额正面阴线刻行云纹、对称带鳞动物及"万古千秋"额题；背面阴线刻连续波浪线与成组对称分布的卷头如意弧线纹及自右而左分布的"日""永垂不朽""月"额题。碑身竖长方形，正面上部及两侧阴线刻连续倒"凸"字纹及曲枝花草纹，底部无明显纹样迹象，部分字迹及纹样磨损严重（图二三一）；背面上部及两侧阴线刻连续菱格纹、连续波浪线与成组对称分布的卷头如意弧线纹，底部表面被修补抹痕覆盖，未见明显纹样迹象，部分字迹及纹样磨损较严重（图二三二）。侧面有三角折线状凿痕。长方形带榫槽基座，四面有纵向凿痕。碑身至碑额可见部分高 2.04、宽 0.78、厚 0.16 米，基座高 0.19 米。正面、背面均凿刻碑文，自右向左竖刻。正面碑文布局为：右侧 5 行为整体竖刻；中部和左侧功德主题名自上而下 6 排、每排自右而左竖刻 12 行。背面碑文布局为：左侧 1 行为整体竖刻；右侧和中部功德主题名自上而下 8 排、每排自右而左依次竖刻 16、17、16、16、16、16、7、10 行；自下而上第七和第八排左侧为石匠和撰写人题名，自右而左纵向布置 3 行。

本碑录文采用自右向左整体竖行和自上而下、自右而左排内竖行结合的方式录写。

正面碑文录文如下：

　　　新修关帝庙重整钟楼序 // 五德叠兴炎汉应赤龙之瑞三分鼎峙西蜀称一虎之才义存汉室德布荆州此名教中之完人□□中□□者□…… // 解万民之赖者此即香烟万代蒸□百世理宜然也圐石空寺　关帝之像大钟之楼圙有固也…… // 至大其位甚卑虽有香烟以祀其位不称而神亦不飨也大钟之楼被风霜而毁坏经年久而朽□□□持有年大修其…… // 心修整恐壮丽之莫增是以邀同首人募化十方仁人长者解囊相助以成盛举无力有不致功□一　□云功成告竣勒石永垂是为序 // 山主生员缑占鳌捐钱二千八百文／首人雷孝捐钱二千四百文／首人冯明英捐钱二千四百文／首人阳正邦捐钱二千四百文／首人高文秀捐钱二千四百文／首人刘廷祥捐钱二千四百文／首人吴桂林捐钱二千四百文／首人郑昇安捐钱二千四百文／首人周明峰捐钱一千六百文／首人朱友文捐钱八百文／首人李为珍捐钱五百文／谭凤捐钱二千四百文 // 黄文峰／董芳智／陈以相／郑秀招／环兴和／陈凤美／王万清／王万书／赵良桢／赵世兴／曹宗华／杨天顺／以上各捐钱一千二百文 // 王正国捐钱八百文／天丰永捐钱八百文／张元金捐钱八百文／姚攸远／曹胜玉／程文高／张仁宗／张克积／梁凤□／杨仁龙／卢世刚／田位金／以上各捐钱六百文 // 邹贵／刘文榜／彭学见／柴忠／杨名昇／纪福寿／天成义／金正荣／黄金相／董文宜／以上各捐钱五百文／史杰义捐

0 ⊢———⊣ 16 厘米

图二三一　四号碑正面碑文拓片

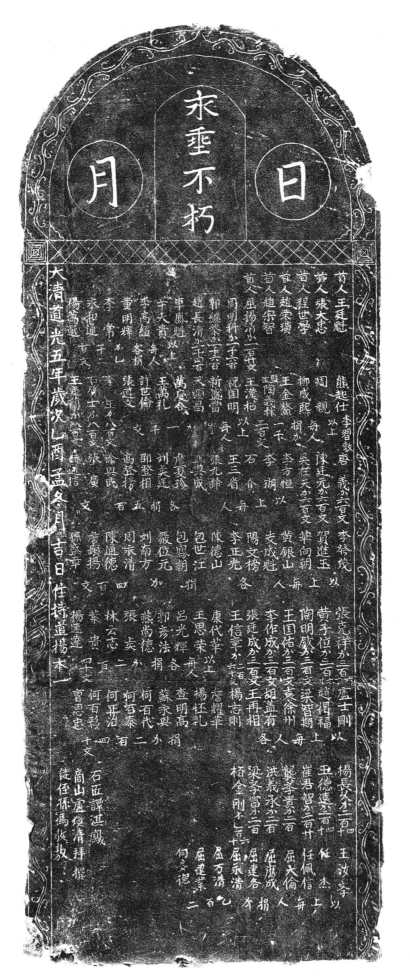

图二三二　四号碑背面碑文拓片

钱四百文 / 汪东海捐钱四百文 // 樊俭榜 / 李善弟 / 叚用矣 / 李顺洪 / 以上各捐 / 钱四百文 / 李　金捐钱三百六十 / 严永清捐钱三百廿 / 王金惠捐钱三百廿 / 郭克顺 / 孙务德 / 双庆店 / 李国会 / 吴德恒 / 已上各捐 / 钱三百文 //……/……/…… / 秦□□ / 程圆禄 / 姬乃兴 / □金 / 薛俊极 / 曾占华 / 李天成 / 胥凤先 / 屈匡清 / 以上囤囗捐钱二百四十文

背面碑文录文如下：

　　首人王廷魁 / 首人张大忠 / 首人程世学 / 首人赵荣璜 / 首人赵宗智 / 首人屈扬清钱一百廿 / 周明科钱一千六百 / 郭继恭钱一千六百 / 赵长清钱一千四百文 / 车凤魁 / 辛大贵 / 李高绍 / 黄明辉 / 李常 / 永和通 / 杨万选 / 以上每人各捐钱一千二百文 // 熊起仕 / 李习教 / 周亲 / 柳成熙 / 王金鳌 / 监生陶义林 / 以上每人捐钱一千二百文 / 王汉招 / 祝国明 / 新盛当 / 天顺昌 / 万庆合 / 王万礼 / 许世伦 / 张遵文 / 以上每人捐钱一千文 / 李玉钱八百文 / 石膺士钱八百文 / 王廷兰钱八百文 // 唐义钱六百文 / 陈廷元钱六百文 / 吴在天钱六百文 / 李方恒 / 李瑚 / 石介 / 王三省 / 张九龄 / □兴成 / 詹夏珍 / 刘矣廷 / 邵登相 / 高登榜 / 徐兴武 / 张广 / 赫通信 / 以上每人各捐五百文 / 李癸茂 / 贺进玉 / 华向朝 / 黄银山 / 支成魁 / 阳文榜 / 李正光 / 陈德山 / 包世江 / 包凤朝 / 严位元 / 刘南方 / 周永清 / 陈通德 / 詹显扬 / 孙盛章 / 以上每人各捐钱四百文 // 张克祥钱三百六十 / 黄子位钱三百六十 / 陶明钦钱三百文 / 王国佑钱三百文 / 李作成钱三百文 / 张廷成钱三百文 / 王信章钱二百六十文 / 康代华 / 王思荣 / 吕光辉 / 郭彦法 / 燕尚德 / 张矣 / 林云志 / 叶贵 / 杨连达 / 以上每人各捐钱二百四十文 // 卢士刚 / 赵得福 / 梁智期 / 袁徐州 / 胡盖有 / 王再相 / 杨志刚 / 詹耀华 / 杨怀礼 / 查明高 / 苏永兴 / 何百代 / 何百泰 / 何正治 / 何百彩 / 曹思忠 / 以上每人各捐钱二百四十文 // 杨长久钱二百四十 / 王德远钱二百四十 / 崔君智钱二百廿 / 龚学贵钱二百 / 洪义承钱二百 / 梁学富钱二百 / 栢金刚钱一百六十 // 王汝学 / 任杰 / 任佩信 / 屈大伦 / 屈应成 / 屈建各 / 屈永清 / 屈万清 / 屈建业 / 何多德 / 以上每人捐钱一百二 // 石匠谭淇凤 / 商山卢焕清 / 徒侄孙冯敩敩 / 拜撰 // 大清道光五年岁次乙酉孟冬月吉日住持道杨本一

该碑正面和背面内容连续，整体为清道光五年"新修关帝庙重整钟楼"一事的记事和功德题记。其中提到了"石空寺"有"关帝之像大钟之楼"，表明道光年间石泓寺有附属的关帝像和钟楼，现已无存，其与石泓寺窟龛群的相对位置亦已不可知。未来石泓寺的维修保护工程中应当考虑对窟前院落及周边院墙附近区域进行考古勘探和发掘。

二、一号碑（清咸丰九年，公元1859年）

圆拱形。碑与崖壁间距离很近。碑额减地浅浮雕双龙、云纹及"皇清"额题。碑身竖长方形，两侧及底部砌砖加固，中部偏上处开裂，下部右侧石皮起翘或剥落，边缘分区减地浅浮雕纹样带，底部纹样磨损严重，特征不甚清楚，其余纹样有席纹、缠枝花草、鸟雀、连续交错菱格、宝瓶、连续交错六边形、二方连续圆钱纹等。基座略呈长方形，两侧及上面局部残损，左侧用水泥加固，正面中部上缘原似有浮雕纹样，其余部分整体较平。碑身至碑额可见部分高1.78、宽0.65、厚0.16米。现仅可见正面碑文，自右向左竖刻，19行，布局为：左侧7行、右侧2行为整体竖刻，中部和右侧主事人题名分上、下两排，排内竖刻，上排1行，下排10行。

皇清

黑水寺閣南庄峪主重修

鎮娘洞万齡代修魚垛碥路又書東名崖潇口石橋碑文

常嶺時曰厥初生民貴惟姜嫄父

年道光九年里人等補修之但洞中又有前後碥路上禹烂石下臨河水行人佳來極其險阻且每月功竣則見

神皇之所不悦君亦吾僧不思生視有石三名子各裹其成竟

勖心傷不得不思為鴆工之棄辛有

曰至咸坤元万物資生又曰履道坦幽人貞吉二碑此之謂也

太清咸豐玖年孟夏之月穀旦立石

之所娘娘也吾黑水寺水逆潇濱有娘娘西洞下不知創自何順拜於前必不待後民等曰

史秀高王
賀榮尹達
河嵩武太王

图二三三　一号碑正面碑文拓片

（图二三三；图版 345）

本碑录文采用自右向左整体竖行和自上而下、自右而左排内竖行结合的方式录写。

录文如下：

黑水寺合街庄客主重修 // 娘娘洞石路代修鱼坪碥路又建修东石崖沟口石桥碑文 // 尝读诗曰厥初生民实惟姜嫄今之送子 娘娘或即古之姜嫄也吾黑水寺水进沟旧有 娘娘神洞不知创自何 // 年道光九年里人等补修之但洞居半山路出石壁历年久远势必顷颓若不修而葺之则进香者不得瞻拜于前 // 神圣之所不悦居亦吾侪不忍坐视也又有前后碥路上垂危石下临河水行人往来极其险阻于□街□居民等目 // 睹心伤不得不思为鸠工之举幸有好善之君子各□囊资共成盛事不崇月功竣则见 神安人悦民康物阜易 / 曰至哉坤元万物资生又曰履道坦坦幽人贞吉二者此之谓也 // 首事人 / 寇广遇 / 王秉贞 / 雷贵兰 / 王遇清 / □作桂 / 杨正华 / 雷德法 / 史琏 / 胡恭平 / 赵文渊 // 河津石匠高玉 // 太清咸丰九年孟夏之月谷旦 □图

该碑记述了清咸丰九年维修黑水寺娘娘洞石窟与周边路桥之事及参与人员，与石泓寺无关，何时何地因何被移至石泓寺院内放置已不可知。碑文所记寺院和洞窟现均已无存，留下的只有富县张家湾镇黑水寺村娘娘庙村民小组的地名，更加突显了碑文信息的珍贵性。

三、三号碑（公元 1942 年）

圆拱形，保存基本完整。碑额正面平面减地加阴线刻兽面垂帐、弯曲枝叶、飞龙纹及"永垂不朽"额题；背面无题刻，表面剥落粗糙。碑身竖长方形，正面上部及两侧、底部阴线刻缠枝花卉纹间以鸟雀、人面神像纹与弧涡状水波纹，局部石面剥落或磨损导致字迹残损或模糊；背面粗糙，局部可见零星凿痕，无题刻迹象；侧面有横向凿痕。长方形带榫槽基座，顶部边缘有残损，四面可见横向或纵向凿痕。碑身至碑额可见部分高 2.04、宽 0.76、厚 0.12 米，基座高 0.19 米。正面碑文自右向左竖刻，22 行，布局为：左侧和中部 14 行、右侧 1 行为整体竖刻，之间部分右侧上部 7 行 3 组题名分排竖刻，下部为 3 行题名竖刻。部分字迹因苔藓腐蚀而无法辨识。（图二三四）

本碑录文采用自右向左整体竖行和自上而下、自右而左排内竖行结合的方式录写。

录文如下：

石泓寺善后碑序 // 盖闻天下义图善恶攸分若不为之先虽美弗彰若不绪之后虽善弗继而公义之心不□人事当尽道□图意不昧刊石宣 // 扬以表殷勤当流传于后世矣夫鄜州西川旧有石泓古寺远观者丛林山岩近视者佛地洞天也千尊高座万圣空立相传 // 乎出自神工非人力而为之其神灵之素著而人民信仰者皆在于斯也自居至今仙迹尚存住一僧衣钵无着募化度日年 // 余而去思之也悲至清末之间此境偶成圹野四处无人香火泛此断矣惟我佛有灵感动□□移此时有何某到此观之而工 // 程浩大如何败而涂地□居之而不得擅入有赵会首介绍以看香火后遇艾氏帮助邀范氏大开善堂就此同居于寺宣讲 // 募化成立四月八日之佛会念经度厄以消末劫由是佛祖感□□□日渐兴隆于民国八年□邀众善率领募化新修皇经楼 // 一座卧室厨房几间工程告竣诵经建醮诸神临坍而降乩众善□□以皈依藉凡□而□真

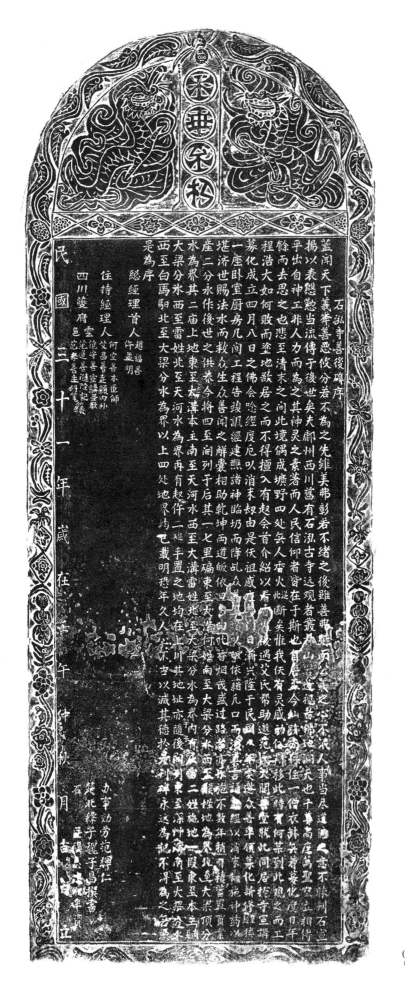

0　16厘米

图二三四　三号碑正面碑文拓片

言诵□经以消末劫施神药以 // 堪济世赐法水而救众生众善闻之解囊相助乾坤两道皈依日□由此香烟茂盛过路者亦乐施不数年稍有积蓄置买业 // 产二分永作后世之供养今将四至开列于后其一七里碥东至大沟何姓南至大梁分水西至侯姓地为界北至大梁顶分 // 水为界其二庙上地东至大沟本主南至天河水西至大沟雷姓北至大梁分水为界竿子塬内有囷雷二姓施地一段东至本主南至 // 大梁分水西至雷姓北至天河水为界再有赵仵二姓手置之地均在上川其地址亦随后开列东至囵囲囿南至大梁分水 // 西至白马驷北至大梁分水为界以上四处地界均已载明恐年久人心不古以灭其德于是刊碑永远为记不囷为之无凭 // 是为序 // 总经理首人 / 赵福善 / 仵孟明 // 住持经理人 / 何空善木匠师 // 艾昌善走杂内外 // 四川夔府云邑 / 范守善宣讲圣教 / 范道善进除记录 / 范学善主科笔录 // 办事效劳范辉仁 // 楚北释子魏子昌撰书 // 石匠程□□□碑资 // 民国三十一年岁在壬午仲秋月吉日立

该碑记述了 1942 年新修石泓寺皇经楼、僧房、厨房以及买置与施地地界之事，并有组织和参与相关事务的人员名单和分工。这些记述是民国时期石泓寺历史的重要资料。

四、五号碑（公元 1985 年）

圆拱形，保存基本完整。碑额顶部正面阴线刻双弧线边缘及双翅托"福"额题；背面阴线刻双弧线边缘及卷枝花草托"寿"额题。碑身竖长方形，正面两侧阴线刻曲枝卷草纹，中间为碑文；背面两侧阴线刻回字形折线纹与菱形纹，中间未见碑文，打磨较平，可见凿痕；侧面可见连续三角折线凿痕。长方形带榫槽基座，顶部石面剥落斑驳，局部可见三角折线凿痕，四面可见纵斜向凿痕。碑身至碑额可见部分高 1.94、宽 0.69、厚 0.11 米，基座高 0.27 米。正面碑文自右向左竖刻，字迹较清楚，12 行。（图版 346）

录文如下：

重修石泓寺记 / 石泓禅寺三秦胜景背倚子午秀拱千峰飞崿穿岫栖霞遏云前俯罗水波光碧澄来如白虹去若游龙诚佳境也世谓牧 / 童借口传言仙乐骤鸣石门洞开倏现梵宇琳宫然考诸题记梵窟并非鬼斧实乃人工盖肇创大唐景龙年间历五代后 / 周经宋金明清诸朝迄今千余载矣窟内巨佛三尊余如罗汉力士水月观音法相天成奕奕如生其数不知几多号称万 / 尊古刹昔为佛门圣地今实千年胜迹六朝雕塑艺术之官也其金代造像承唐风而余宋韵为国内鲜见奈古刹年久失 / 修荒凉欲摧尤经文革之乱明珠无辉国宝蒙尘所喜劫后之余造像完好者尚存十之八九此亦不幸中之大幸也今政 / 通人和百废俱兴民康物阜四海升平为拯救我民族千年文化遗产陕西省文物局相继拨款六万余元县政府及所属 / 文化文物局共商修复事宜议由主管部门专施其职先则文化馆继则文管所勘察绘图监督施工自一九八二 / 年五月 / 始迄一九八五年十二月二十五日工程告竣计修复普贤菩萨一尊翻新大殿三间两层厢房五间另房三间加固窟外 / 危裂山体一段寺前院基新筑洪坡一围上施石雕栏杆中建山门一道题联书匾古意盎然使行将颓废之古刹顿改旧 / 观殿宇宏伟檐楹翚飞水芳岩秀曲栏回环较前更觉金碧彩焕气象庄严谨记以志其盛云 / 富县人民政府　一九八五年十二月二十五日　立

该碑为 1982～1985 年陕西省文物局组织出资、富县政府文物等部门勘查修复皇经楼及附属房舍，加固危裂山体，新建院落围墙与山门等的题记。这次维修奠定了石泓寺此后的基本格局。不过，当时翻新的"皇经楼"还是两层结构。碑文中提到的修复普贤菩萨可能指的是扶正加固，恰与现在普贤菩萨造像莲座部分与须弥座之间加扁圆小座相接的状况吻合。

五、二号碑（公元 2005 年）

圆拱形，保存完整。碑额顶部涂黑，正面为黑底白色三横带与一五角星相间的装饰图案，背面无刻划。碑身竖长方形，正面两侧阴线刻回字形云雷纹，底部刻划单线水波对称点状纹，上部未刻纹样，整体四角外斜，表现出斜刹边的特征；背面无刻划，表面为刮抹痕；侧面涂黑，表面有刮抹痕。长方形带榫槽基座，顶部及四面可见凿痕，顶面凿痕较规律。碑身至碑额可见部分高 2.04、宽 0.71、厚 0.15 米，基座地表以上高 0.07 米。正面题记自右向左竖刻，字迹较清楚，14 行。（图版 347）

录文如下：

石泓寺窟群始凿于隋代唐宋金元明清各代均有雕凿先后形成七个洞窟各种造像三千七百余 / 尊其主像雕刻刀法细腻比例准确线条流畅塑妆彩绘小佛造像排列有序遥相呼应神态逼真风格各 / 异代表了不同时代的佛教文化和雕刻艺术反映了千百年来人民群众的智慧和创造精神因其非凡 / 的艺术品位而载入中国美术辞典并列为陕西省文物保护单位窟群主窟规模最大造像最多窟前原 / 有三间两层木构大殿一座亦即藏经楼始建于清代明国时期曾进行维修一九八五年对洞窟全面抢 / 修并翻新建成砖木结构大殿二十世纪末遭百年不遇暴雨山洪侵袭大殿严重损坏为保护石泓寺这 / 一佛教文化遗产和雕刻艺术瑰宝陕西省文物局与富县人民政府研究决定拆除大殿重建与主窟风 / 格协调的宋式窟檐并共同出资二十八万元由富县文物旅游局主持重建陕西省文物保护中心古建 / 筑研究所设计陕西省古建筑工程公司施工于二零零三年九月十八日开工次年四月十五日竣工新 / 建窟檐三间占地五十六平方米基础为钢筋混凝土浇铸以上为仿木结构柱头为大木结构并凿有斗 / 拱其结构装饰彩绘均仿宋代风格庄重古朴典雅谐和既为古迹增辉亦利旅游观光特勒石永志 / 富县人民政府 / 公元二零零五年农历乙酉年四月八日立

该碑为 2003 ~ 2004 年陕西省文物局与富县人民政府共同组织并出资重修"藏经楼"的原因、施工机构、新建筑结构装饰等的题记。此次维修后，石泓寺"皇经楼"遂成今日之一层三开间结构。

第三节　其他

除造像残块和石碑外，石泓寺院内还发现有础石 2 件、石香炉 1 件。分别介绍如下：

一、础石残块

位于"皇经楼"前左、右两侧，应为原"皇经楼"建筑的柱础石。形制相近。下部为近方形基础，边缘磨损严重，局部残损，边长残约 0.75 米。上部为近圆形础台，边缘亦磨损严重，

最大径 0.67、高 0.28 米。（图版 348、349）

二、香炉

位于"皇经楼"正前方院内中部。整体保存完整，槽内被香灰填满，表面磨损较严重，局部残损。自下而上为基座、榫卯柱、仰莲炉。基座下部为扁平方台，四面有纵向凿痕；上部四角高浮雕狮头，大眼圆睁，鬃毛卷曲，嘴微张，犬齿外露。榫卯柱略呈方柱状。仰莲炉刻划三层莲瓣，外层和中层莲瓣较大，顶面中部为近圆形灰槽。通高 0.93、基座边长0.8 ～ 0.87、灰槽直径约 0.85 米。（图二三五；图版 350）

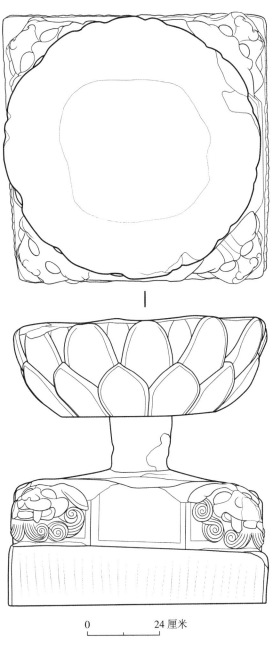

0 —— 24 厘米

图二三五 石香炉顶面、侧面图

第五章 综 述

第一节 窟龛形制与功能

一、窟龛形制

（一）整体结构

除第一龛为立面呈拱形的浅龛，无规整的龛内平面外，其余 10 座洞窟的窟内平面形制有近长方形、近正方形、近梯形、弧拱形四类。其中，近长方形的窟有第一、第八窟 2 座，近正方形的窟仅有第七窟 1 座，近梯形的窟有第二至第六窟和第九窟 6 座，弧拱形的窟仅有第一〇窟 1 座。

按照窟内是否有基坛，可分为基坛窟与无基坛窟两型。

1. A 型 基坛窟

窟内石雕基坛，坛上雕刻或塑造像。石泓寺共有基坛窟 7 个，按基坛位置的不同，可分为两个亚型：

（1）Aa 型 中部设坛。在窟内底部中间雕刻近方形的基坛，基坛四周与窟壁之间有一定距离，形成礼拜道，坛上造像。中部设坛的洞窟共 5 座，占洞窟数量的一半。坛上造像均有连接窟顶的石屏柱，按照屏柱样式的不同又可分为背屏柱和方柱两式。

Ⅰ式 背屏柱。包括第三至第六窟 4 座。

第三窟中部方形基坛左、右两侧各设两根通顶石屏柱，左或右面分别高浮雕胁侍菩萨立像和弟子立像；后部中间设一根通顶石屏柱，前面高浮雕佛像。

第四窟中部方形基坛后部中间有一根通顶石屏柱，前面高浮雕佛像；左、右两侧原各有两根通顶石屏柱，左或右面分别高浮雕胁侍菩萨立像和弟子立像。现窟顶可观察到左、右屏柱对应位置的残痕。

第五窟中部方形佛坛后部中间通顶石屏柱前面高浮雕与圆雕结合凿出文殊骑狮与牵狮人像。

第六窟中部方形基坛后、左、右三面原均有通顶石屏柱，前、左、右面高浮雕一佛二菩萨三尊造像，现已不存，窟顶对应位置可看到三个屏柱残痕。

从基坛和背屏造像的时代来看，第六窟为唐代作品，第五窟为北周作品，第三窟和第四窟为北宋作品，可以看出，石泓寺在唐末五代至宋代前期延续了中部设坛与坛上背屏造像的传统。

Ⅱ式 方柱。仅第七窟 1 座。

窟内中部设方形基坛，基坛四角有通顶石方柱，四面均浮雕造像。右后、左后石屏柱之间圆雕主尊释迦牟尼像，右后、右前石屏柱之间圆雕普贤菩萨坐像，左后、左前石屏柱之间圆雕文殊菩萨坐像，右后柱左前方、左后柱右前方分别高浮雕与圆雕结合凿刻阿难、迦叶立像。

该窟为金代开凿，其中部基坛和四柱样式既有对唐代以来传统的中部设坛窟形制的继承，又采用了宋代以来陕北石窟新出现的边角方柱形式。

（2）Ab 型 窟壁设坛。在窟内一个或多个壁面的下部雕刻长方形基坛，坛上雕刻或塑造像。第二、第九窟为此类型。

第二窟后壁设横长高坛，坛上石雕造像三尊，坛前两侧各石雕造像一尊。两侧窟壁设上、中、下三层窄台，原可能为放置塑像所用。

第九窟后壁和两侧壁设横长基坛，侧壁基坛略低、窄于后壁基坛。基坛上原有泥塑小像，现已不存。

这两窟均为明代洞窟，为典型的陕北地区明代壁下设坛窟形制。

2. B 型 无基坛窟

包括第一、第八和第一〇窟 3 座。第一窟和第一〇窟内底部无基坛迹象，第八窟内底部东侧有较大的低台，应非造像基坛。

这三座洞窟的年代均无法直接确认，推测为明清时期。第一窟中曾出土有人骨，但未进行年代测定。小型无基坛洞窟与中、大型基坛窟的功能应当是不同的。

（二）窟口样式

除第八窟前壁和现甬道均为后期石块砌筑，无法确定原始窟口外，其他 9 座洞窟的窟口样式可分为无甬道、带甬道、敞口三型。

1. A 型 无甬道

7 座，为第一至第六窟和第九窟，均系在斜向崖壁上凿出立面，自立面向内开凿窟口。该类型窟口对应洞窟时代从隋代至明代，均为中小型洞窟，窟口外可见"人"字形散水和部分椽孔，可能与窟前简易建筑有关。

除第六窟窟口因封闭和遮挡不可知外，唐宋时期的第三、第四和第五窟的窟口均高出现地面两层石阶，在上层石阶上开凿窟口，反映出统一规划。明清时期的第二窟窟口底部高于现地面一层石阶，第九窟窟口高出现地面较多，第一窟窟口底部略低于窟外地面，无统一规划。

2. B 型 带甬道

1 座，为第七窟，大型窟。甬道外口与窟前建筑相接，内口与窟内前壁相连，窟口整体高出现地面约两级石台，与第三至第五窟大体平齐，表明唐宋至金代石泓寺的开窟活动具有延续性，规划较为统一。

3. C 型 敞口

1 座，为第一〇窟。小型窟，无前壁。窟口高出现地面较多，外侧上部及两侧壁面上有小椽孔，原应有窟檐类建筑。

（三）藻井样式

10 座洞窟中，第一和第八窟为平顶满刻凿痕，第一〇窟为拱顶满刻凿痕，其余 7 座凿刻藻井，根据形制与装饰的不同可分为三型。

1. A 型　　直八边形纵格凿痕

4 座，第三至第六窟。窟顶中部略偏后处围绕背屏顶部减地凿刻藻井，自外而内逐渐内凹，边缘减地轮廓不是十分规整。中心用双阴线勾画圆形井心，外围用双平行阴线分格，外缘亦为双平行阴线边缘，每格内填充凿痕。分格数量均为 8 格，外缘整体呈不规则八边形。藻井内无花卉、动物等纹样装饰，外围亦无装饰，仅有凿痕。该类型藻井是石泓寺从隋代开始延续至宋代的统一藻井风格，与造像题材与石窟形制上表现出的延续性相一致。

2. B 型　　外圆内凹弧八边形图案造像

1 座，第七窟。窟顶中后部基坛坐佛像头顶部减地凿刻藻井，外缘为圆形，圆形之内为内凹八边形。内凹处与圆形外边构成八组两端出尖的椭圆形，内部浅浮雕花卉装饰。八边形内每边贴边浅浮雕小佛像、云纹和花卉装饰及题记，再向内依次为大缠枝花卉装饰与中心凸起的仰莲。藻井造型规整，内部配置各类装饰及造像，外围周边配以各类花卉、题记、几何图案装饰，雕刻精细，是陕北地区金代石窟藻井的代表。

3. C 型　　直八边形横格图案动物

2 座，第二窟和第九窟。窟顶中部略偏窟口处减地凿刻八边形藻井，藻井中心凸起或内凹，周缘分层分组装饰具有典型明代风格的各类花卉及动物。藻井外围以规整的凿痕装饰为主，第九窟藻井后部还见有典型明代风格的平棊花卉、动物装饰。

二、窟龛功能

11 座窟龛的功能根据形制结构、规模大小、有无造像等可分为三种。

（一）礼佛窟（龛）

8 座，洞窟 7 座、龛 1 座。

第二至第七窟、第九窟 7 座洞窟在窟内壁面、基坛上雕刻或木骨泥塑造像，应是供佛教信徒进行瞻仰礼拜及举行佛事活动的礼佛窟。

第三至第七窟中心基坛窟为典型的礼佛窟，环绕礼拜，这种形式是石泓寺隋代至金代的典型窟形，保留了印度及中国早期石窟礼佛窟的传统。

第二窟、第九窟壁面设坛，礼拜形式较为简单。

第一龛为直接礼拜的摩崖小型造像浅龛。这种龛像传统亦源自印度早期佛教，最典型的代表是巴米扬大佛龛等。在中国石窟造像中，小型摩崖造像龛是北朝以来汉地佛教和中晚唐以来西藏佛教以礼拜传统为中心的最重要造像形式之一。这种造像形式灵活自由，受石质好坏、崖面大小高低、功德主身份等的限制相对较小，常常在洞窟外围崖壁或无洞窟崖壁上出现，成为中下层信仰者供养的主要形式。

（二）禅窟

1 座，第八窟。该窟平面为不规则横长方形，距地面相对位置较其他窟高，窟顶及壁面粗糙，无绘制壁画的痕迹和其他装饰，仅在窟内后壁设有低矮的长方形石台。同时，窟内高度整体较低。据此推测，该窟可能为僧人坐禅修行所用的禅窟。

《大般涅槃经》（卷下）载："于静室中坐禅思惟。"[1]《佛说白衣金幢二婆罗门缘起经》有言："乃于旷野寂静之处，构立草菴，系心一处，修禅寂止。"[2]《高僧传》中记载，诃罗竭于晋惠帝元康元年（公元 291 年）"乃西入，止娄至山石室中坐禅"[3]。这些记述表明古代僧人在选择坐禅的场所时，一般会选择远离喧嚣闹市、环境清雅幽静之处，以求摆脱心中杂念，早日得道成佛。石泓寺石窟所在的川子河北岸，地处偏远，石窟依崖凿建，环境清幽静谧，在此修建专门用于僧人打坐禅修的禅窟是完全可能的。

（三）瘗窟

1 座，第一窟。规模较小，窟口相对位置较其他窟低。窟内高度不到 1 米，无造像，壁面亦无绘画痕迹，1985 年清理淤土时发现四具人骨。据此推测，该窟应为埋葬遗骨的瘗窟。

（四）其他

1 座，第一〇窟。该窟距第一至第九窟略远，暴露部分未见造像、题记或壁画迹象。窟内面积整体较小，但高约 1.7 米，且带有壁龛和槽窝，壁面局部有烟熏迹象；窟口外亦有用于搭建窟前棚廊建筑的小椽窝。据此推测，该窟可能为用于炊煮的厨房。

第二节　造像题材与组合

石泓寺 11 座窟龛中，有造像的共计 8 座，除第九窟为泥塑像且早年残损，不可确定其题材及组合外，其余 6 座洞窟、1 座龛的造像题材与组合根据宗教系统的不同可分为佛教造像与道教造像两大类。

一、佛教造像题材与组合

第三至第七窟、第一龛 6 座窟龛的造像均为佛教类，共计 3395 尊。除去 3 尊动物造像和 13 尊题材不确定的人物造像外，其余 3379 尊造像的题材可分为六种。

（一）佛及其与弟子、菩萨、飞天造像

该题材造像分布在第三至第七窟，以第七窟数量最多，组合可分为两型。

1. A 型　单尊或多尊佛像

共 22 组，包括单尊、三尊、六尊、八尊、九尊、十尊、十一尊、十二尊 8 个亚型，主要见于第七窟，第三窟左壁有一组单尊佛像。

该型造像的时代根据题记、特征等看，第三窟单尊佛像应为宋代，第七窟单尊或多尊佛像均为金代。第七窟藻井内的十尊佛像根据题记来看，很可能属于十方佛；后壁第十六组三佛并坐像最左侧为弥勒倚坐像，中间为抚膝释迦牟尼像，最右侧为禅定印佛像，可能与竖三

[1]《大正新修大藏经》第 1 册 No.7，《阿含部·大般涅槃经》卷下，第 202 页。
[2]《大正新修大藏经》第 1 册 No.10，《阿含部·佛说白衣金幢二婆罗门缘起经》卷上，第 220 页。
[3]《大正新修大藏经》第 50 册 No.2059，《史传部·高僧传》卷 10（神异下），第 389 页。

世佛有关；左前柱第六组两尊佛像中有一尊佛像倚坐弥勒，第九组一尊为阿弥陀佛。

2. B 型　佛与弟子、菩萨、飞天、天王或胁侍组合像

共 26 组，可分为一佛二弟子、一佛二菩萨、一佛二弟子二菩萨、一佛二弟子二菩萨二天王、一佛二胁侍、一佛六菩萨二飞天、二佛一菩萨 7 个亚型。佛像多为释迦牟尼佛，还有弥勒佛、阿弥陀佛、大日如来等，组合中的菩萨可确定身份者有文殊、普贤、观音。

一佛二弟子造像共 8 组，第六窟 1 组，第七窟 7 组；一佛二菩萨造像共 7 组，第三、第四、第六窟各 1 组，第七窟 4 组；一佛二弟子二菩萨造像共 2 组，第六、第七窟各 1 组；一佛二弟子二菩萨二天王造像共 2 组，第三、第四窟各 1 组。除第六窟的一佛二弟子二菩萨像组合不典型或不完整，弟子像仅 1 尊之外，其他均为完整组合。造像时代从第六窟左壁隋代一佛二弟子二菩萨造像开始，到第三、第四窟唐宋时期的一佛二菩萨和一佛二弟子二菩萨二天王造像，一直延续到第七窟的金代一佛二弟子、一佛二菩萨和一佛二弟子二菩萨造像，是汉地北朝以来最基本和最传统的造像组合方式。值得注意的是，石泓寺一佛二弟子造像的时代均为金代，之前无该组合造像。

第三窟左壁北宋时期一佛二菩萨造像中，右侧菩萨手执杨柳枝与净瓶，应为观音。第七窟基坛金代一佛二弟子二菩萨的佛像为抚膝释迦牟尼，与窟顶题记的降魔供养主题相结合，共同表现了降魔除灾、祈求平安的思想。

除上面的基本组合外，石泓寺石窟还有三种以佛为中心的组合，均位于第七窟，这表明陕北地区金代佛像的组合具有多样化和灵活性的特点。其中，一佛二胁侍造像 4 组，一佛六菩萨二飞天造像 1 组，二佛一菩萨造像 2 组。一佛二胁侍造像中，佛的身份可以确定的有弥勒佛、宝冠释迦牟尼佛、阿弥陀佛三种。二佛一菩萨造像分别作为左、右两壁的大龛主要造像出现。右壁的阿弥陀佛、抚膝释迦牟尼佛与普贤菩萨像的组合中包含了降魔除灾、往生净土的思想。左壁与弥勒佛和文殊菩萨像同龛的智拳印大日如来像较为特殊，据李静杰研究，该像应为金刚界大日如来与《梵网经卢舍那佛说菩萨心地戒品》中的教主卢舍那佛的混合[1]，是唐代之后汉传密教造像的重要遗存。智拳印为金刚界大日如来特有，仰莲座每一莲瓣上雕一坐佛应为《梵网经》所述千释迦佛居千世界的表现。

（二）菩萨及其与胁侍、事迹造像

该题材造像分布于第四至第七窟及第一龛，数量最多。除第七窟右前柱后面第七组造像主尊菩萨和第 5 窟 1 组、第七窟 16 组单尊自在坐菩萨具体身份不确定外，其余菩萨像组合可分为观音菩萨及其组合造像、文殊菩萨及其组合造像、地藏菩萨及其组合造像、摩尼枝菩萨造像、日（月）光菩萨造像、万菩萨造像六型。

1. A 型　观音菩萨及其组合像

分布在第四、第六、第七窟及第一龛，又可分为自在坐和跏趺坐两个亚型。其中，自在观音及其组合造像 12 组，跏趺坐观音造像 2 组。

（1）Aa 型　自在观音及其组合。

[1] 李静杰：《陕北宋金石窟大日如来图像类型分析》，《故宫博物院院刊》2013 年第 3 期。

具体组合方式包括单尊或双尊自在观音、自在观音与胁侍、自在观音救度亡灵、自在观音救八难四种。

第一种 单尊或双尊自在观音 5 组，分布在第一龛和第七窟。自在观音是晚唐时期新出现的造像题材。四川绵阳魏城镇圣水寺摩崖造像中出现了一龛自在观音像，题记自名为"水月观音菩萨"（图版 351），造像时间为唐中和五年（公元 885 年）[1]。该题材在宋代至金代逐渐流行，成为代表性造像题材之一。这些自在观音造像多为山石座，与浙江金华万佛塔地宫出土、现藏中国国家博物馆的五代十国时期鎏金铜水月观音造型基本相同[2]。敦煌榆林窟西夏洞窟里也出现了自在坐于水边、身旁置净瓶的水月观音壁画。

第一龛的山石座单尊自在观音像的左肩外侧置一净瓶，很可能与水月观音相关联，时代为晚唐五代时期，是该题材目前所见最早的实物遗存之一。第七窟的四组 5 尊自在观音像亦均为山石座。这表明独立的自在观音题材造像在延安地区出现于晚唐五代，流行于宋金时期。根据可以确认的自在观音均坐于山石座上的特点，不排除第五窟右壁的 1 尊、第七窟柱面和壁面的 16 尊山石座自在坐菩萨身份亦为观音的可能性。

第二种 自在观音与胁侍菩萨 2 组，位于第四窟和第七窟。根据像旁题记可知，第四窟左壁第一组自在观音菩萨造像凿刻于唐咸通年间，可能为《简报》中所录的"三年"（公元 862 年）。据此，该铺造像时代早于绵阳唐中和五年的纪年水月观音，是国内目前所知最早的自在观音造像。第七窟后壁金代第七组自在观音菩萨与二胁侍造像中可见净瓶和山石座，亦应为水月观音菩萨。

第三种 自在观音救度亡灵 4 组，分布于第六窟和第七窟，时代均为金代。第六窟左壁自在观音与救度亡者事迹组合中未见乘云亡者，而第七窟的三组均表现出了乘云亡者。此外，在第七窟的 3 组该题材造像中，一组表现出了"一僧一从一马"，另一组表现出了"一从一马"，一从为牵马人，马均有驮物。关于这 2 组表现马的"自在观音救度亡灵"图像的含义，目前有取经故事和白马送葬两种观点，表现僧人的一组不排除与取经图像相关的可能性。取经图像在山西、四川、甘肃等地亦有发现。相比之下，延安地区宋金时期石窟中的该类图像出现时间较早，具备基本要素，可能逐渐影响到周边地区[3]。

第四种 自在观音救八难 仅 1 组，位于第七窟右壁，时代为金代。这一题材现存图像主要集中在敦煌石窟壁画与藏经洞绘画作品中，四川乐至石匣寺石窟亦有一例[4]。石泓寺该题材组合造像是陕北地区该类图像的孤例，八难题材表现较为细致和完整。同时，在石泓寺石窟第七窟内，观音救难题材与地藏信仰相呼应，可能存在从现世救度到地狱救度的呼应。该组救难观音题材组合造像中，以双臂自在坐观音作为主尊的特点，可能与陕北地区宋金时期流行这一造型的观音造像有关[5]。

［1］四川省文物考古研究院、四川大学艺术学院、绵阳市文物局、西安美术学院：《魏城圣水寺摩崖造像》，载四川省文物考古研究院、绵阳市文物局编著《绵阳窟龛——四川绵阳古代造像调查研究报告集》，文物出版社，2010 年，第 85 页文、第 87 页图一二。
［2］张萌：《浙江金华万佛塔出土鎏金铜水月观音像研究——兼谈水月观音图像的演变》，《博物院》2020 年第 4 期。
［3］石建刚：《延安宋金石窟玄奘取经图像考察——兼论宋金西夏元时期玄奘取经图像的流变》，《西夏学》2017 年第 2 期。
［4］李静杰：《乐至与富县石窟浮雕唐宋时期观音救难图像分析》，《故宫博物院院刊》2012 年第 4 期。
［5］李静杰：《乐至与富县石窟浮雕唐宋时期观音救难图像分析》，《故宫博物院院刊》2012 年第 4 期。

（2）Ab型 跏趺坐观音施甘露。

2组，位于第七窟左壁和前壁，时代为金代。该题材是石泓寺石窟造像题材中较为特殊的。其在四川、敦煌石窟密教造像中较流行，从唐代至西夏蒙元时期均有，主尊多为千手千眼观音。第七窟的这组施甘露观音菩萨为双臂单面像，恶鬼对称排列于观音菩萨座前，来源可能为四川、敦煌地区隋唐五代以来千手千眼观音施甘露图像[1]，但以非密教的跏趺坐双臂观音作为主尊，施甘露方式亦直接明确，具有显著的地域和时代特色。

2. B型 文殊菩萨及其组合造像

4组，分布在第五窟和第七窟，均为结跏趺坐，表现骑狮或坐狮。根据组合不同，又可分为单尊文殊菩萨、骑狮文殊与二天王组合两个亚型。

（1）Ba型 骑狮文殊与二天王组合。

1组，位于第五窟，为基坛主尊像与窟口天王像的组合。由文殊菩萨、圆雕狮子和牵狮人组成的造像还见于延安地区子长县宋代钟山石窟主窟柱龛内，为近似圆雕的高浮雕形式。此外，延安清凉山万佛洞二号窟右壁分别有同类型的文殊菩萨和普贤菩萨高浮雕龛像[2]。甘泉石马河北宋第3窟的骑狮文殊[3]与本组造像凿刻形式相同，均为背屏式，构成要素亦相同。山西忻州佛光寺金代七开间大殿——文殊殿内有一组文殊七尊彩塑，主体即为骑狮文殊菩萨带牵狮人的组合（图二三六），同时还有两侧二胁侍菩萨及左侧的圣老人、右侧的均提童子和佛陀波利。文殊殿这一组金代文殊七尊组合像应为佛光寺唐代东大殿北端唐风文殊骑狮带牵狮人与二胁侍菩萨五尊组合造像（图二三七）的传承，却又体现出造像特征上的不同[4]，同时还完整表现了文殊化现为老人指点佛陀波利的场景。由此可见，该题材组合造像在陕西延安地区石窟寺及其东北部的山西忻州地区佛教寺院中均有分布，时代集中在晚唐至宋金，为窟内或殿内的主体造像或主要造像之一。石泓寺第五窟的该题材组合造像根据窟内右壁两龛间题记推测，应凿刻于后周显德元年（公元954年），是目前陕北石窟中最早在窟内以骑狮文殊与牵狮人组合造像作为独立和主要造像的实例，不排除受佛光寺东大殿晚唐时期该题材造像的影响而出现的可能性，与敦煌石窟文殊菩萨"新样"共同反映了长安地区盛唐牵狮人、骑狮人、驭狮人线刻粉本在中唐之后转变而成的文殊菩萨新样图像的影响[5]。不过，造像可追溯部分仅有骑狮文殊菩萨与牵狮人两尊像，并且窟口延续北朝至唐代传统，凿刻了二天王像，这又反映出显著的自身特点。延安地区其他宋金石窟中该题材造像的特征与石泓寺该组造像的特征更为接近，因此石泓寺五代时期的骑狮文殊带牵狮人造像很可能对宋代延安地区的该题材造像产生了直接影响。

（2）Bb型 单尊文殊菩萨。

3组，均位于第七窟。造像姿态和台座样式基本相同，座前表现狮子。根据造像特征和

[1] 王惠民：《"甘露施饿鬼"、"七宝施贫儿"图像考释》，《敦煌研究》2011年第1期；王惠民：《莫高窟第205窟施宝观音与施甘露观音图像考释》，《敦煌学辑刊》2010年第1期。
[2] 延安地区群众艺术馆编：《延安宋代石窟艺术》，陕西人民美术出版社，1985年，第57、96、97页图版。
[3] 《陕西石窟内容总录》编纂委员会编：《陕西石窟内容总录·延安卷》（上），陕西人民出版社，2017年，第320页。
[4] 山西省古建筑保护研究所：《佛光寺》，文物出版社，1984年，第20、29~30页。
[5] 葛承雍：《从牵狮人、骑狮人到驭狮人——敦煌文殊菩萨"新样"溯源新探》，《敦煌研究》2022年第5期。

图二三六　山西忻州佛光寺金代文殊殿骑狮文殊
与牵狮人组合造像
（采自《佛光寺》，文物出版社，1984年）

图二三七　山西忻州佛光寺唐代东大殿骑狮文殊
与牵狮人组合造像
（采自《佛光寺》，文物出版社，1984年）

题记可知，这三尊文殊菩萨像时代均为金代，与该窟基坛一铺五尊像的文殊菩萨、左壁与大日如来和弥勒组合的文殊菩萨等共同反映了这一时期延安地区文殊信仰的流行。

3. C型　地藏菩萨与道明和尚、金毛狮组合造像

1组，见于第七窟后壁，为金代龛像，系主要造像组合之一。该组合主体为地藏菩萨、道明和尚，其中地藏菩萨头戴披帽具有延安宋金石窟7例地藏图像的普遍特征。该题材组合可能与敦煌藏经洞出土的《道明还魂记》有关[1]，北宋中晚期以来在延安地区普遍流行。组合中的狮子为文殊菩萨化现[2]。

4. D型　摩尼枝菩萨造像

1组，较为特殊，未见实物图像，仅在第七窟右前柱左面的题记K7-T9"燕京北契宁坊住人王信打造南无摩尼枝菩萨一尊，愿合家长幼平安，亡过者生天见佛，每日持念一百遍"中提及，题记年代为金贞元二年（公元1154年）。这里的"摩尼枝菩萨"，可能为密教的摩利支天菩萨，未在柱面上发现该菩萨造像或其残迹，亦无空余可凿刻该菩萨的石面，据此推测，可能并非被损坏或改刻为其他像。密教造像在石泓寺并不多见，此处出现的密教题材造像题记较为特别，加之摩利支天菩萨修行隐身术，遂不完全排除并未刻划菩萨实像，而是以莲花荷叶簇拥的题记代替菩萨真身的可能性。"持念一百遍"可能正是指念诵顶礼该菩萨

[1] 石建刚：《延安宋金石窟地藏造像的考察与研究》，《敦煌研究》2018年第6期；尹文汉、张总：《九华山"地藏三尊"图像的形成》，《故宫博物院院刊》2015年第4期。
[2] 石建刚：《延安宋金石窟地藏造像的考察与研究》，《敦煌研究》2018年第6期。

名号或持咒，从而祈求生者平安，亡者升天见佛。

5. E型　日（月）光菩萨造像

2组2尊，位于第七窟左前柱后面上部和右前柱右面上部，龛和像的体量均较大。由于这两尊造像均无题记，无法直接确认哪一尊为日光菩萨，哪一尊为月光菩萨。不过，根据所处方位来看，位于东侧的左前柱上的一尊应为日光菩萨，位于西侧的右前柱上的一尊应为月光菩萨。两尊像姿态基本相同，且均右手花枝上托圆轮。不过，两尊像身体比例和服饰区别明显，月光菩萨穿圆领袈裟、身体瘦长，日光菩萨斜披帛带、身体宽短健硕。这两尊像的时代均为金代，晚于延安黄陵县万佛寺石窟的北宋日光菩萨和月光菩萨。万佛寺石窟日光菩萨和月光菩萨为立姿，不过圆轮亦为花枝顶端托于肩外[1]。日光菩萨和月光菩萨题材最早出现于晚唐宋初时期的川渝地区[2]，有造像题记作为直接证据，均成对出现，这些都表明陕北宋金石窟该题材造像应源于川渝地区。不过，川渝石窟日光和月光菩萨均为并排倚坐或立姿、圆轮位于腹前、不穿袈裟，相比之下，石泓寺石窟该题材造像表现出了鲜明的时代和地域特点，万佛寺石窟日光菩萨和月光菩萨是该题材造像从川渝类型到石泓寺类型的过渡阶段。

6. F型　万菩萨造像

数量最多，分布于第五、第六和第七窟，以第七窟为主。菩萨均为小像，穿袈裟，是延安地区宋金石窟的典型造像题材之一。第七窟万菩萨填充于各柱面及各壁面龛像之间，题记中出现了"万菩萨"的自名。第五窟和第六窟着袈裟的小菩萨像数量相对较少，但与第七窟着佛衣的小菩萨像造型接近，时代亦应相近，不排除与第七窟金代万菩萨题材造像为同一造像规划体系的可能性。

万菩萨题材还见于延安子长县宋代的钟山石窟第10窟（有自名）、宝塔区宋代的清凉山石窟第11窟以及渭南地区合阳县金代的梁山千佛洞石窟[3]中，可能与唐代五台山信仰中作为文殊或普贤眷属身份出现的万菩萨有密切关系。钟山石窟和清凉山石窟的两组宋代万菩萨题材较全面地表现了五台山信仰中的各类要素，而金代石泓寺石窟万菩萨造像中的五台山化现相关内容，如塔、行云等均被简化，只是部分万菩萨像的台座刻划为云纹，应是对延安地区宋代万菩萨造像部分特征的保留。

（三）布袋和尚造像

8组，分布于第六和第七窟，主要位于第七窟柱面和壁面上。其中，单尊布袋和尚像6组，布袋和尚与二胁侍菩萨组合造像2组。布袋和尚题材是陕北地区宋代以来新出现[4]并逐渐开始流行的造像题材之一。布袋和尚原型为五代时期的行游僧契此和尚。《宋高僧传》最早记载契此生平，说他"形裁腲脮，蹙頞皤腹，言语无恒，寝卧随处"，常常用杖负布袋进入街市乞食，醢酱鱼菹皆入口，又分少许食物放入布袋中，曾于雪中卧而身上无雪[5]。

［1］李静杰：《陕北宋金石窟佛教图像的类型与组合分析》，载故宫博物院编《故宫学刊》（第十二辑），第92~120页，故宫出版社，2014年。
［2］张亮：《川渝地区9~10世纪日、月光菩萨造像研究》，《文物》2017年第12期。
［3］王红娟：《金代梁山千佛洞研究》，西北民族大学硕士学位论文，2013年，第23~27页。
［4］林素幸：《布袋图在宋代出现的文化意涵与价值》，《上海文博论丛》2010年第4期；韩秉芳：《从庄严未来佛到布袋和尚——一个佛教中国化的典型》，《中国文化研究》2002年第2期。
［5］《大正新修大藏经》第50册No.2061，《史传部·宋高僧传》卷21（唐明州奉化县契此传），第848页。

石泓寺的布袋和尚像均为金代，除了单尊，还出现配置两尊自在坐菩萨的情况，这可能与延安地区金代流行自在坐菩萨造像和布袋和尚信仰有关。8尊布袋和尚像均体态宽短健硕，持袋，腹部较大，但较之后期俗称的"大肚弥勒"，腹部比例仍相对较小，且未作开口大笑状，属于早期"蹙额布袋"系统，是陕北地区金代布袋和尚造像的典型代表。在南方的江浙地区，南宋时期逐渐由"蹙额布袋"转换为"笑布袋"，还出现了持杖穿鞋、环绕小儿的形象[1]，并逐渐传播到周边地区，形成了至今仍喜闻乐见的"大肚弥勒"或"笑布袋"[2]。

（四）罗汉造像

罗汉像是陕北地区宋金石窟的常见造像题材之一。石泓寺罗汉造像分布于第三、第六和第七窟，共16组，第三窟4组、第六窟3组、第七窟9组。第三窟以后壁中部为界，贯穿后壁—左壁、后壁—右壁的4组32尊罗汉造像应为十六罗汉造像题材，根据可能的对应题记推测，应凿刻于北宋开宝二年（公元969年），是陕北地区北宋早期的代表性罗汉造像组合。第六窟左壁和右壁的3组罗汉像根据题记和造像特征可知其开凿于金代，右壁2组罗汉像体态较大，应为壁面主要造像之一，左壁一组体量较小，非壁面主要造像。第七窟罗汉像时代亦为金代，除左后柱后面第一组罗汉像带有一位胁侍外，其余无明确组合，在柱面及壁面上分布较散，非窟内主要造像题材。

（五）僧伽及其胁侍、事迹组合造像

3组，均见于第七窟，位于右壁和后壁，时代为金代。其中，根据组合的不同，可以分为僧伽与二胁侍组合、僧伽飞雨两型。僧伽题材亦是宋代以后新出现的造像题材，扮演着护持佛法、救度众生的角色。僧伽和尚本为中亚何国人，唐龙朔初年来到中原，游化江淮，景龙四年（公元710年）故去，生前身后屡现神异，不久便兴起对他的信仰。北宋时僧伽造像已普遍流行，但以南方居多，北方相对较少，宋代清凉山石窟和石泓寺石窟的僧伽造像是北方该题材造像的代表。

1. A型 僧伽飞雨

1组，位于第七窟右壁，是目前所知国内首例表现僧伽飞雨故事的图像，可能与《太平广记》卷九十六《僧伽大师》故事情节有关。这一组僧伽像与第七窟右壁第五组观音救八难龛像左上方的风雨雷电四神像相呼应，可能是宋金时期延安地区干旱少雨，民众渴望风调雨顺的心理表达[3]。

2. B型 僧伽与俗家弟子木叉、出家弟子慧俨二胁侍组合

2组，均位于第七窟后壁，与该壁第二组倚坐弥勒与二胁侍组合、第八组释迦牟尼与二胁侍组合、第十一组宝冠释迦牟尼与二胁侍组合、第十三组阿弥陀佛与二胁侍组合均有密切关系。与弥勒组合的联系以《僧伽经》中记述的僧伽与弥勒共同下生、救度众生内容为依据；与阿弥陀佛组合的联系反映了《僧伽经》所记僧伽在东海中心所建的化城与阿弥陀佛宣称的

---

[1]李辉：《试论布袋和尚形象的演变——以南宋布袋图及布袋像赞为中心》，《浙江学刊》2014年第4期。

[2]王胜泽：《文蜀山万佛洞西夏壁画布袋和尚》，《民族艺林》2016年第4期。

[3]石建刚、高秀军、贾延财：《延安地区宋金石窟僧伽造像考察》，《敦煌研究》2015年第6期；石建刚、万鹏程：《延安宋金石窟僧伽造像内涵探析——以清凉山第11窟和石泓寺第7窟僧伽造像为中心》，《艺术设计研究》2018年第3期。

净土世界之间的东、西方净土的对应关系；与宝冠释迦牟尼组合的联系反映了《僧伽经》中关于释迦佛为教化众生，化现为僧伽和尚来到汉地的内容。根据石建刚的研究可知，第八组释迦牟尼手持的板状物可能为《僧伽经》，表现了释迦牟尼演说《僧伽经》、宣扬僧伽信仰的内容。僧伽和尚还被视为观音的化身，而这一时期又十分流行各类观音造像，二者相辅相成，共同表现了除灾祈福的现世救度功能，与第七窟的降魔祈愿主题相一致。

此外，石泓寺第七窟左前柱左面第三组造像和后壁第二十组造像的两尊独立造像造型均为披帽、禅定印、结跏趺坐，和两组与二胁侍组合的僧伽像造型基本相同，不排除其题材亦为僧伽的可能性。

（六）化现身像造像

1组，位于第七窟右前柱右面，为第二组的老者与胁侍龛像。结合组合中老者像左侧的趴伏狮子，该组造像应为文殊菩萨化现老人的题材，时代为金代。文殊化现老人的故事讲的是北印度罽宾国高僧佛陀波利前往五台山礼拜文殊时，途遇一老人，问询是否带来可以教化汉地众生的《佛顶尊胜陀罗尼经》，然后消失不见。佛陀波利知为文殊化现指示，遂折返北印度，请来《佛顶尊胜陀罗尼经》带至五台山，并于五台山说法修行[1]。石泓寺该题材造像的出现当与五台山信仰关系密切，体现了救度、教化众生的功能[2]。此外，在该组造像左上部相邻一排小像的左端分别为一尊老人坐像和一尊披帽人物坐像，不排除与该组造像相关的可能性。

二、道教造像题材与组合

1组，见于第二窟后壁基坛和基坛前左、右两侧，为天地水三官与二胁侍造像组合。三尊主像着装相近，二胁侍着装亦相近，均为俗装。根据造像特征和窟内明代嘉靖癸卯年（公元1543年）题记中的"三教石洞""术士善人"等内容，可知其应为道教造像。清代嘉庆十年（公元1805年）碑记明确提到"天地水""三官"，并分述了三官职能，进一步表明其为纯粹的道教造像题材。

综上所述，石泓寺开窟造像活动始于隋，发展于唐五代宋，繁盛于金，衰落于明清。隋代造像现存较少，仅见一组一佛一弟子二菩萨龛像。唐代造像以中心基坛或壁面的一佛二菩萨组合为主，晚唐时期出现了自在观音菩萨题材。五代时期，出现了骑狮文殊与二天王造像的组合。宋代造像中，延续了中心基坛一佛二弟子二菩萨组合，同时出现了十六罗汉造像组合。金代造像题材组合对前代既有延续，又有创新和发展。中心基坛一佛二弟子二菩萨的组合在金代得到延续；自在观音题材延续，且数量增加，成为主要造像题材之一；罗汉造像延续，但无明确组合。同时，出现了较多新的题材组合，如自在观音救八难、自在观音度亡灵、跏趺坐观音施甘露、地藏菩萨、日（月）光菩萨、万菩萨、布袋和尚、僧伽飞雨、僧伽与弟子、化现老人等，达到了石泓寺石窟造像的繁荣时期，成为陕西乃至全国最重要的金代石窟。

[1]孙修身：《莫高窟佛教史迹画内容考释》，《敦煌研究》1988年第1期。
[2]吴雪梅：《图式的借用：辽金西夏时期嵩里老人与文殊老人形象的互化》，《美术学报》2022年第2期。

明代，石泓寺石窟开始出现道教造像窟，窟内雕凿石刻道教造像；佛教洞窟内的造像可追溯者均为泥塑像，现已无存，造像题材不可确知。由此可见，明代该区域信仰多元化，佛道融合进一步发展。清代未开凿新造像窟，主要为既有造像的妆塑。

第三节　题记、碑刻年代与类型

根据既往调查研究资料以及本次调查可知，石泓寺石窟 11 座窟龛中，带题记的有 6 座窟、1 座龛。题记分布与数量分别为第二窟 2 组、第三窟 3 组、第四窟 7 组、第一龛 1 组、第五窟 3 组、第六窟 10 组、第七窟 40 组，共计 66 组，其中未见字迹或内容不清的 17 组。此外，院内 5 通石碑均有纪年。下面对内容清楚的 49 组题记和 5 组碑文的年代与类型分析统计如下：

一、年代

49 组可判定年代的题记从时间分布来看，隋代至清代均有。其中，隋代题记 2 组，可确知的年号为“大业”；唐代题记 6 组，可确知的年号为“咸通”和“景龙”；五代题记 1 组，可确知年号为“显德”；宋代题记 6 组，可确知的年号为“开宝”和“乾德”；金代题记 26 组，可确知的年号包括“大定”“贞元”“皇统”和“天德”；明代题记 3 组，可确知的年号为“成化”“嘉靖”；清代题记 5 组，可确认的年号均为“嘉庆”。

从空间分布来看，第二至第七窟各时代题记分布状况有所不同。其中，隋代题记均位于第六窟，唐代题记分布于第四和第六窟，五代题记位于第五窟，宋代题记位于第三、第四和第六窟，金代题记位于第六和第七窟，明代和清代题记位于第二和第七窟。由此可见，第六窟始凿时间最早，次为第四窟、第五窟、第三窟，再次为第七窟，第二窟、第九窟时间最晚。

此外，结合窟外 5 通重修碑记年代最早者为清代道光可知，石泓寺在清代道光年间及之后开展过多次维修，最晚可至 2005 年。

二、类型

49 组题记及 5 组碑文的内容可分为造像、祈愿、功德、纪事 4 种类型。其中，部分题记包含造像、祈愿、功德三重内涵，根据其主要的祈愿意义归入祈愿类；部分题记包含功德和纪事两重内涵，根据其主要的功德内容归入功德类。

（一）造像类

22 组，包括 K4-T1 ~ K4-T3、K5-T3、K6-T1 ~ K6-T3、K6-T6 ~ K6-T10、K7-T8、K7-T19、K7-T23、K7-T26、K7-T29、K7-T30、K7-T36 ~ K7-T39。此类题记中未涉及祈愿内容，内容最完整者包括了造像的时间、施主、题材和数量，多数仅有其中的部分要素。典型题记有：

K6-T2，造像时间为隋大业四年（公元 608 年），造像主为常嘉礼，造像内容“功德三铺”。

K6-T1，造像时间为唐景龙年间（公元 707 ～ 710 年），造像主为郑文雅，造像数量为一尊。

K4-T1，造像时间为北宋乾德六年（公元 968 年），造像主为郭士元等三人，造像题材为菩萨。

K7-T29，造像时间为金皇统元年（公元 1141 年）六月二十三日，造像主为郭乂、妻子元氏及已过世的父亲等人，造像题材和数量为菩萨 200 尊。

（二）祈愿类

19 组，包括 K3-T1、K3-T3、K4-T4、K4-T5、K4-T7、K7-T1、K7-T6、K7-T7、K7-T9、K7-T13 ～ K7-T16、K7-T21、K7-T32 ～ K7-T35、K7-T40。该类题记是在造像类题记的基础上，增加并着重突出了祈愿的功能。最完整的内容一般包括造像的时间、施主、题材、数量和祈愿，部分题记在祈愿内容之外，还包含了诸如造像、工匠名字等内容。典型题记有：

K4-T7，造像时间为唐咸通三年（公元 862 年），造像主为郑君雅、杜秀义等 40 多人及刘惟举、杨士端等军人。造像题材可见有"菩□"等。造像目的为祈愿"合家大小平善"。

K3-T3，造像时间为北宋开宝二年（公元 969 年），因大多数文字无法识读，造像题材不详。祈愿内容为"合家平□"。题记最后记载了"青石匠人米延章""青石匠人米延福"等工匠的名字。

K7-T35，造像时间为金皇统四年（公元 1144 年），造像主是信士胡介之妻李氏，造像题材为一铺八难观音，祈愿内容为"亡祖早生天界"。

K7-T9，造像时间为金贞元二年（公元 1154 年）正月初九日，造像主是王信，造像题材为一尊南无摩尼枝菩萨，祈愿内容为"合家长幼平安""亡者早生天界"。

K7-T40，该组题记对应基坛一佛二弟子二菩萨造像，时代应为金代。根据"镇得魔军心胆碎""众多善友结良缘""过世便是龙花会"等内容和宋夏战争频繁等历史背景推断，造像主很可能为军队组织。造像题材是释迦牟尼。祈愿内容为早日打败敌军，结束战争，使善友都往生佛法世界。

综上可知，祈愿类造像题记的祈愿内容主要包括了三种：一是祈愿降魔除灾，二是祈愿合家平安，三是祈愿亡灵升天，以第二和第三种为主，个别兼具合家平安与亡灵升天两重愿望。

（三）功德类

7 组，包括 K2-T1、K2-T2、K7-T2、K7-T3 和一号碑、三号碑、四号碑。4 组题记主要刻于窟内或窟外的壁面上，形状多为碑形，主要内容为记录和赞扬捐款人的功德，亦涉及少量缘起、造像或祈愿的内容。3 通功德碑介绍了历次重修石泓寺的缘起、经过与功德主。该类型题记或碑文的时代均相对较晚。

1. 典型题记

K7-T3，主要内容为明成化十七年（公元 1481 年）陕西延安府善人及妻子刘氏捐金为基坛一铺五尊像及部分佛菩萨施涂并盖钟楼，安定县张文斌施牛一头等功德事迹。该题记所记功德的形式为捐金、牛等物品，与常见的捐钱类功德形式不同，较为特别。

K2-T1，主要内容为清嘉庆十年（公元 1805 年）来自湖北、湖南、河南、江南、山西、郎州、贵州、江西、广东、四川、甘肃、延安府、韩城、蒲城、合阳等近 20 个地方的 200 多名功德主捐钱支持石泓寺的维修活动，主要包括重修"皇经楼"等建筑及对造像进行彩绘涂金。

2. 典型石碑

四号碑，时间为大清道光五年（公元 1825 年），主要内容为石泓寺历经风雨、年久失修，180 多位功德主捐钱"新修关帝庙重整钟楼"。与 K2-T1 一样，功德主名单和所捐银钱数量占据了碑正面和背面大部分空间。

一号碑，时间为清咸丰九年（公元 1859 年），主要内容为黑水寺娘娘洞历年久远、日久倾圮，为礼拜方便，众人筹资重修，功德主为好善之君子以及首事人。好善之君子为重修娘娘洞的筹资人；首事人包括雷贵兰、杨亚华、史琏等十一人，他们为此次重修工程的负责人和主持人。该功德碑与石泓寺无直接关联，但亦是周边区域宗教活动的重要见证。

三号碑，立于民国三十一年（公元 1942 年），记述了在会首等的宣讲募化和保护管理下，石泓寺日渐兴隆。民国八年（公元 1919 年）开始，善众募化，新修了石泓寺皇经楼、僧房、厨房。此后，"香烟茂盛过路者亦乐施"，遂"置买业产"，又有"屈雷二姓施地"。

一号和三号碑功德记述较为特别之处在于是整体叙述，不一一列举募化人员名单和钱数，三号碑还提到了给寺院施地的功德形式。

（四）纪事类

6 组，包括 K4-T6、K7-T10、K7-T11、K7-T22 和二号碑、五号碑。

纪事类题记内容以重修纪事或其他事件为主，部分内容与石窟无直接关系。

K4-T6，纪事时间为唐咸通五年（公元 864 年）三月十日，所记事件为清河张郁、郑必武、何睿寿和太原王州祯、广平焦惟迁五人奉差检勘庄田之事，可能为当时官员检勘田庄时拜谒石窟所留，或与唐太宗和唐高宗北征均经过石窟所在河谷且将该区域稻田定为贡米产地的传说有些许关联。

K7-T10，纪事中提到了田畴，可能亦与勘验划分田产有关。这表明金大定九年（1169 年）再次于石泓寺附近进行了田产的整饬或划分工作，反映了该区域作为重要农业区的传统。题记出现在石泓寺窟内且凿刻不规范，可能与执行该项工作的人拜谒石窟、直接题刻有关。

二号碑和五号碑都记载了重修石泓寺的事件。五号石碑时间为 1985 年 12 月 25 日，内容为陕西省文物局组织出资、富县政府文物等部门 1982 年 5 月开始对石泓寺建筑、院落、山门等进行修复或新建，对部分造像进行修复，对危裂山体进行加固的纪事。二号石碑时间为 2005 年 4 月 8 日，主要内容为 2003～2004 年陕西省文物局与富县人民政府共同组织并出资重修石泓寺"皇经楼"之事。

The Shihongsi Grottos in Fuxian County

An Archaeological Investigation Report in 2017-2019

Shihongsi Grottos is located at the left shore of lower stream of Chuanzi River which is 1.8 kilometers away from Shanwanzi villagers' group, Zhiluo Town, Fuxian county, Yan'an City of Shaanxi Province. The extant Grottos consists of four parts: courtyard, office area, the caves, and scattered stone tablets and stone carvings. The caves were carved in the central lower part of the cliff. It is 77 meters long, 9 meters high, by a total of 10 caves and 1 shallow niche. From left to right, number them in sequence as caves No.1-No.4, No.1 niche, caves No.5-No.10. Inside and outside the caves and niche, there are 66 inscriptions, chronogram on 5 stone tablets, 38 pieces of statues, 2 stone plinths and 1 stone censer.

The channel of the Chuanzi River where the Grottos located is very important. The southwest of the channel goes through Ziwuling Mountain to Heshui County and Ning County, Gansu Province; the northwest part goes through stern mountains to Zhidan County, Shaanxi Province and Huachi County, Gansu Province; the south part passes by Huangling County to the middle of Shaanxi. The channel is the key link to connect Eastern Gansu Province-Northern Shaanxi Province-the middle of Shaanxi statue area. Along the channel, there are 13 grottos. Shihongsi Grottos is in the center of them and is also the biggest one.

The experts, such as Sekino Tei, Tokiwa Daij, Wang Ziyun, Li Song, Yan Wenru, Han Wei, Li Jingjie, He Liqun, Shi Jiangang, and the institutions, such as Antiquities Authority of Shaanxi Province, Shaanxi Academy of Archaeology, Cultural Relics and Archaeology Research Institute of Yan'an City had investigated or researched Shihongsi Grottos. This investigation and mapping was launched by Shaanxi Academy of Archaeology and Fuxian Cultural Relics Bureau from January, 2017 to December, 2019. During the investigation, we took information about the features and preservation condition of the Grottos as many as possible by the technical way of the traditional records, aerial photography, 3D laser scans, photogrammetry to establish the accurate models of 3D and measurable linear data.

The Grottos was firstly caved in Sui Dynasty, then developed in the Five Dynasties and Song Dynasty, popular in Jin Dynasty, even in Ming Dynasty, people still kept caving, but in Qing Dynasty, the Grottos were only repaired. Among the inscriptions found in this investigation, the inscriptions in Sui Dynasty were only found at the cave No.6, the ones in Tang Dynasty were at the caves No.4 and No.6, the ones in the Five Dynasties were at the cave No.5, the ones in Song Dynasty at the caves No.3, No.4 and No.6, the ones in Jin Dynasty were at the caves No.6 and No.7, the ones in Ming and Qing Dynasties were at the caves No.2 and No.7. Therefore, the earliest cave was the cave N0.6, then the cave No.4, the cave No.5, the niche No.1, the cave No.3 and the cave No.7. The latest one was the cave No.2. Besides, in the four caves with no inscriptions, the cave No.9 was caved in Ming Dynasty; the caves No.1, No.8 and No.10 were caved probably in the period of Ming and Qing Dynasties.

The caves were mainly the small type, 8 in total. The big, the middle size cave and the micro niche was only one each. The niche has arched facade. From the perspective of flat surface, 10 caves have a nearly rectangular, nearly square, nearly trapezoidal, arched four types of planar form. The caves No.1, No.8 and No.9 are nearly rectangular, the cave No.7 is near square, the caves No.2, No.3, No.4, No.5 and No.6 are near trapezoidal, and the cave No.10 is arched. Based on whether there is an altar in the cave, they are divided into two types, cave with altar and cave with no alter. The alter were also set in two different areas in the caves: the central altar and the wall alter. The openings of the cave have three types: no canal, with canal and open ones. Their function can be divided into worship caves (niche), Zen cave, burial cave and living cave.

The statue era can be divided into five periods: the first period is Sui Dynasty with the second group statues on the left wall of the cave No.6 as a representative; the second period is Late Tang Dynasty and the Five Dynasties with the statues on the central altar of the caves No.4 and No.6, the altar and wall of the cave No.5, the niche No.1 as a representative; the third period is the Northern Song Dynasty with the statues on altar and wall of the cave No.3 as a representative; the fourth period is Jin Dynasty with the statues on the altar and wall of the cave No.7 as a representative; the fifth period is Ming Dynasty with the statues in the cave No.2 as a representative.

The seven caves and one niche with statues,except no statues in the cave No.9, can be divided into two categories of Buddhism and Taoism based on the different religious systems. Combined the literature and pictures in the past with the current statues, there are 3399 Buddhistic statues,among which, 3379 statues' identity can be determined and divided into 6 subject matters: Buddha and his disciples, Bodhisattva, Celestials, Heavenly King and Flanking Bodhisattva; Bodhisattva and their Flanking Bodhisattva,stories; Cloth-bag monk; Arhat; Sangha and their followers,stories; transforming statues. Taoist statues are the combination of Heaven, Earth, Water Gods and their two followers.

The statues of Sui Dynasty in Shihongsi Grottos were rare, only 1 Buddha with his 1 disciple, 2 Bodhisattva. The main types of the statues in Tang Dynasty are 1 Buddha with 2 Bodhisattva and 1 Buddha, 2 disciples and 2 Bodhisattva with 2 Heavenly King at the opening of caves. The Sitting Avalokiteśvara statues appeared in late Tang Dynasty. At the period of the Five Dynasties, the Manjushri ridding lion and 2 Heavenly King combination appeared on the central altar. The statues of Song Dynasty continued the style of 1 Buddha, 2 disciples and 2 Bodhisattva on the central alter, meanwhile the new Sixteen Arhats combination started to emerge. In Jin Dynasty, the statues combinations of the Grottos not only followed the tradition of the past generations but also developed and innovated the subject matters of the statues.The subject of Bodhisattva Avalokitesvara was increasing and became one of the main subjects of Statues. The arhat statues lasted but no specific combination. Meanwhile, the Grottos in Jin Dynasty had many new subject combinations, such as free sitting Avalokitesvara saving eight difficulties, free sitting Avalokitesvara guiding the dead to the other world, cross sitting Avalokitesvara giving amrta, Kshitigarbha, Suryaprabha and Candraprabha, Ten housand Bodhisattvas, Cloth-bag Monk, Sangha doing cloud seeding, Sangha and followers, transforming old man and so on, the statues of the Shihongsi Grottos reached its prosperous period, which made the Grottos into the most important grottos of Jin Dynasty of Shaanxi even China. In Ming Dynasty, the Taoist cave began to appear where the Taoist statues were caved, being seen that Buddhism and Taoism merged to develop in this area where there were diverse beliefs.

后　记

　　本报告是石泓寺石窟首次专题考古调查与数字化信息采集成果的全面刊布，为石窟的保护与研究提供了基础资料。项目由陕西省考古研究院与富县文物局组成的联合考古队完成。参与田野工作的人员有陕西省考古研究院副院长王小蒙、隋唐（西藏）考古研究部席琳，富县文物局陈兰、袁小龙、杜强，富县石泓寺文物管理所唐先建、叶庆珍，北京大学考古文博学院博士研究生宋瑞以及西北大学文化遗产学院硕士研究生王燕妮、杜昊樾。

　　报告第一至第三章和第五章第一、二节的撰写工作全部由席琳完成，第四章的撰写工作由席琳和杜昊樾共同完成，第五章第三节的撰写工作由席琳和王燕妮共同完成。此外，王燕妮和杜昊樾参与了报告基础资料整理阶段的部分工作。报告中的正射影像图、三维结构图、三维模型图、正射模型图均由陕西十月文物保护有限公司制作，墨线图主要由陕西十月文物保护有限公司绘制，西安美术学院金鹏、北京大学考古文博学院宋瑞、西北大学文化遗产学院于春承担了部分墨线图的绘制和修改工作。报告照片由刘锐锋、席琳、宋瑞拍摄。报告的统稿工作由席琳完成。

　　本报告撰写过程中，在造像特征描述、造像题材与组合辨识、造像年代分析上得到了西北大学文化遗产学院于春副教授、西北工业大学文化遗产研究院石建刚副教授的大力帮助和指导，两位老师还无私地提供了部分窟龛和造像的研究资料和对比图片，在此致以最诚挚的谢意！

　　陕西省考古研究院孙周勇院长、王小蒙副院长、路智勇研究员、邵晶研究馆员、夏楠助理研究员、冯丹馆员等领导和同仁在报告撰写过程中给予了亲切关怀，提供了有力保障，使本报告的撰写工作能及时开展并顺利完成。

　　文物出版社黄曲女士为报告的编辑出版付出了大量辛勤劳动，通过反复校对和不断沟通、讨论，最大程度减少了报告图文的谬误，深表感佩！感谢西北大学罗丰教授为报告题写书名，后辈学人将以此为激励，在考古成果整理和刊布的道路上不断努力前行！陕西省考古研究院张煜珧、史砚忻两位博士共同完成了本报告内容摘要的英文翻译工作。

　　由于本人在陕北宋金石窟方面的研究能力十分有限，加之石窟田野考古调查与记录方面的工作经验不够丰富，报告的图文肯定还存在不少不足和谬误之处，恳请方家批评指正。

　　陕西历代石窟寺专题考古调查与报告出版工作仍处于起步阶段，唯有在探索中不断总结经验教训，才能更好地对石窟寺这类珍贵的古代文化遗产进行科学记录，为后续的保护与研究工作打好基础。

席琳

2022 年 11 月

图版1 石泓寺石窟全国重点文物保护单位碑

图版2 富县石泓寺文物管理所牌

图版3 现场调查与座谈

图版4 第七窟窟内数据采集

图版5 第七窟窟外数据采集

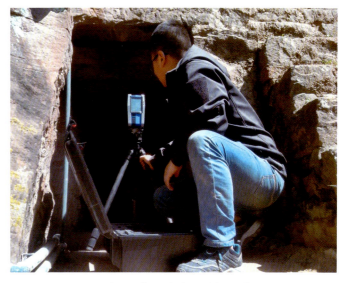

图版6 第八窟窟口数据采集

图版7　第七窟题记拓片数据采集

图版8　第一〇窟清理测绘

图版9　第九窟与第八窟间通道调查

图版10　石刻残块三维数据采集

图版11　第二窟窟外左侧一号碑三维数据采集

图版12　石泓寺石窟及周边环境航拍

图版13　石泓寺石窟前方川子河

图版14　川子河下游胡家坡村水稻田

图版15 1985年维修后的石泓寺石窟"皇经楼"

图版16 2021年石泓寺石窟"皇经楼"

图版17　2017年石泓寺石窟全景

图版18
2021年石泓寺石窟山门

图版19
第一至第五窟及"皇经楼"左侧

图版20
"皇经楼"右侧及第八、第九窟

图版21
第二窟窟口立面与题记

图版22
第二窟基坛造像

图版23　第二窟后部基坛前面雕刻装饰

图版24　第二窟右侧基坛造像

图版25　第二窟左侧基坛造像

图版26
第二窟纵剖视图（右—左）

图版27
第二窟顶部藻井

图版28
第三窟窟口立面

图版29
第三窟基坛造像

图版30　第三窟基坛中间佛像

图版31　第三窟基坛左侧弟子像

图版33　第三窟基坛左侧菩萨像

图版32　第三窟基坛右侧弟子像

图版34　第三窟基坛右侧菩萨像

图版35 第三窟后壁第一组8号伏虎罗汉像局部

图版37 第三窟左壁第三组一佛二菩萨龛像

图版36 第三窟左壁中后部罗汉像、佛像和动物像

图版38 第三窟左壁第四组动物像

图版39　第三窟右壁罗汉像

图版40　第三窟K3–T2

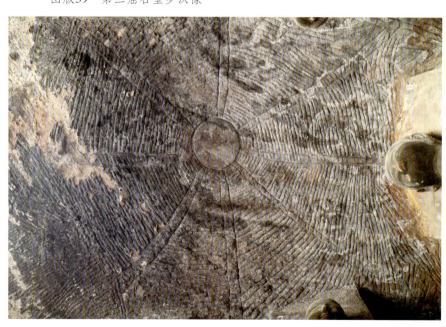

图版41　第三窟顶部藻井与背屏顶端

图版42
第四窟窟口立面

图版43　第四窟基坛前部中间近圆形深槽

图版44
第四窟基坛佛像

图版45　第四窟左壁第一组自在观音菩萨与胁侍菩萨龛像

图版47　第四窟K4-T4

图版46　第四窟左壁第二组一佛二菩萨龛像

图版48　第四窟顶部藻井与背屏顶端

图版49　第一龛立面

图版50　第一龛自在观音菩萨像

图版51
第一龛龛1–T1

图版52　第五窟窟口立面

图版53　第五窟右壁第一组坐姿龛像

图版54
第五窟右壁第二组二菩萨龛像

图版55　第五窟顶部藻井与背屏顶端

图版56 第六窟窟内侧视（右后—左前）

图版57
第六窟窟内正视（后—前）

图版58　第五、第六窟间石槽

图版59　第五、第六窟间下石槽摩崖碑上部纹样

图版61　第五、第六窟间下石槽摩崖碑下部刻字

图版60
第五、第六窟间下石槽摩崖碑左侧纹样

图版62　第六窟基坛前面

图版63　第六窟后壁
小菩萨像

图版64　第六窟左壁造像与题记

图版68 第六窟右壁造像

图版70 第六窟顶部藻井与背屏顶端

图版69
第六窟右壁第二至第四组造像

图版71　第八窟平面

图版72　第八窟与第九窟间通道

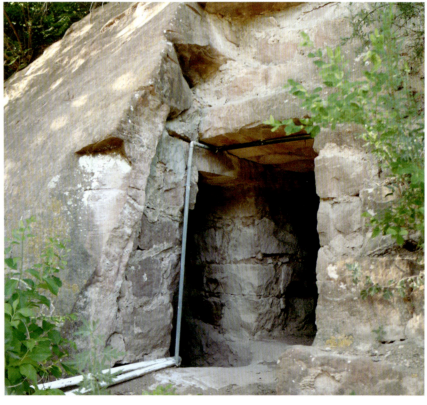

图版73　第八窟窟口立面

图版74　第九窟平面

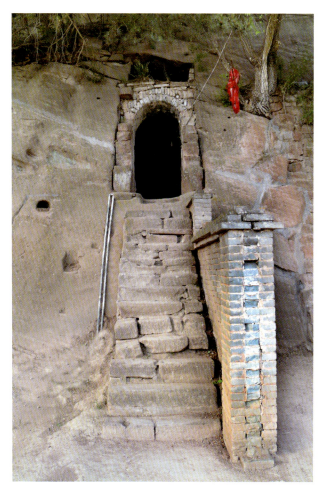

图版75　第九窟窟口立面

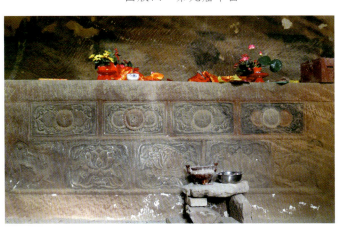

图版76　第九窟后部基坛前面雕刻装饰

图版77　第九窟左壁残存壁画局部

图版78 第九窟前壁

图版79 第九窟顶部藻井

图版80 第九窟顶部平棊

图版81　第一〇窟窟口立面　　　　　　　　　　　图版82　第一〇窟窟口前平台

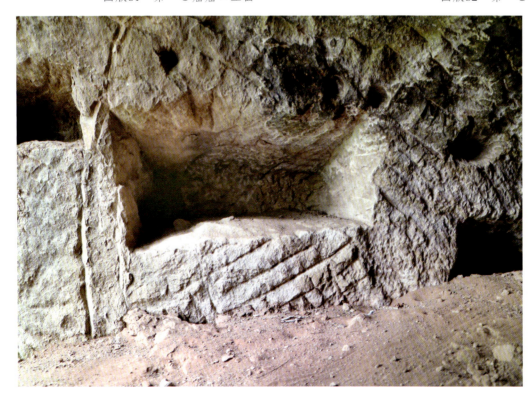

图版83
第一〇窟右壁

图版 84　第七窟右侧剖视（左前—右后）

图版85　第七窟左侧剖视（右前—左后）

图版86 第七届 "皇经楼" 立面

图版87　第七窟窟内360°全景展开图

图版88　第七窟K7–T1

图版89　第七窟K7–T2

图版90　第七窟基坛

图版91　第七窟基坛中间佛像正面　　　　　　　图版92　第七窟基坛中间佛像左侧面

图版94 第七窟基坛中间佛像局部

图版93 第七窟基坛中间佛像侧视

图版95　第七窟基坛左侧迦叶像正面　　　　　图版96　第七窟基坛左侧迦叶像左侧面

图版97 第七窟基坛左侧迦叶像正视

图版98 第七窟基坛左侧迦叶像局部

图版99 第七窟基坛右侧阿难像正面　　　　　　　图版100 第七窟基坛右侧阿难像左侧面

图版102　第七窟基坛右侧阿难像局部

图版101　第七窟基坛右侧阿难像正视

图版103　第七窟基坛左侧文殊菩萨像正面

图版104　第七窟基坛左侧文殊菩萨像左侧面

图版106　第七窟基坛左侧文殊菩萨像局部

图版105
第七窟基坛左侧文殊菩萨像侧视

图版107　第七窟基坛右侧普贤菩萨像正面　　　　　图版108　第七窟基坛右侧普贤菩萨像左侧面

图版109　第七窟基坛右侧普贤菩萨像侧视

图版110
第七窟基坛右侧普贤菩萨像台座卧象侧视

图版111　第七窟基坛右后柱后面

图版112　第七窟基坛右后柱后面第一组佛像

图版113　第七窟基坛右后柱后面第二组8号罗汉像

图版115 第七窟基坛右后柱后面
第三组单尊跏趺坐菩萨龛像

图版114 第七窟基坛右后柱后面第二组造像

图版116 第七窟基坛右后柱后面第四组
第一排罗汉像

图版117 第七窟基坛右后柱后面第四组第二、第三排罗汉像

图版118 第七窟基坛右后柱后面K7-T4

图版119　第七窟基坛右后柱左面

图版120　第七窟基坛右后柱左面第一组51号罗汉像

图版121　第七窟基坛右后柱左面第二组文殊菩萨龛像
侧视

图版122　第七窟基坛右后柱左面第三组
自在坐菩萨像

图版123　第七窟基坛右后柱前面

图版124　第七窟基坛右后柱前面第一组自在观音菩萨像和第二组3号、4号小菩萨像

图版125　第七窟基坛右后柱前面第二组小菩萨像局部

图版126　第七窟基坛右后柱前面第三组一布袋和尚与二菩萨龛像

图版127　第七窟基坛右后柱前面
第四组自在观音菩萨龛像侧视

图版128　第七窟基坛右后柱前面
第五组自在坐菩萨龛像

图版129　第七窟基坛右后柱前面
第六组布袋和尚龛像

图版130　第七窟基坛右后柱右面

图版131　第七窟基坛右后柱右面第一组一佛二菩萨龛像

图版132　第七窟基坛右后柱右面第二组小菩萨像局部

图版133　第七窟基坛左后柱后面

图版135　第七窟基坛左后柱后面第二组八佛二菩萨像与
第三组小菩萨像局部

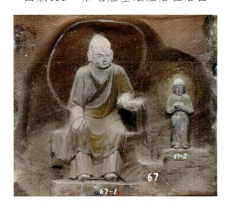

图版134　第七窟基坛左后柱后面
第一组一罗汉与一胁侍龛像

图版136　第七窟基坛左后柱后面第三组小菩萨像

图版137　第七窟基坛左后柱后面第四组和第五组造像

图版138　第七窟基坛左后柱后面K7-T5

图版139　第七窟基坛左后柱左面

图版140　第七窟基坛左后柱左面第一组佛像

图版141　第七窟基坛左后柱左面第二组小佛
小菩萨像与第三组跏趺坐菩萨龛像

图版142　第七窟基坛左后柱前面

图版144　第七窟基坛左后柱前面第二组跏趺坐菩萨像

图版145　第七窟基坛左后柱前面第三组自在坐菩萨龛像

图版146　第七窟基坛左后柱前面第四组自在坐菩萨像

图版147　第七窟基坛左后柱前面K7-T6

图版148　第七窟基坛左后柱右面

图版150 第七窟基坛左后柱右面第二组菩萨像

图版151
第七窟基坛左后柱右面K7-T7

图版153　第七窟基坛左前柱后面第一组日（月）光菩萨龛像

图版152　第七窟基坛左前柱后面　　　　　　　　　图版154　第七窟基坛左前柱后面第二组小菩萨像局部

图版155　第七窟基坛左前柱后面
K7–T8与第二组35号小菩萨像局部

图版157　第七窟基坛左前柱左面第一组佛像

图版156　第七窟基坛左前柱左面

图版158　第七窟基坛左前柱左面第二组一佛二弟子龛像

图版159　第七窟基坛左前柱左面第三组披帽
　　　　　跏趺坐龛像

图版160　第七窟基坛左前柱左面第四组一佛二弟子龛像

图版162　第七窟基坛左前柱左面第六组弥勒像与佛像

图版161
第七窟基坛左前柱左面第五组佛像

图版163 第七窟基坛左前柱左面第七组小菩萨像

图版166 第七窟基坛左前柱左面第十组佛像

图版164 第七窟基坛左前柱左面
第八组跏趺坐像

图版165 第七窟基坛左前柱左面
第九组阿弥陀佛像

图版167 第七窟基坛左前柱左面第十一组
布袋和尚像

图版168　第七窟基坛左前柱左面第十二组一佛二菩萨像

图版169　第七窟基坛左前柱左面第十三组跏趺坐像

图版170
第七窟基坛左前柱左面K7–T9

图版171　第七窟基坛左前柱前面

图版172　第七窟基坛左前柱前面第一组小菩萨像局部

图版173　第七窟基坛左前柱前面第二组三佛二菩萨像

图版174
第七窟基坛左前柱前面第三至
第五组造像

图版175　第七窟基坛左前柱前面第五组九佛二菩萨像

图版176　第七窟基坛左前柱前面　　　　　图版177　第七窟基坛左前柱前面第七组　　　　　图版178　第七窟基坛
　　　第六组自在坐菩萨像　　　　　　　　　　　一佛二菩萨龛像　　　　　　　　　　　左前柱前面K7-T10

图版179　第七窟基坛左前柱右面

图版180　第七窟基坛左前柱右面第一组59号、60号像

图版181　第七窟基坛左前柱
右面第一组97号像

图版182　第七窟基坛左前柱右面
第一组99号像

图版183　第七窟基坛左前柱右面第二组一老者与三胁侍龛像　　　图版184　第七窟基坛左前柱右面第三组布袋和尚龛像

图版185　第七窟基坛左前柱右面第四组自在观音菩萨龛像　　　图版186　第七窟基坛左前柱右面第五组自在坐菩萨龛像

图版187　第七窟基坛左前柱右面第六组　　　　图版188　第七窟基坛左前柱右面第八组自在坐
　　　　　自在坐菩萨像　　　　　　　　　　　　　　　　菩萨像

图版189　第七窟基坛左前柱右面第七组—布袋和尚与二菩萨龛像

图版190　第七窟基坛左前柱右面K7-T12

图版192　陕西绥德圪针湾佛窟
4号窟东壁题记

图版191　第七窟基坛左前柱右面K7-T13

图版193　第七窟基坛左前柱右面
K7-T14

图版195　第七窟基坛右前柱后面第一组一佛二菩萨龛像

图版196
第七窟基坛右前柱后面第
二组小菩萨龛像

图版194　第七窟基坛右前柱后面　　　　图版197　第七窟基坛右前柱后面第三组小菩萨龛像

图版198　第七窟基坛右前柱后面第四组小菩萨龛像

图版199　第七窟基坛右前柱后面第五组一佛二弟子龛像

图版200
第七窟基坛右前柱后面第六
组小菩萨龛像局部

图版201　第七窟基坛右前柱后面第七组
一菩萨二胁侍龛像

图版202　第七窟基坛右前柱左面

图版203　第七窟基坛右前柱左面第一组小菩萨像局部

图版204　第七窟基坛右前柱左面第二组自在坐菩萨像

图版205　第七窟基坛右前柱左面
第三组罗汉像

图版206　第七窟基坛右前柱左面
第四组自在坐菩萨像

图版207　第七窟基坛右前柱左面
第五组自在坐菩萨像

图版208　第七窟基坛右前柱
左面第六组自在坐菩萨像

图版209　第七窟基坛右前柱左面K7-T15、K7-T16

图版210　第七窟基坛
右前柱左面K7-T17

图版212　第七窟基坛右前柱前面第一组小菩萨像局部

图版213　第七窟基坛右前柱前面第一组小菩萨像局部与第二组自在
观音菩萨龛像

图版211　第七窟基坛右前柱前面

图版214　第七窟基坛右前柱前面第三组一罗汉与三菩萨龛像

图版215　第七窟基坛
右前柱前面K7-T19

图版216　第七窟基坛右前柱前面K7-T20

图版217　第七窟基坛右前柱前面K7-T21

图版218
第七窟基坛右前柱前面K7-T22

图版219　第七窟基坛右前柱前面K7-T22局部

图版220　第七窟基坛右前柱前面K7-T23

图版221　第七窟基坛右前柱右面

图版222　第七窟基坛右前柱右面第一组月（日）光菩萨龛像

图版223　第七窟基坛右前柱右面第二组　　图版224　第七窟基坛右前柱右面第三组
　　　　自在观音菩萨龛像　　　　　　　　　　　　　自在坐菩萨龛像

图版225　第七窟基坛右前柱右面第四组小菩萨像局部

图版226 第七窟后壁

图版227　第七窟后壁第一组小菩萨像局部

图版228 第七窟后壁第二组弥勒与二胁侍龛像

图版229 第七窟后壁第三组
龛像左侧胁侍像

图版230
第七窟后壁第三组僧伽与二胁
侍龛像

图版231　第七窟后壁第四组三佛四菩萨像

图版232　第七窟后壁第五组自在坐菩萨龛像　　　　　图版233　第七窟后壁第六组文殊菩萨龛像身体与莲座

图版234　第七窟后壁第六组文殊菩萨龛像须弥座与狮子

图版236　第七窟后壁第七组自在观音菩萨像头部

图版235　第七窟后壁第六组文殊菩萨龛像

图版237　第七窟后壁第七组自在观音菩萨与二胁侍像

图版238
第七窟后壁第八组一佛
二胁侍龛像

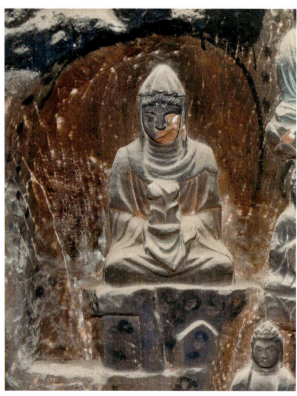

图版239　第七窟后壁第八组龛像左侧　　　　图版240　第七窟后壁第九组跏趺坐菩萨龛像
　　　　　　胁侍像

图版241
第七窟后壁第十组地藏
菩萨与道明和尚、金毛
狮龛像

图版242　第七窟后壁第十组龛像狮子

图版243　第七窟后壁第十一组宝冠佛与二胁侍龛像

图版244　第七窟后壁第十二组
　　　　　跏趺坐龛像

图版245　第七窟后壁第十三组阿弥陀佛与二胁侍龛像

图版246
第七窟后壁第十四组僧伽与二胁侍
龛像

图版247　第七窟后壁第十四组龛像中间僧伽像

图版248　第七窟后壁第十四组龛像左侧胁侍像

图版249　第七窟后壁第十四组龛像右侧胁侍像

图版250　第七窟后壁第十四组龛像右上小龛内雕刻与墨书题记

图版251　第七窟后壁第十五组跏趺坐菩萨像

图版252 第七窟后壁第十六组三佛龛像

图版253 第七窟后壁第十六组龛像
右侧佛像

图版254 第七窟后壁第十七组
罗汉龛像

图版255 第七窟后壁第十八组
跏趺坐像

图版256 第七窟后壁第十九组一佛二弟子龛像

图版257
第七窟后壁第二十组披帽跏趺坐像

图版259　第七窟后壁K7-T24

图版258　第七窟后壁第二十一组六佛龛像

图版260　第七窟后壁K7-T25

图版261　第七窟后壁K7-T26

图版262　第七窟后壁K7-T27

图版263　第七窟后壁K7-T28

图版265　第七窟左壁第一组小菩萨像局部

图版266　第七窟左壁第二组佛像

图版267　第七窟左壁
第三组菩萨像

图版268　第七窟左壁第四组大日如来与弥勒、文殊菩萨龛像

图版269　第七窟左壁第四组龛像大日如来像莲座小佛

图版270　第七窟左壁第五组
立姿龛像

图版271　第七窟左壁第六组文殊菩萨像
局部

图版272　第七窟左壁第六组文殊
菩萨像

图版273　第七窟左壁第七组施甘露
观音菩萨龛像

图版274　第七窟左壁第七组龛像
饿鬼

图版275　第七窟左壁K7–T29

图版276　第七窟左壁K7–T30

图版277 第七窟前壁

图版278 第七窟前壁第一组小菩萨像局部

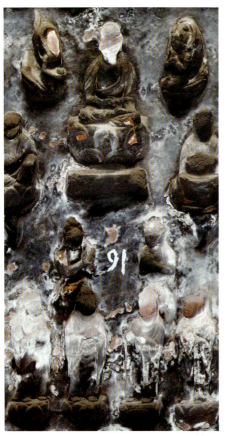

图版279
第七窟前壁第一组小菩萨像
局部与第二组一佛六菩萨二
飞天像

图版280
第七窟前壁第三组施甘露观
音菩萨龛像

图版279   图版280

图版281　第七窟前壁第四组四菩萨—坐像—佛
—布袋和尚龛像

图版282　第七窟前壁第四组布袋和尚像与
菩萨像局部

图版283　第七窟前壁K7-T31

图版284　第七窟前壁K7-T32

图版285　第七窟前壁K7-T33

图版286　第七窟前壁K7-T34

图版287 第七窟右壁

图版288　第七窟右壁第一组166号
　　　　　立姿菩萨像

图版289　第七窟右壁第一组小菩萨像局部

图版290　第七窟右壁第一组小菩萨像局部与第二组自在观音菩萨龛像

图版292　第七窟右壁第一组小菩萨像局部与第四组一佛二弟子龛像

图版295
第七窟右壁第五组观音
像左侧第一组救难场景
四神像

图版296　第七窟右壁第五组观音像左侧第一组救难场景204号众生人像

图版297　第七窟右壁第五组观音像左侧
第一组救难场景203号众生人像

图版298　第七窟右壁第五组观音像左侧第二组救难场景

图版299　第七窟右壁第五组观音像左侧第三组救难场景

图版300　第七窟右壁第五组观音像左侧第四组救难场景

图版301　第七窟右壁第五组观音像右侧第一组
救难场景

图版302　第七窟右壁第五组观音像右侧第二组
救难场景

图版303 第七窟右壁第五组观音像右侧第三组救难场景

图版304
第七窟右壁第五组观音像右侧第四组
救难场景

图版305 第七窟右壁第六组跏趺坐龛像

图版306　第七窟右壁第一组小菩萨像局部与第七组僧伽飞雨龛像

图版307　第七窟右壁第八组普贤菩萨像台座卧象

图版308　第七窟右壁第八组释迦牟尼佛像台座力士

图版309 第七窟右壁第八组和第九组造像

图版310　第七窟右壁第九组佛龛像

图版312　第七窟右壁第十组一佛二弟子像中间佛像

图版311　第七窟右壁第十组龛像

图版313　第七窟右壁第十组
一佛二弟子像左侧弟子像

图版314　第七窟右壁第十组
一佛二弟子像右侧弟子像

图版315　第七窟右壁第十一组跏趺坐像　　　图版316　第七窟右壁第十二组布袋和尚龛像

图版317
第七窟右壁第十三组
一佛一罗汉龛像

图版318　第七窟右壁第十三组罗汉像

图版319　第七窟右壁K7-T35

图版320　第七窟右壁第八组普贤菩萨像台座
底层刻字

图版321　第七窟顶部

图版322
第七窟顶部藻井

图版323　第七窟顶部藻井内第一组三佛像

图版324　第七窟顶部藻井内第四组三佛像

图版325　第七窟顶部藻井内第二组二佛像　　　　　图版326　第七窟顶部藻井内第三组
单尊佛像

图版327　第七窟顶部藻井内第五组单尊佛像　　　　图版328　第七窟顶部藻井内K7-T36

图版329 第七窟顶部藻井内K7-T37　　图版330 第七窟顶部藻井内K7-T38　　图版331 第七窟顶部藻井内
　　　K7-T39

图版332 第七窟顶部藻井外第一、第二组装饰纹样

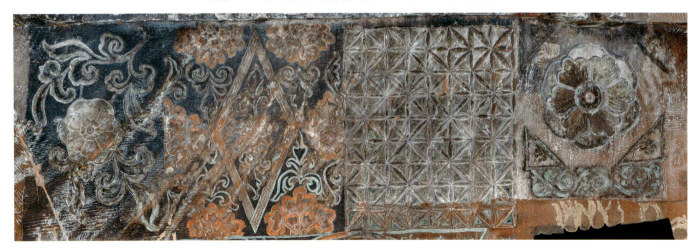

图版333 第七窟顶部藻井外第三至第六组装饰纹样

图版334　第七窟顶部藻井外第七组装饰纹样与K7-T40

图版335　第七窟顶部藻井外
　　　　K7–T40两侧题记

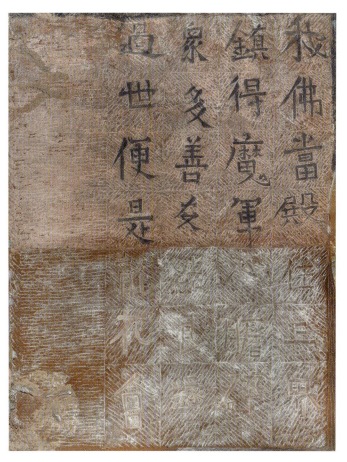

图版336　第七窟顶部藻井外K7–T40中间题记

图版337
第五窟内石刻造像残块

图版338　1号石刻造像残块正面、侧面

图版339　2号石刻造像残块俯视

图版340　3号石刻造像残块俯视

图版341　4号石刻造像残块正面

图版342　5号石刻造像残块正面

图版343　7号石刻造像残块正面

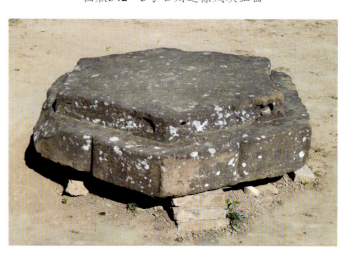

图版344　8号石刻像座残块

图版345　一号碑正面

重修石泓寺記

石泓寺窟檐重建碑記

富縣人民政府

富縣人民政府

图版346　五号碑正面　　　　　　　图版347　二号碑正面

图版348 "皇经楼"前右侧础石

图版350 "皇经楼"前院内香炉

图版349 "皇经楼"前左侧础石

图版351
四川绵阳圣水寺唐代"水月观音菩萨"造像